몽록(夢鹿) 법철학 연구총서 10

법철학 기초

Grundzüge der Rechtsphilosophie

구스타프 라드브루흐 지음

윤 재 왕 옮김

박영사

「몽록 법철학 연구총서」는 평생을 법철학 연구와 강의에 바치신 故 심재우 교수님의 학문적 삶을 기리기 위해 유가족의 지원에 힘입어 창간된 법철학 연구 시리즈입니다. 총서의 명칭 '몽록(夢鹿)'은 심재우 교수님의 아호입니다.

나의 벗 헤르만 칸토로비치에게

서문

새롭게 깨어난 철학적 사고가 너무나도 다양한 모습으로 나뉘어 있어서 책의 첫 페이지부터 이미 이 책이 내건 깃발을 분명하게 보여주지 않을 수 없다. 이 책은 철학자들 가운데는 특히 빈델반트, 리커트, 라스크를, 법학자들 가운데는 그 누구보다 게오르그 옐리네크를 추종한다. 이 책의 저자인 내가 나의 사상을 대강이나마 글로 옮기기를 결정한 것은 하이델베르크에 있는 게오르그 루카치의 자극과 격려에 힘입은 것이다. 이 책에서 전개되는 이론들의 출발점은 몇 년 전에 출간된 나의 『법학입문』이다. 이 책 『법철학 기초』는 『법학입문』의 토대 역할을 하고, 이 책에서 상세히 서술하지 못한 내용은 『법학입문』의 몫이다. 두 책 사이의 이러한 상호 보충 관계에 비추어 어떤 때는 『법학입문』의 문장들을 이 책에 그대로 옮겨 놓기도 했다. 『법학입문』을 읽은 독자들이 고학년이 되어 이 책 『법철학 기초』에서 제시된 더 어려운 논의를 접할 수 있기를 간절히 바라면서 이 책을 나의 손에서 떠나보낸다.

1914년 2월
하이델베르크에서
구스타프 라드브루흐

차례

제1장
법철학의 본질

역사가 흐르면서 대상과 방법의 측면에서 너무나도 다양한 이론들을 철학이라는 이름으로 이해하는 나머지 과연 이 이론들 사이에 이름 말고 또 다른 공통점이 있는지를 의심할 수 있을 정도이다.[1] 수학과 자연과학에서 시작해 심리학과 신학에 이르기까지 모든 학문의 이론에 철학이라는 명예로운 타이틀을 붙이는 데 주저하는 학문이 없고, 법학 역시 판덱텐(Pandekten)의 서두에서부터 법학을 진정한 철학으로 — 법학은 "가짜 철학이 아니라 진정한 철학을 추구한다(veram nisi fallor philosophiam, non simulatam)" — 지칭한다.

하지만 다양한 '철학적' 이론이 한 가지 공통점을 지닌다는 사실을 확인할 수 있다. 철학이라는 명칭이 이미 어느 정도 암시하듯이, 철학의 대상은 다른 학문의 대상에 비해 철학을 가르치고 배우는 사람들이 더 따뜻하고 더 내면적이며 더 개인적으로 참여한다는 점에서 뚜렷한 차이가 있다. 그 때문에 한 시대와 인간 영혼에서 가장 뜨겁게 불타오르는 문제에 내딥하는 이론들을 철학적 이론이라고 불렀다. 이 점에서 철학은 언제나 가장 중요하다고 여기는 내용적 지식의

1 이하의 서술에 관해서는 *Wilhelm Windelband*, Was ist Philosophie? Präludien 4. Aufl. I. 1911, S. 1 이하 참고.

총체이다.

철학이라는 명칭이 진리와 관련된 전체 영역에서 가장 중요한 진리들이 모인 지역을 구별하는 데 사용된다면, 우리가 가진 지식의 특정 부분을 철학에 속한다고 말하는 일은 곧 이 부분에 관해 가치판단을 한다는 뜻이다. 그러나 가치판단은 인식의 대상이 아니라 신념의 대상이 될 수 있을 뿐이라는 점은 이 책에서 앞으로 이루어지게 될 논의의 확고한 토대가 되는 사고이다. 즉 이 책은 결정적인 물음 앞에서는 언제나 인식 불가능성을 인정하고, 이러한 물음에 대한 대답은 단지 신념의 표현일 뿐이라는 것을 인정한다. 바로 이 점에서 이 책은 곧장 증명 불가능한 신념을 출발점으로 삼는다.

저자에게 가장 중요한 이론은 어떤 것이 존재한다고 말하는 이론이 아니라 어떤 것이 마땅히 존재해야만 한다는 의미의 당위(Sollen)에 관해 말하는 이론이다. 따라서 철학의 대상은 존재자가 아니라 존재해야 할 것이고, 현실이 아니라 가치이며, 원인이 아니라 목적이고, 존재가 아니라 모든 사물의 의미이다. 특히 법철학의 대상은 지금 효력을 가진 법이 아니라 효력을 가져야 할 법이고, 실정법이 아니라 정당한 법이며, 단순히 법이 아니라 법의 가치, 의미, 목적, 다시 말해 정의(Gerechtigkeit)이다.

오늘날의 법철학적 사고들 가운데 가장 중요한 유형들에 비추어 심지어 법철학을 실정법에 대한 인식에만 국한한다는 사실을 명시적으로 선언하는 학자들마저도 부지불식간에 정당한 법에 관한 이론으로 향해간다는 사실을 밝힌다면 아마도 법철학의 대상이 당위라는 나의 견해를 수용하기가 훨씬 더 쉬워질 것이다. 이와 동시에 이 중요한 유형들을 예로 삼아 정당한 법을 인식하고자 노력하는 두 가지 대립하는 방법적 길도 밝힐 수 있을 것이다.

즉 일반철학에서도 그렇지만 특히 법철학에서는 마땅히 있어야 할 당위를 존재자로부터 경험적으로 도출할 수 있다고 믿는 경향이 있는가 하면, 다른 한편에서는 현실 고찰과는 뚜렷이 구별되는 가치 고찰의 완전한 독자성을 주장하는 경향이 있다. 후자의 경향은 무언가가 사실상으로 존재한다거나 예전에 존재했다거나 또는 아마도 앞으로도 존재할 것이라는 이유만으로 그것을 정당하다고 말할 수는 없다고 생각한다. '방법일원주의와 방법이원주의' 사이의 이 논쟁에서 이 책은 이원주의적 관점을 선택한다. 이는 이론적으로 정당화할 수 있는 것이 아니라 단지 더 명확하게 보여줄 수밖에 없는 관점들 가운데 하나에 해당한다. 즉 이 관점은 법철학에서 일원주의와 이원주의의 대립이 표현된 고전적인 사례에 해당하는, 자연법 운동과 역사학파 사이의 투쟁에 비추어 명확하게 보여줄 수 있다.[2]

1. **자연법 운동**의 본질은 인간의 자연(본성) 또는 — 같은 의미이지만 — 인간의 이성에서 곧장 사용할 수 있는 법규범을 찾고자 한다는 점이다. 그리고 이러한 법규범은 모든 인간에 공통되는 보편적인 원천으로서 모든 시대 모든 장소에서 똑같이 구속력을 갖는다고 주장한다. 오늘날 자연법은 고전적 자연법 시대를 준비했던 형태를 그대로 유지하고 있는 가톨릭 법철학에서 살아 숨 쉬고 있다.[3] 물론 언제 어디에서나 똑같은 자연법이라는 주장을 다양한 시대 다양한 민족들이

---

2 이하의 내용에 관해서는 특히 *Lask*, Rechtsphilosophie(in: Philosophie im Beginn des 20. Jahrhunderts, hrsg. von Windelband, 2. Aufl. 1907), S. 269 이하 참고.

3 이에 관해서는 예컨대 *Cathrein*, Recht, Naturrecht und positives Recht, 2. Aufl., 1909 참고.

법에 관해 극히 다양한 견해를 펼쳤다는 사실을 지적함으로써 순전히 경험적으로 반박할 수 있다고 생각해서는 안 된다. 이런 식으로 존재에서 당위를 추론하는 것을 자연법론자는 당연히 거부할 것이며, 법에 관한 견해의 다양성을 단 하나의 자연법적 진리를 제대로 파악하지 못한 착오의 다양성으로 여길 것이기 때문이다. 이 점에서 법의 역사와 비교법이 아니라 인식론이, 역사학파가 아니라 칸트의 비판철학이, 사비니가 아니라 칸트가 자연법에 대항하는 결정적 논거를 제공한다.

칸트의 이성비판은 이성이 완결된 이론적 인식의 저장고 또는 현실에 적용하기만 하면 되는 윤리적 및 미학적 규범의 저장고가 아니라 그와 같은 인식과 규범에 도달하기 위한 능력일 뿐이라는 점을 밝혔다. 다시 말해 이성은 대답의 총체가 아니라 존재사실(Gegebenheit)에 다가가기 위한 물음과 관점들의 총체이고, 주어진 소재를 수용하고 주어진 소재에 적용함으로써 비로소 특정한 내용의 판단과 평가를 제공해 줄 수 있는 형식과 범주의 총체이다. 예컨대 인과성이나 의무 자체는 그러한 범주이지만, 특정한 내용의 자연법칙과 의무법칙은 범주가 아니다. 따라서 특정한 내용의 인식이나 평가는 결코 '순수' 이성의 산물이 아니라 특정한 존재사실에 순수 이성을 적용한 산물일 따름이고, 이 점에서 보편적으로 타당한 것이 아니라 오로지 그 특정한 존재사실에 대해서만 타당할 뿐이다.

이에 따라 '자연적인' 법, 즉 정당한 법에 대한 물음에 대해서는 보편타당성을 인정할 수 있지만, 이 물음에 대한 대답은 오로지 그때그때 주어져 있는 사회의 상태, 즉 특정한 시대 특정한 민족에게만 타당성을 갖는다. 이 점에서 법에 대해 서술적 태도뿐만 아니라 규범적 태도도 취하고, 판단할 뿐만 아니라 평가하는 태도까지 취하는 방법만이 보편타당한 방법이고, 따라서 이 보편타당한 방법을 주어진 각각의 법적 상태에 적용할 수는 있지만, 그에 따른 결과는 보편타당성이 없다. 다시 말해 정당하고 정의로운 법이라는 범주만이 보편타당할 뿐, 이 범주의 적용은 보편타당하지 않다. 그 때문에 모든 상황에서 정당하거나 모든 상황에서 부정당한 법규범은 생각할 수 없다. 그런데도 오로지 범주 형식의 통일성을 통해서만 규정되는 '정당한 법'에 대해서도 굳이 자연법이라는 이름을 고집하고자 한다면, 불변의 자연법이라는 과거의 자연법과는 대조적으로 '가변적인 내용을 지닌 자연법(슈타믈러)'이라는 표현을 사용해야 할 것이다.

그러나 자연법의 적대자들은 가변적 내용을 지닌 자연법이라는 온건한 형태의 자연법마저도 인정하기를 거부한다. 즉 과거의 자연법에서 표방했던, 법에 대한 영구불변의 척도뿐만 아니라, 여하한 척도든 관계없이 법을 일정한 척도에 비추어 평가하는 것 자체를 거부한다. 자연법의 시대에는 법철학이 법학을 완전히 말살할 정도로 강력한 힘을 발휘했다. 즉 순수이성은 특정한 법현실을 전혀 고려하지 않은 채 이성 자신의 힘만으로 이념적인 법을 기획했고, 극단적인 자연법론자들은 심지어 이 이념적인 법을 위해 이미 사실적으로 효력을 발휘하고 있는 법과 법현실을 유보하고 제한하고자 했다. 바로 이 점에서 자연법에 대항하는 투쟁이 처음에는 자연법과는 극단적으로 반대되는 방향, 즉 법현실에 대한 고찰로 법가치에 대한 고찰을 완전히 대체하는 방향으로 향한 것은 충분히 이해할 수 있다.

2. 그러므로 사비니가 프로그램을 기획하고 푸흐타가 완성한 역사법학[4]은 법철학적 운동이 아니라 모든 법철학을 부정하고 학문을 역사적 법현실에 대한 경험주의적 탐구에만 한정한 것은 아닌지 의심할 수 있다. 그러나 철학적 욕구를 말살하는 것은 불가능하기에 역사법학이 공개적으로는 가치 고찰을 추방했음에도 불구하고 이를 은밀하게 다시 끌고 들어오지 않을 수 없었다. 즉 얼핏 보기에는 역사법학이 법에 대한 가치판단을 완전히 거부하는 것 같지만, 자세히 보면 모든 개별적 법현상을 똑같이 높이 평가하고, 역사와 민족정신을 통해 필연적으로 형성되었다는 사실 자체만으로 이미 정당한 것으로 여기기 때문에 개별 법현상을 다양하게 평가하는 것만을 거부할 뿐 법현상에 대한 가치평가 자체를 거부하지는 않는다. 더욱이 역사법학은 개별 법현상을 다양하게 평가하는 것을 계속 거부할 수 없었다. 역사법학의 논리를 일관되게 관철한다면, 어떠한 실정법이든 모두 똑같이 정당한 법으로 선언해야 한다. 이 논리에 따르면 역사적 및 민족적 전제조건에 기초해 필연적으로 성립하지 않는 실정법이란 존재하지 않을 것이고, 따라서 자연법 시대의 입법자가 제정한 실정법 역시 그러한 필연성의 산물로 여겨야 할 것이기 때문이다. 그런데도 역사법학은 자연법에 대항하는 투쟁을 펼치는데, 이는 곧 특히 자연법처럼 '내면에서 조용히 흐르는' 민족정신의 힘을 통해 생성된 법현상과 '입법자의 자의'를 통해 생성된 법현상을 대립적으로 판단한다는 뜻이다. 이

4 *Savigny*, Vom Beruf unserer Zeit für Gesetzgebung und Rechtswissenschaft, 3. Aufl., 1840(영인본 1892); *Puchta*, Kursus der Institutionen Bd. I, 10. Aufl., 1983. 역사법학에 관해서는 *Stammler*, Über die Methode der geschichtlichen Rechtstheorie, in: Hallenser Festgabe für Windscheid, 1988; *Kantorowicz*, Was ist uns Savigny?, 1912 참고.

러한 가치판단에 기초해 역사법학은 후자의 법현상을 비역사적이고 반민족적인 것으로 비난하는 셈이다. 이 점에서 역사법학은 가치맹목적 법실증주의를 출발점으로 삼는 것처럼 보이지만, 은연중에 법철학으로 변모하고, 실제로도 역사법학은 매우 단호하게 낭만주의적이고 반동적인 성격을 표방하는 법정책이 되었다. 위대한 법철학자들의 반열에 있는 마지막 법철학자 프리드리히 율리우스 슈타알은 심지어 역사학파의 핵심을 "법이 어떻게 성립하는가와 관련된 사실적인 것에 관한 견해가 아니라 법이 어떻게 성립해야 하고 어떠한 내용을 가져야 하는가와 관련된 윤리적인 것에 관한 견해"라고 하면서, 독일 보수주의의 정신적 토대인 자신의 이론을 '역사적 견해에 따른 법의 철학'이라고 부를 정도이다.[5]

그러나 사비니와 그의 지지자들이 주장하는 '역사적 세계관', 즉 가치판단을 역사적 사실을 통해 정당화하는 것은 형용의 모순이다. 우리의 행위가 거쳐 가는 길과 목표를 통해 '역사의 가르침'을 획득할 수 있다는 믿음은 역사적으로 전승된 수많은 사실 가운데 역사적으로 중요한 사실을 선별하기 위한 기준이 되는 가치들(이는 리커트의 철학에 따른 표현이다)이 — 역사법학에서는 — 거꾸로 역사적으로 중요한 사실을 통해 증명되고, 그로 인해 역사학의 토대로 전제되는 가치를 오히려 역사학의 결과로 파악하는 혼란과 착오에 기인한 믿음이다. 역사는 법의 발전이 역사적 연속성을 갖고 가 민족의 특성에 구속된다는 점을 과거, 현재 또는 다가올 미래의 사실로 확인할 수 있을지는

5 *Friedrich Julius Stahl*, Philosophie des Rechts, 5. Aufl., 1878. 슈타알의 법철학에 관해서는 *Erich Kaufmann*, Studien zur Staatslehre des monarchischen Prinzipes(할레 대학교 박사학위논문), 1906 참고.

모르지만, 어떠한 경우도 역사 자신의 힘으로 이러한 연속성과 구속성을 요구할 수는 없다. 따라서 이 명확한 측면을 거부하는 역사주의는 19세기의 법철학을 장악했던 방법일원주의의 다양한 형태 가운데 하나일 따름이다.

3. 방법일원주의 내에서도 엄격한 대립을 전제할 여지가 얼마든지 있다. 예컨대 헤겔의 『법철학』[6] 서문에 등장하는 유명한 말 "이성적인 것이 현실적이고, 현실적인 것이 이성적이다"를 읽다 보면 역사법학의 신조를 재발견하고 싶은 생각을 하게 된다. 하지만 헤겔은 법전편찬에 적대적이었던 사비니를 향해 "한 민족 또는 한 신분(즉 법률가들)에 가할 수 있는 가장 커다란 모욕 가운데 하나"라고 말한다. 이에 반해 헤겔의 이론을 푸흐타는 '쓸데없는 철학'이라고 부르고, 슈타알은 극복해야 마땅한 '적대적 권력'이라고 단정한다. 실제로 모든 현실을 가치 있다고 평가하는 헤겔의 철학은 역사법학과 같은 결론을 공유하지만, 이에 대한 정당화는 역사법학과는 다르다. 즉 역사법학이 표방하는 낭만주의적 비합리주의에서 현실과 가치를 동일시하는 것은 믿음의 문제이다. 다시 말해 역사를 지배하고 관통하며 도저히 알 수 없는 신의 의지에 대한 믿음이 우선한다. 이에 반해 헤겔의 범논리주의(Panlogismus)에서 현실과 가치의 동일시는 역사적 과정에서 수행되는 이성의 자기발현을 사후에 변증법적으로 구성하는 인식의 대상이다. 이를 통해 헤겔은 역사적 법 대신 이성법을 정립하는 계몽철학과 역사적 법 이외에는 어떠한 법도 인정하지 않으려는 역사주의

6 *Hegel*, Philosophie des Rechts(Georg Lasson이 서론을 서술한 신판, 1911; Philosophische Bibliothek 124).

사이의 대립을 바로 역사적 법에서 이성법을 발견함으로써 극복하고자 했다. 이에 반해 역사법학은 자연법 시대의 합리주의에 대항하는 투쟁을 펼쳐야만 한다고 생각하면서 헤겔에 대해서도 이 투쟁을 이어간다. 그리하여 이 정신적 투쟁은 정치적 대립으로까지 비화한다. 즉 역사법학과 헤겔 철학이라는 두 개의 적대적인 체계에서는 두 체계에 공통된 원칙인 방법일원주의에 반해 현실에 대해 적대적인 가치평가를 일삼는가 하면, 역사법학의 프로그램인 반동주의적 비합리주의와 상당히 자유주의적인 요구를 제기하는 헤겔의 합리주의가 서로 대립하는 현상이 발생한다.

헤겔 철학은 법학에 지대한 영향을 미쳤다. 역사법학은 한동안 민법학을 절대적으로 지배함으로써 민법학이 철학과는 완전히 거리가 멀어지도록 만들었던 반면, 공법과 형법에서 헤겔의 철학은 민법학에서 역사법학이 미친 영향에 버금갈 정도로 강력하고 지속적인 영향을 미치면서 풍성한 이론적 및 실천적 성과를 가져다주었으며, 법철학에서도 법철학 전체에 대한 포괄적 서술을 담은 마지막 저작이라 할 수 있는 아돌프 라쏭의 법철학 교과서 역시 헤겔 철학에 힘입은 것이다. 라쏭의 이 교과서는 출간과 거의 동시에 이미 진부한 것이 되어버리는 기이한 운명을 겪었지만, 30년이 흐른 지금에 와서 '헤겔주의의 혁신'이라는 기치 아래 다시 주목받고 있다.[7] 이에 반해 요제프 콜러의 주도로 법철학에서 확산하고 있는 '신헤겔주의'[8]는 정작 헤겔 철학과

---

7 *Adolf Lasson*, System der Rechtsphilosophie, 1882.

8 *Josef Kohler*, Lehrbuch der Rechtsphilosophie, 1909; *ders.*, Rechtsphilosophie und Universalrechtsgeschichte, in: Holtzendorf-Kohlers Enzyklopädie der Rechtswissenschaft, 7. Aufl., 1913; *ders.*, Moderne Rechtsprobleme, 2. Aufl., 1913; *Berolzheimer*, System der Rechts- und Wirtschaftsphilosophie, 5. Bde., 1904-; Archiv für Rechts- und Wirtschafts-

는 딱히 밀접한 관련이 없다. 왜냐하면 신헤겔주의는 인류의 역사에서 이성의 자기발현 체계를 밝히고자 했던 헤겔의 기본사상을 거부하고, 이로써 현실의 가치 내용을 범신론적 신앙을 통해 비합리주의적으로 정당화하지 않을 수 없게 되며, 이 점에서 방법론적으로는 헤겔 철학보다는 역사법학에 훨씬 더 가깝기 때문이다. 물론 신헤겔주의가 제시하는 개별적인 결론이 역사주의의 반동적 프로그램보다는 헤겔에 더 가깝다고 볼 여지가 없는 것은 아니다.[9]

4. 하지만 비합리주의는 역사법학의 종교적 비합리주의와는 다른 형태로도 헤겔의 법철학에 반대한다. 즉 헤겔이 이성을 토대로 삼았고, 따라서 '머리를 땅에 대고 물구나무서기를 한' 철학을 거꾸로 뒤집어 정신 대신 물질을 세계의 진행 과정의 수레바퀴로 투입함으로써 독일의 **물질주의**(유물론; Materialismus)가 성립하게 된다. 물질주의는 철학적 사유라는 지극히 숭고한 형상과 투쟁하지 않을 수 없었다. 그리하여 물질주의라는 조잡한 방식의 가치 고찰은 — 물질주의와는 기이할 정도로 대조적으로 — 자유 그리고 형식의 활동력을 획득한다. 예컨대 루드비히 포이어바하의 철학과 특히 그의 제자인 루드비히 크납의 법철학 체계[10] — "역사상 가장 이상하고 가장 놀라운 책들 가운데 하나(빈델반트)" — 에서는 물질주의가 그런 식으로 서술되어 있다. 이 물질주의의 섬세한 기술은 때로는 오늘날 진행되는 법학의 방법론

---

philosophie, hrsg. von Josef Kohler.

9 이에 관해서는 콜러의 견해를 비판하는 지은이의 서평(Zeitschrift für Politik, Bd. III, 1910, S. 427 이하)도 참고.

10 *Ludwig Knapp*, System der Rechtsphilosophie, 1857. 크납의 법철학에 관해서는 *Hurwicz*, Ludwig Knapps 'System der Rechtsphilosophie', in: Archiv für systematische Philosophie, Bd. XVIII, 1912, S. 195 이하 참고. 크납과 같은 정신적 태도를 표방하는 문헌으로는 *Lotmar*, Vom Rechte, das mit uns geboren ist. Die Gerechtigkeit, 1893 참고.

논쟁에 적절한 화두를 제공하기도 한다. 크납은 철저히 자연과학적 방법에 따라 감각을 통한 인식에만 집중된 실정법학만을 법학으로 파악하고, 법목적론은 그것이 어떠한 형태이든 비학문적 유토피아에 불과하다고 본다. 그 때문에 법철학의 과제는 '최고위직 지식경찰'로서 법목적론이 제기하는 '법에 대한 환상'을 파괴하는 것이라고 한다. 이로써 크납의 물질주의 법철학은 그 자신을 파괴하고 만다.

크납의 물질주의적 법사상이 가치와는 아무런 관계가 없는 법실증주의로 흐른 것은 논리적으로 당연한 일이었던 반면, 그 이후의 더욱 조잡한 물질주의는 특히 발전(Entwicklung)이라는 진화론적 개념의 도움을 받아 자연과학적 법 고찰에 기초해 법에 대한 가치평가를 시도한다. 생물학은 자연선택, 적응, 선별, 유전 등을 통한 적자생존, 저급동물에서 고등동물로 상승하는 순수한 기계적 발전 그리고 동물에서 인간으로 발전하는 과정 등등 종의 보존과 상승에 관련된 자동적 과정에 관한 거창한 그림을 기획했다. 이러한 생물학의 영향을 받은 학자들은 인간을 포함해 모든 생명체의 목적을 종의 보존과 상승으로 파악하고, 당연히 인간의 문화와 법의 명시적 목적과 기준도 종의 보존과 상승에 있다고 보아야만 학문적인 이해인 것처럼 생각한다. 그리하여 예컨대 형법은 적응과 선별이라는 과제를 담당한다는 사실이 학문적으로 증명되었다고 생각한다. 그러나 이러한 사고방식은 생물학의 역량을 과대평가한 것일 뿐이다. 즉 발전 과정에 대한 자연과학적 증명이 이 과정의 목표가 지닌 가치를 강화할 수는 없으며, 오히려 자연과학적으로 확인할 수 있는 변화를 발전, 진보, 가치의 실현이라고 말할 수 있으려면 먼저 자연과학과는 다른 독자적인 방법적 길을 거쳐 변화가 향해가는 목표를 가치 있는 목표로 증명해야 한다. 이 맥락에서 헤켈Ernst Häckel을 추종하는 집단이 "모든 생명체의 기원이 똑같다는 이론(공동기원설)의 원칙들로부터 우리는 국내 정치의 발전과 국가의 입법과 관련해 무엇을 배울 수 있는가?"[11]라는 물음으로 논문 경연 대회를 열었을 때 슈타믈러는 아주 간단하게 대답할 수 있었다. "아무것도 없다!"[12] 슈타믈러의 이 대답은 백 번 천 번 옳다. 적어도 법의 목적에 관한 공동기원설의 철학적 이론에 관해 물음을 제기하는 한, 슈타믈러처럼 대답하지 않을 수 없다. 이에 반해 종족의 보존과 강화까지도 법의 목적에 포함된다고 보게 되면 이 목적을 달성하기 위해 사용되어야 할 수단을 통해 공동기원설의 '정치적-인간학적' 이론이 사회의 보건과 위생이라는 중요한 부분 영역에서 긍정적으로 작용할 수도 있다. 그러나 생존을 위한 치열한 노력을 인간의 삶의 목적에 관한 체계의 중심에 놓게 되면, 생존보다 더 섬세한 문화적 목표를 중요하게 생각하는 사람이라면 누구나 생존만을 중시하는 것을 단호하게 거부하지 않을 수 없다. 왜냐하면 만일 진주조개가 종족의 보존만을 중시하는 이론가라면 진주 자체가 존재할 수 없을 것이기 때문이다.

5. 생물학적 물질주의자들 이외에 경제적 물질주의자들도 헤겔의 철학 체계의 후예에 속한다. 전자가 해부학적-생리학적 사실에서 발전의 추동력을 찾았다면, 후자는 기술적-경제적 사실에서 발전의 추동력을 찾고자 한다. 카알 마르크스와 프리드리히 엥겔스가 창설한 '물질주의적 역사관(사적 유물론)'은 "사회의 경제적 구조가 현실적 토

---

11 *Ziegler/Conrad/Häckel*(Hrsg.), Natur und Staat. Eine Sammlung von Preisschriften, 1903.

12 *Stammler*, Lehre von dem richtigen Rechte, 1902, S. 616.

대를 형성하고, 이 토대로부터 모든 역사적 시대의 법적 및 정치적 제도와 종교적, 철학적 및 여타의 사고방식이라는 전체 상부구조를 설명할 수 있다"라고 주장한다. 이러한 이론적 견해는 훗날 — 여기서는 역사적 물질주의의 방법일원주의적 시도만을 언급하겠다 — 물질주의적 역사관을 토대로 사회주의를 건설하려는 실천적 프로그램으로 전환한다. 즉 역사적 물질주의는 경제적 발전이 인과적 필연성에 따라 사회주의적 경제질서와 법질서를 낳게 된다는 사실을 증명하고자 하고, 이 증명을 통해 사회주의를 '유토피아로부터 학문으로' 승격시키고자 한다. 이는 결국 역사적 물질주의 이론에 대한 목적론적 정당화를 경험적-인과적 정당화로 대체하는 것이다. 「공산당선언」[13]에 담긴 강렬한 선동적 분노는 의심할 여지 없이 저자들이 초기의 유토피아적 사회주의자들처럼 소망과 희망, 좋은 의도이긴 하지만 무기력하기 짝이 없는 인간주의적 근거 또는 형이상학적 이데올로기를 사회주의의 토대로 삼고자 하는 것이 아니라, 승리를 확신하는 지성과 함께 학문적으로 증명할 수 있고 반박할 수 없는 명확한 계산을 사회주의의 토대로 삼고자 한다. 그리하여 저자들에게 사회주의는 어떠한 저항도 용납하지 않고 모든 희망에 날개를 달아주는, 중단시킬 수 없는 숙명이다. 그러나 불가피한 것을 불가피하다는 사실만으로 이미 바람직하고 가치 있는 것으로 설명하겠다고 결정한 자만이 사회주의에 대한 목적론적 정당화를 사회주의의 도래에 관한 인과적 필연성 증명으로 대체할 수 있을 뿐이다. 물론 이러한 지적에 대해 이미 증명된 필연성에 관해서는 그것이 바람직한지를 물어야 할 이유가 없다고

13 *Marx/Engels*, Manifest der Kommunistischen Partei, 8. Aufl., 1912.

반론을 제기할지도 모른다. 하지만 역사적 물질주의는 자본주의로부터 사회주의로의 전환을 — 논리적 일관성을 상실한 채 — 개략적으로만 설명할 뿐, 이 전환의 구체적 측면, 즉 전환의 방식, 전환의 시점에 대해서는 자세히 밝히지 않은 채 그저 명명백백한 미래의 필연성만을 반복해서 주장할 따름이다. 그 때문에 이러한 전환이 촉진되거나 저지될 가능성이 있는데도 불구하고 이 가능성을 고려해 사회주의의 불가피성을 이론적으로 확인하는 대신 어차피 불가피한 것을 촉진해야 한다거나 "사회주의 시대의 탄생을 알리는 산통을 더 앞당겨야 한다"라는 실천적 요구를 앞세운다. 그러나 역사적 유물론이 말하는 '당위'는 결코 인과적 '필연'으로부터 도출될 수 없으며, 독자적인 '유토피아적'-목적론적 정당화가 필요하다. 즉 사회주의의 도래에 관한 경험적 이론인 물질주의적 역사관은 사회주의의 가치를 수정해야 할 필요까지는 없지만, 이에 대한 철학적 정당화를 통해 보충되어야 할 필요가 있다. 실제로 이 문제는 사회주의 진영 내부에서도 개량주의와 급진주의 사이의 논쟁에서 자세히 논의되고 있다.[14]

6. 경험주의가 자신의 힘으로 가치판단을 생성하려는 모든 노력에도 불구하고 실패를 거듭한 이후 이제는 순전히 실증주의적으로 법현실을 탐구하는 데만 그치고 학문적인 법가치 고찰, 즉 법철학은 불가능하다고 선언하게 된 사정은 충분히 이해할 수 있다. 하지만 법철학의 문제를 포기하면서도 법철학이라는 이름까지 포기하는 것은 주저한 나머지 법철학은 이제 '일반법학(Allgemeine Rechtslehre)'이라는 이름으로 실정법학의 꼭대기 층에 자리 잡고 있다. 일반법학이라는

14 이 논의에 대한 요약으로는 *Vorländer*, Kant und Marx, 1911 참고.

분과는 법학의 여러 분과에서 공통된 가장 보편적인 법적 개념들을 탐구하고, 한 국가의 법질서를 뛰어넘어 여러 국가의 법질서에 존재하는 유사한 법적 개념들을 비교해 서술하며, 더 나아가 개별 법영역을 초월해 법영역이 다른 문화영역과 맺는 경험적 관계를 사회학적이고 역사적으로 탐구하는 과제를 담당한다. 이 새로운 분과의 대표자로는 먼저 카알 베르그봄을 언급할 수 있다.[15] 베르그봄은 모든 초실정적 가치판단을 완전히 제거한 법학과 일반법학에 관한 방법론적 프로그램을 기획했다. 이처럼 가치판단을 엄격히 배제하는 기존의 방법론을 더욱 공고하게 확립함으로써 베르그봄은 법학의 분열을 조장했다. 즉 '가치판단과 가치결정'의 개입이 없이는 현행법조차도 제대로 다룰 수 없다고 생각하는 학문적 경향을 결집하는 결과를 낳았다. 이 경향의 대표자인 '자유법 운동(Freirechtsbewegung)'이 자신들의 주장을 정당화할 때 베르그봄을 기꺼이 반대되는 사례로 언급할 수 있게 되었다는 점에서 베르그봄은—역설적이게도—그 자신의 이론과는 극단적으로 반대되는 새로운 학문적 경향을 준비한 공적을 이룩한 셈이다. 일반법학의 또 다른 대표자는 법학의 기초개념들을 깊은 통찰력을 갖고 포괄적으로 탐구한 비얼링이다.[16] 이 밖에도 특히 법과 전체 문화 사이의 관계를 사회학적이고 역사적으로 섬세하게 탐구하고 일반법학 전체를 체계적으로 집약한 아돌프 메르켈[17]도 대표자 가

15 *Karl Bergbohm*, Jurisprudenz und Rechtsphilosophie I, 1892.

16 *Ernst Rudolf Bierling*, Zur Kritik der juristischen Grundbegriffe, 2 Bde., 1877, 1883; *ders.*, Juristische Prinzipienlehre, 4 Bde., 1894-1911.

17 *Adolf Merkel*, Hinterlassene Fragmente und gesammelte Abhandlungen, 3 Bde., 1898-1899; *ders.*, Juristische Enzyklopädie, 5. Aufl., 1913. 메르켈에 관해서는 *Liepmann*, in: Zeitschrift für die gesamte Strafrechtswissenschaft, Bd. XVII, S. 648 이하; *Kohlrausch*, Deskriptive und normative Elemente im Vergeltungsbegriff des

운데 한 사람이다. 끝으로 실증주의적 회의가 이미 현실정치적 의지 중심주의로 전환하고, '무지의 예술'을 토대로 더욱더 강력하게 의지에 호소하는 베커[18]도 일반법학의 대표자 가운데 한 사람이다.

이 순수 경험주의적 일반법학은 이 책에서 기껏해야 법철학의 안락사로 언급할 수 있을 따름이다. 물론 일반법학 자체의 의도와는 반대로 일반법학 안에는 도저히 제거할 수 없는 어떤 철학적 충동이 담겨 있다. 예컨대 비얼링은 일반법학(또는 그 자신이 사용하는 명칭에 따르면 법학적 원칙이론)의 법철학적 요소를 너무나도 분명히 인정하고 있다. 즉 비얼링은 귀납을 통해 모든 법질서에 공통된다고 증명되는 법적 개념이 아니라, 생각할 수 있는 모든 법질서에서 선험적 타당성을 갖는다고 인식할 수 있는 법적 개념을 인정한다. 다시 말해 어떠한 실정법의 내용이든 관계없이 실정법이 되기 위해서는 반드시 포함될 수밖에 없는 법적 개념들이 존재한다고 인정한다. 물론 이러한 법적 개념들은 순수한 형식적 성격만을 지닌다는 점에서 자연법의 개념들과는 뚜렷이 구별된다. 어쨌든 비얼링에 따르면 실정법에 접근할 수 있으려면 반드시 전제되어야 할 문제와 관점, 즉 모든 법학적 인식의 범주가 존재한다는 것이다. 예컨대 권리주체와 권리객체, 법적 관계와 위법성 그리고 법의 개념 자체가 이러한 범주에 해당한다. 특히 법의 개념은 단순히 개별적 법현상들을 추상화함으로써 획득할 수 없다. 왜냐하면 무언가를 '법'현상으로 지칭하려면 그 전에 이미 법의 개념이

Strafrechts, in: Königsberger Festschrift zur Erinnerung an Immanuel Kant, 1904, Nr. XI 참고.

18 *Ernst Immanuel Bekker*, Grundbegriffe des Rechts und Mißgriffe der Gesetzgebung 1910; *ders.*, Das Recht als Menschenwerk(Sitzungsberichte der Heidelberger Akademie 1912).

전제되어 있어야 하기 때문이다. 이 점에서 비얼링의 저작 『법학적 기초개념에 대한 비판』은 제목 자체가 이미 칸트의 비판서를 연상하게 만들려는 의도였다. 그러나 법학적 인식의 선험성에 대한 탐구라는, 비얼링이 제기한 학문적 과제는 슈타믈러의 『법학이론(Theorie der Rechtswissenschaft)』에서 비로소 방법적 문제를 뚜렷이 의식하면서 본격적으로 다루어지기 시작했다.

비얼링이 펼친 이와 같은 사고의 과정은 더 이상 일반법학이 아니라 실정법의 철학이라는 점은 의심할 여지가 없다. 다만 그것은 법철학이 아니라 실정법의 철학이었다. 왜냐하면 비판적 분석을 거쳐 실정법으로부터 획득된 선험적인 법적 개념들은 결코 실정법이라는 영역에서 벗어나 실정법에 대한 가치평가에 도달할 수 없기 때문이다. 물론 그와 같은 선험적 개념들도 가치 고찰에 속하긴 하지만, 이 가치 고찰의 대상은 법 자체가 아니라 법에 대한 인식일 따름이다. 다시 말해 법이 어떻게 정당할 수 있느냐가 아니라 어떻게 법을 올바르게 파악할 수 있느냐가 이러한 선험적 개념들이 대답하고자 하는 물음일 따름이다. 따라서 이러한 선험적인 법적 개념들은 이론철학의 한 가지인 법학적 인식이론에 속하지, 실천철학의 한 가지인 법철학에 속하지 않는다.

그러나 일반법학은 이 본래 의미의 법철학에 대해서도 완전히 눈을 감을 수 없었다. 아돌프 메르켈의 저작에는 훗날 프란츠 폰 리스트 Franz von LIszt가 다음과 같이 표현했던 사고가 다시 한번 드러난다. "우리가 존재자를 역사적으로 형성된 것으로 고찰하고, 이에 따라 앞으로 형성될 것을 규정하면 무엇이 마땅히 있어야 할 것인지를 인식하게 된다. 이 점에서 앞으로 형성될 것과 마땅히 있어야 할 것은 같은 개념이다. 오로지 발전 경향에 대한 인식만이 무엇이 있어야 하는지를 밝혀줄 수 있다." 하지만 피할 수 없는 것을 피할 수 없다는 이유만으로 신성하게 여기는 이 '운명에 대한 사랑', 즉 신의 자식들에게 만물은 선이라는 이 믿음은 존재사실에 대한 학문적 태도가 아니라 종교적 태도일 따름이다. 물론 앞에서 인용한 리스트의 말은 당시에 그가 준비하고 있던 『독일 형법과 외국 형법의 비교서술』이 얼마만큼 독일의 형법개혁을 위한 사전작업이 될 수 있는지, 다시 말해 경험적 법 고찰이 얼마만큼 정치적 가치판단을 정당화할 수 있는지를 방법론적으로 확인하려는 의도에서 쓰인 것이다. 리스트의 이러한 서술을 거의 모든 학자가 거부했다는 사실은 방법일원주의의 붕괴, 즉 실증주의의 극복에 비추어 볼 때 매우 상징적인 의미가 있다.[19] 법철학의 역사에서 등장한 에피소드로서의 실증주의는 단 하나의 유산을 오늘날까지 남겨 놓았다. 그것은 바로 가치에 관심이 없는(실제로도 그러한지는 의문이다) 학문성이라는 아무런 열정도 없는 냉철함이다. 즉 의욕하지 않고 그저 인식만 한다고 생각하는 자의 열정 없는 느긋함과 특정한 정당정치와의 여하한 연관성도 단호히 단절하려는 태도가 곧 실증주의가 남긴 유일한 유산이다.

7. 루돌프 폰 예링을 빼놓고는 일반법학, 특히 아돌프 메르켈Adolf

19 리스트에 대한 다양한 비판은 *Radbruch*, in: Zeitschrift für die gesamte Strafrechtswissenschaft, Bd. 27, S. 246, 742; *Kantorowicz*, in: Aschaffenburgs Monatsschrift für Kriminalpsychologie, Bd. 4, S. 78 이하에 수록되어 있다. 이 밖에도 *Wassermann*, Begriff und Grenzen der Kriminalstatistik(Birkmeyers und Naglers Kritische Beiträge zur Strafrechtsreform, Heft 8), 1909, S. 12 이하; *Rumpf*, Der Strafrichter I, 1912, S. 373 이하도 참고.

Merkel의 일반법학은 생각할 수 없다.[20] 그러나 예링은 이미 너무나도 단호하게 실증주의를 뛰어넘은 나머지 그를 계속 실증주의의 범위 내에서 평가할 수 없을 정도이다. 그의 가슴 속에는 지금까지 우리가 논의한 모든 사고의 모티브들이 함께 들어 있고 서로 다툼을 벌였으며, 이 다툼으로부터 우리가 체험하게 된 법철학의 재탄생과 법학적 방법의 수정이 이루어지게 되었다.

예링은 역사법학의 프로그램을 이행했고 동시에 이를 극복했다. 즉 역사법학이 강령적으로 주장했던, 법과 민족정신의 연관성을 결코 구체적으로 서술하려고 시도하지는 않았지만, 『로마법의 정신』에서 이 연관성을 천재적으로 해명함으로써 역사법학의 프로그램을 이행했다. 하지만 예링은 역사법학을 극복했다. 즉 예링은 막연하기 그지없는 (역사적) 충동 대신 뚜렷한 목표를 가진 의지를 법발전의 담당자로 파악한다. "목적은 모든 법의 창조자이다" 그리고 "투쟁을 통해 너는 너의 권리를 찾아야 한다"는 그의 두 저작 『법에서의 목적』과 『권리를 위한 투쟁』의 핵심 모티브이다. 예링은 역사법학의 비합리주의에 다시 한번 합리주의를 대비시킨다. 하지만 그는 헤겔과는 달리 역사법학이 자랑하는 가장 고유한 영역인 법과 관련해 '개념의 논리적 변증법'이 아니라 '목적의 필연적 변증법', 즉 철학적 학설로서의 합리주의가 아니라 역사적이고 사회학적인 학설로서의 합리주의를 대

20 *Rudolf von Jhering*, Geist des römischen Rechts, 4 Bde., 5./6. Aufl., 1894-1907; *ders.*, Der Zweck im Recht, 2 Bde., 4. Aufl., 1904/5; *ders.*, Der Kampf ums Recht, 18. Aufl., 1913; *ders.*, Scherz und Ernst in der Jurisprudenz, 10. Aufl., 1909. 예링에 관해서는 *Felix Dahn*, Die Vernunft im Recht, 1879; *Hurwicz*, Rudolf von Jhering und die deutsche Rechtswissenschaft(Abhandlungen des Berliner Kriminalistischen Seminars, N. F., Bd. 6, Heft 4) 1911; (예링에 관해 한 장을 할애하고 있는) *Landsberg*, Geschichte der deutschen Rechtswissenschaft III, 2, 1910 참고.

비시킨다. 왜냐하면 예링도 — 적어도 그의 서술 방식에 따르면 — 경험주의를 완전히 극복하지는 못했기 때문이다. 그가 법의 '창조자'라고 선언한 목적은 결코 초경험적 목적이념이 아니라는 점이 분명하게 드러나 있다. 초경험적 목적이념은 아마도 사실적인 법발전에서는 아무런 작용도 하지 못할 것이고, 그저 법발전에 대한 평가의 척도에 불과할 것이다. 예링이 의미하는 목적은 오히려 인간의 목적설정이라는 경험적 사실이고, 원인에 대립하는 것이 아니라 한 가지 종류의 원인, 즉 목적적 원인(causa finalis)이다. 예링도 방법일원주의의 토대를 고수하면서 단 하나의 학문적 고찰 방식만을 알고 있을 따름이다. 그것은 바로 인과적 고찰 방식이다. 이 고찰 방식은 의미상으로는 목적론적 고찰 방식이고, 인과적 고찰을 특별히 인간 행위의 인과성에 적용한 것일 따름이다. 물론 마치 예링이 반쯤은 의도적으로 국가계약 이론을 통해 법철학에서는 상당히 익숙한 방식의 가정(Fiktion), 즉 성립 원인의 관점에서 정당화 근거를 다루는 가정을 사용하는 것처럼 보이는 경우도 자주 있다. 다시 말해 예링이 초경험적 목적이념과 경험적 목적설정 사이의 인과적 관계에 관해 얘기할 때는 마치 그가 하나의 법제도와 경험적 목적설정 사이의 관계를 염두에 두는 것처럼 보이기도 하고, 사회학이라는 옷을 입고 있지만 실제로는 법철학자인 것처럼 보이기도 한다. 어쨌든 예링으로서는 단 한 걸음만 내디뎠으면 사회학으로부터 법철학으로 영역을 바꾸었을 것이다. 즉 그가 타인의 목적설정에 대한 사변적 관찰자가 아니라 그 자신이 법발전에 대해 목적을 설정하는 행위자라는 것을 포착했다면, 그는 사실상으로 이루어진 목적설정이 아니라 무언가를 요구하는 목적 자체를 파악했을 것이고, 경험적 법현실이 규범적인 법적 기준과 대비된다는 것을 체험하지 않을 수 없었을 것이다. 이로써 예링은 법현실 고찰과 법가치 고찰의 이원주의를 통찰할 수밖에 없었을 것이고, 최종의 절대적 목적이념을 통해 상대적(부분적) 목적설정의 공리주의(Utilismus)를 극복했을 것이다. 실제로 예링은 『법학에서의 농담과 진지함』에서 구성적 '개념법학'과 목적론적 개념형성을 대비시킴으로써 법철학으로 향하는 한 걸음을 내디뎠다. 즉 양자의 대비를 통해 법률가를 법발전에서 창조적으로 영향을 미치는 한 요인으로 인식하게 되었다. 만일 예링이 죽음을 맞이하지 않고 『법에서의 목적』을 완성할 수만 있었다면, 그는 틀림없이 방법이원주의라는 결론에 도달했을 것이다.

이렇게 해서 예링은 사비니의 비합리주의에서 시작해 헤겔의 합리주의를 거쳐 양자의 공통점인 방법일원주의를 극복하는 결과에 곧장 다가서도록 해주었다.

8. 방법이원주의에 대한 새로운 토대설정, 즉 '칸트로의 회귀'는 루돌프 슈타믈러가 법철학을 위해 행한 커다란 업적이다.[21] 그는 제정법

---

21 *Rudolf Stammler*, Wirtschaft und Recht nach der materialistischen Geschichtsauffassung, 2. Aufl., 1906; *ders.*, Die Lehre von dem richtigen Recht, 1902; *ders.*, Theorie der Rechtswissenschaft, 1911; *ders.*, 'Recht', in: Handwörterbuch der Staatswissenschaften, Bd. 6, 2. Aufl., 1901, S. 327 이하; *ders.*, Wesen des Rechtes und der Rechtswissenschaft, in: Systematische Rechtswissenschaft(Kultur der Gegenwart, hrsg. von Hinnenberg, II 8), 2. Aufl., 1913, S. 1 이하; *ders.*, Begriff und Bedeutung der Rechtsphilosophie, in: Zeitschrift für Rechtsphilosophie in Lehre und Praxis, I, 1914, S. 1 이하. 슈타믈러에 관해서는 *Simmel*, Zur Methodik der Socialwissenschaft, in: Jahrbuch für Gesetzgebung, Verwaltung und Volkswirtschaft im Deutschen Reich, XX, 1896, S. 575 이하; *Max Weber*, R. Stammlers 'Überwindung' der materialistischen Geschichtsauffassung, in: Archiv für Sozialwissenschaft, Bd. 6 n. F., S. 94 이하; *M. E. Meyer*, Rezension zu 'Die Lehre von dem richtigen Rechte', in: Kritische Vierteljahresschrift für Gesetzgebung und Rechtswissenschaft, 1905, S. 178 이하; *Kantorowicz*, Zur Lehre vom richtigem Recht, 1909; *Fraenkel*, Die kritische

에 관한 탐구와는 별개로 제정법 내에서 부정당한 법과 정당한 법을 구별해 내는 판단을 위한 독자적인 학문적 방법을 주장하면서, 이 방법에 대한 분석을 법철학의 과제로 삼았다.

정의 판단, 즉 법규정에 대해 내려지는 정당성 판단은 그 내용이 각각의 민족, 시대 상황 및 개인에 따라 커다란 차이가 있음에도 불구하고 그것이 정의 판단이라는 점에서는 공통점을 갖는다. 즉 정의 판단에서는 보편타당한 형식, 다시 말해 법의 정당성이라는 범주를 통해 개별적인 내용을 지닌 소재가 나타난다. 따라서 이 형식과 범주 그리고 정의 판단이 대답하려는 물음의 제기와 관련해서만 보편타당성을 주장할 수 있을 뿐 구체적인 대답과 관련해서는 보편타당성을 주장할 수 없다. 이 점에서 슈타믈러가 사실을 확인하는 고찰 방식의 보편타당성과는 별개로 가치판단을 내리는 고찰 방식의 보편타당성을 주장하는 것은 동시에 가치판단 결과의 보편타당성을 거부한다는 뜻이다. 그 때문에 보편타당한 자연법은 존재하지 않으며, 오로지 '가변적 내용을 지닌 자연법'만이 존재할 따름이다. 이러한 자연법은 가치판단의 대상이 되는 역사적 및 민족적 상황에 따라 가변적이고, 가치판단을 내리는 인격에 따라 가변적이다. 적어도 이 지점까지는 슈타믈러의 『정당한 법에 관한 이론(정법론)』은 생각할 수 있는 모든 법적 가치판단을 민족, 시대, 개인에 의해 제한되는 소재와 보편타당한 형식으로 엄격히 분리하고 있다. 즉 그의 '정법론'은 법적 이성 비판, 법에 대한 가치평가의 논리, 법철학의 인식론으로 볼 수 있다. 하지만 바로 그

Rechtsphilosophie bei Fries und Stammler(Abhandlungen der Friesschen Schule, N. F. III, 4), 1912, S. 843 이하 참고.

때문에 '정법론'은 법철학이 아니고, 따라서 법철학적 가치판단을 제공할 능력이 없다. 이는 경험과학의 인식론이 경험적 인식을 생산할 수 없는 것과 마찬가지다.

이처럼 '정당한 법의 개념'을 다루고 있는 『정당한 법에 관한 이론』의 제1장에서 '정당한 법의 실천'을 다루는 제3장으로 넘어가 보면 이곳에서는 놀랍게도 완전히 다른 세계가 펼쳐지고 있음을 알게 된다. 즉 제3장에서는 법철학의 인식론이 아니라 법철학 한가운데 서 있는 내용이 펼쳐지고, 어쩌면 법철학보다는 정치나 정책이라고 보아야 할 서술을 마주하게 된다. 즉 슈타믈러는 법의 정당성이라는 범주와 척도를 통해 구체적인 분쟁들에 관해 결정을 내리고 서로 대립하는 정의판단을 심판할 수 있다고 생각한다. 이는 마치 인과성이라는 범주의 도움으로 두 가지 상반되는 자연과학적 인과가설 사이의 논쟁을 판가름할 수 있다고 생각하는 것과 조금도 다르지 않다. 더욱이 슈타믈러는 시대와 민족에 따라 다른 상대적 타당성을 지닌 객관적 정의 판단에 도달할 뿐만 아니라, 심지어 절대적 정의 판단에까지 도달한다. 즉 노예제도, 중혼제도, 전제정은 어떠한 상황에서도 부정당한 법이라고 한다. 이로써 슈타믈러는 '가변적 내용을 지닌 자연법'에서 시작했다가 은연중에 다시 과거 스타일의 자연법으로 되돌아가고 말았다.

그렇다면 제1장과 제3장 사이에 있는 제2장 '정당한 법의 방법'에는 어떠한 내용이 담겨 있을까? 여기서도 슈타믈러는 자신의 위대한 스승 칸트와 똑같이 도덕적 행위의 기준으로 인식된 '의무합치성(Pflichmäßigkeit)'이라는 형식, 즉 도덕적 행위의 준칙이 동시에 보편적 입법의 원칙으로도 타당할 수 있게 행위하라는 의무의 형식을 은

연중에 확정된 내용으로 바꾼다. 다시 말해 칸트가 말하는 형식적 의무와 슈타믈러가 말하는 법의 형식적 정당성을 내재적 무모순성이라는 사고형식을 통해 끝까지 사고함으로써 실천적으로 정당한 것이라는 공허한 형식으로부터 내용이 확정된 이념이 탄생하는 마술을 부린다. 그리하여 슈타믈러에 따르면 정당한 법의 기준을 형성하는 '사회적 이상'은 곧 '자유롭게 의욕하는 인간들의 공동체'라고 한다. 이로써 법의 정당성이라는 형식에만 부여되어야 할 보편타당성이 어떤 있을 수 있는 내용에까지 확장되고 동시에 이러한 내용에만 한정된다. 그리고 원래 모든 법철학의 인식론을 표방했던 정법론은 이제 특정한 내용의 법철학, 즉 그 자체가 목적인 개인을 지향하는 개인주의적 법철학이 된다. 이러한 법철학은 당연히 논리 절대주의, 지성 중심주의적 무오류성 신앙, 세계관적 열정과 정치적 활력의 부재 등 인식론이 안고 있는 모든 문제점과 결부된 징후를 너무나도 뚜렷하게 드러내고 있다.

이렇게 해서 슈타믈러로부터 그의 계승자들은 두 가지 충분한 근거가 있는 이론을 물려받게 되었다. 하나는 법철학을 법가치 고찰로 규정하고, 이러한 법가치 고찰을 모든 법현실 고찰과 방법론적으로 뚜렷이 구별하는 이론이다. 다른 하나는 이러한 법철학이 아무런 생산성도 없는 동어반복과 교만한 독단주의 사이의 중간길을 찾아내야 한다는, 해결되지 않은 이론적 과제이다. 이 중간길이 곧 상대주의이다.[22]

---

22 상대주의를 표방하는 대표적인 학자는 옐리네크(*Georg Jellinek*, Allgemeine Staatslehre, 3. Aufl., 1914; *ders.*, System der subjektiven öffentlichen Rechte, 2. Aufl., 1905, S. 13 각주 1)라 할 수 있다. 이 밖에 상대주의에 속하는 학자의 문헌으로는 *Max Weber*, Die 'Objektivität' sozialwissenschaftlicher und sozialpolitischer Erkenntnis, in: Archiv für Sozialwissenschaft und Sozialpolitik, N. F. Bd. I, 1904, S. 22 이하; *Kantorowicz*, Zur Lehre vom richtigen Recht, 1907; *ders.*, Probleme der Strafrechtsvergleichung, in: Aschaffenburgs Monatsschrift für Kriminalpsychologie, Bd. IV, S. 102; *ders.*, Der

상대주의는 법철학이 오로지 자신의 방법론에만 골몰하거나 법의 형식적 정당성이라는 말끔하게 발라낸 뼈에서 어떻게든 남아 있는 힘줄이라도 찾아보려는 가망 없는 노력과 같은 빈약하기 짝이 없는 과제에만 한정되는 상황을 피하고자 한다. 즉 상대주의는 법철학이 정당한 법의 내용을 확정하는 데 이바지하도록 만들고자 하며, 정의를 향한 인간의 노력이 뚜렷한 목표를 설정하는 데 도움을 주고자 한다. 법철학은 한 치도 타협할 수 없는 단호함과 무자비함을 드러내면서 현실과 이상을 적대적인 관계로 파악하기도 했고, 법철학의 위대한 시기에는 혁명적 성격—여기서 '혁명'은 '반혁명'을 포함하는 매우 넓은 의미이다—을 갖기도 했다. 앞으로도 법철학은 이러한 성격을 상실해서는 안 된다. 즉 법철학은 마치 멀리서 들려오는 북소리처럼 다가올 전투를 대비해야 하며, 하인리히 하이네의 당당하고 교만한 '북의 노래'에 담긴 정신을 감지해야 한다. "북을 치며 앞으로 나아가라! 그것이 바로 모든 학문이 해야 할 일이다!"

그렇지만 법철학은 계속 학문으로 남아 있어야 하고, 상대주의 역시 법철학이 단순한 신념이 아니라 인식이길 원한다. 그 때문에 상대주의는 법의 가치를 판단할 때는 법의 정당성이라는 내용이 없는 형식에만 보편타당성을 인정해야 하지, 법의 특정한 내용에 보편타당성을 인정해서는 안 된다는 비판주의 이론을 받아들이도록 노력해야 한

Strafgesetzentwurf und die Wissenschaft, in: Aschaffenburgs Monatsschrift für Kriminalpsychologie, Bd. VII, S. 265; *Somló*, Maßstäbe zur Bewertung des Rechts, in: Archiv für Rechts- und Wirtschaftsphilosophie, Bd. III, S. 508 이하; *Böttger*, Die politische Bedeutung der Philosophie(Jahrbuch der Gehe-Stiftung, Bd. XIV), 1908, S. 28 이하 참고. 상대주의에 대한 비판으로는 *Kurt Hiller*, Der Relativismus in der Rechtsphilosophie und seine Überwindung durch die Restitution des Willens(Die Weisheit der Langenweile, Bd. II), 1913, S. 85 이하 참고.

다. 이 점에서 상대주의는 비판주의 이론이 단순히 상대적 타당성만을 지닌 법적 가치판단을 학문적으로 정당화할 가능성을 여전히 남겨 놓았다고 주장한다. 다시 말해 최종적 목적을 학문적으로 확인하는 것은 불가능할지라도, 일단 선택된 목적에 도달하는 데 유용한 수단을 학문적으로 탐색하는 것은 얼마든지 생각할 수 있다. 이에 따라 학문적인 법가치 고찰에는 두 가지 해결 가능한 과제가 남게 된다.

법가치 고찰은 전제된 법의 목적을 달성하기 위한 올바른 수단을 탐구해야 한다. 이러한 기능의 측면에서 보면 법가치 고찰은 정치이고, 이 고찰이 역사적 관성의 법칙, 기존상태에 대한 저항 등을 고려하는 정도에 따라 유토피아에서 일상의 정치에 이르기까지 다양한 스펙트럼을 갖게 된다. 특히 일상의 정치는 '가능한 것에 관한 학문'으로서 객체의 저항뿐만 아니라 주체의 저항, 즉 법의 목적을 둘러싼 서로 반대되는 견해들까지 함께 고려하게 되고, 이로써 타협의 영역이 된다. 정치와 관련된 이러한 다양한 추상화 단계들이 병존하고, 각각의 단계들이 뚜렷이 구별된다는 사실은 프란츠 폰 리스트의 형사정책적 프로그램에서 찾아볼 수 있다.

하지만 법가치 고찰이 올바른 수단에 관한 탐구에만 한정되지는 않으며, 이 고찰이 법의 목적 자체를 대상으로 삼게 될 때 비로소 진정한 법철학이 된다. 예컨대 법철학의 체계, 법현실의 제도, 정당의 강령 그리고 국가를 의식하는 개별 인격의 직관에서는 법의 목적에 관한 다양한 견해가 등장한다. 이 다양한 견해들의 투쟁에서 법철학이 어느 하나의 견해가 타당하다는 식으로 결정을 내릴 수는 없지만, 최소한 각 개인의 결정을 학문적으로 준비할 수는 있다. 즉 법철학이 특정한 정치적 언명이나 행위 또는 정치적 제도를 통해 실현되거나 묵시적으로 전제된 일반적 준칙을 명확하게 밝힐 수 있고, 이 언명, 행위, 제도의 정치적 결론과 그 세계관적 전제 및 다른 정치적 확신들과 맺는 체계적 연관성을 분명하게 밝힐 수도 있다. 따라서 법철학은 일단 법의 목적을 내재적 일관성의 측면에서 철저히 사고하게 된다. 이 사고는 두 가지 방향으로 이루어진다. 첫째, 법철학은 법의 목적을 달성하는 데 필요한 모든 도구, 즉 목적 달성을 위한 수단을, 이를 사용했을 때 발생할 수 있는 부작용까지 포함해 섬세하게 밝히게 된다. 하지만 법철학은 정치와는 달리 수단 자체를 밝히려는 것이 아니라, 수단의 구체적 내용에 비추어 법의 목적을 포착하고자 하며, 따라서 법의 목적을 둘러싼 모든 정치적 측면을 파악하고자 한다. 둘째, 법철학은 칸트 스타일로 표현할 수 있는 물음, 즉 "특정한 법의 목적이 도대체 어떻게 가능한가?"라는 물음 앞에서 서게 된다. 다시 말해 "특정한 법의 목적을 일관되게 승인하려면 어떠한 전제조건을 승인해야만 하는가?"라는 물음을 제기하면서 이 법의 목적의 세계관적 배경에 대해 성찰하게 된다. 이처럼 탐구의 대상이 되는 정치적 관점 모두를 각 관점의 결론, 전제조건 및 그 내용에 비추어 낱낱이 밝힌 이후에 비로소 이 관점들 상호 간의 관계, 즉 관점들 사이의 대립 또는 공통점을 체계적으로 파악할 수 있게 되고, 이 체계를 통해 다양한 정치적 사고의 가능한 출발점들을 낱낱이 확인할 가능성을 획득하게 된다. 물론 이처럼 모든 정치적 심정을 똑같이 취급하려는 고찰 방식은 그 자체 아무런 정치적 심정도 드러내지 못한다고 비난할 수 있고, 이러한 고찰 방식을 주장하는 자는 법철학에서 동요와 긴장감을 불러일으키겠다는 그 자신의 이상에 오히려 모순된다고 비난할 수도 있다. 그러나 이처럼 심정을 드러내지 않는 태도는 가치평가를 하는 사람에게만 비난의 대상일 뿐 가치에 대해 깊이 성찰하는 사람에게는 비난의 대상이 아니다. 오히려 가치평가를 하는 사람은 오로지 자신의 관점만을 체계적으로 서술하는 데 한정되지 않을 수 없다고 반론을 제기할 수 있다. 즉 가치에 대해 성찰하는 자만이 단순히 정치적 선동 문건을 제시하는 데 그치지 않고, 이를 뛰어넘는 법철학적 역량을 발휘하게 된다. 이를 위해서는 두 가지 전제조건이 충족되어야 한다. 첫째, 인식과 신념을 가르는 경계를 솔직하게 강조해야 한다. 둘째, 자신의 신념과 다른 사람들이 가질 수 있는 신념 사이의 관계를 포괄적으로 밝혀야 한다. 이 점에서 상대주의의 지배하에서도 매우 뚜렷한 윤곽을 지닌 법철학 체계가 얼마든지 존재할 수 있다. 다시 말해 상대주의자도 지적 부정직을 전혀 드러내지 않고서도 슈타알의 법철학과 같은 법철학책을 얼마든지 저술할 수 있다.

이상의 논의를 통해 우리는 학문적 가치 고찰이 무엇을 할 수 있고 무엇을 의욕하는지를 가르쳐줄 수는 있지만, 무엇을 마땅히 해야 하는지는 가르쳐줄 수 없다는 점을 분명하게 강조한 셈이다. 정치는 수단을 가르치고, 법철학은 법적 이상의 내용을 알고 가르친다. 그러나 무언가를 법적 이상으로 내세우는 일은 인식의 문제가 아니라 인격의 심연에서 우러나오는 자기성찰을 통해 창조된 의지의 문제일 따름이다. 하지만 상대주의를 마치 빌라도처럼 "진리가 무엇인고?"라고 물으면서 모든 가치평가를 똑같이 타당하거나 똑같이 잘못된 것으로 선언하는 퇴폐적인 교만이자 체념하는 냉소주의로 치부한다면, 그것은 오해일 따름이다. 이론이성의 기능에 속하는 법철학은 실천적 가치판단 또는 반가치판단을 내릴 능력이 없다. 방금 말한 것처럼 냉소주의적이고 무관심한 가치판단마저도 법철학은 내릴 수 없다. 오히려 법철학은 가능한 모든 가치평가의 대상들을 개인의 실천이성에 맡긴다. 그러나 개인의 자의가 아니라 개인의 양심에 선택을 맡긴다는 뜻이다. 만일 양심마저도 이 선택의 고통을 극복하지 못하고, 타인들의 개인적 양심 결정의 다양성과 윤리적 인격의 복잡성 또는 수많은 개인적 윤리로 채워진 도덕의 세계로 인해 혼란을 겪는다면, 그것은 양심이 앓는 병일 뿐, 양심에 선택을 맡긴 지성의 오류가 아니다. 따라서 상대주의는 이론이성은 물론이고 실천이성마저도 숨을 죽이는 빌라도 총독의 태도와 닮은 것이 아니라 이론이성의 침묵이 곧 실천이성에 대한 가장 강렬한 호소가 되는, 레싱Gottfried Lessing의 나탄Nathan과 닮아있다. "너희들 각자가 그 반지에 있는 돌의 힘이 드러나도록 힘써 노력할 일이다(레싱의 「현자 나탄Nathan der Weise」에 나온 일화는 다음과 같다. 아들 셋을 가진 어떤 아버지가 끼고 있으면 세상에서 가장 행복한 자가 될 수 있는 반지 하나를 갖고 있었는데 아들 셋 가운데 어느 한 아들에게만 물려줄 수가 없어 모조품을 두 개 만들어 세 아들 모두에게 반지를 상속하고 죽었다. 세 아들은 서로 자신의 반지가 진짜라고 다투다 결국 촌장을 찾아가 재판을 받게 되었다. 현명한 촌장은 세 아들이 갖고 있는 반지 모두 가짜임에 틀림없다고 하면서, 세 아들 가운데 누구도 지금 행복한 자가 없지 않느냐고 반문한다. 그러면서 그럴 바에는 차라리 각자 자신의 반지가 진짜라고 생각하며 행복해지기 위해 노력하는 것이 좋다고 권유한다)."

제2장
법의 개념

법가치 고찰, 즉 법목적론(Rechtsteleologie)으로서의 법철학은 단 하나의 문제만을 가질 수 있다. 그것은 바로 법의 목적이다. 이 문제에 관한 결정을 통해 사전에 판가름 나지 않는 어떠한 문제도 법철학적 문제라고 볼 수 없다. 그런데도 이 책에서 법철학의 세 가지 근본문제를 구별해 법의 개념, 법의 목적, 법의 효력의 순서로 다루는 것[1]은 법의 개념과 효력이라는 다른 두 개의 문제가 단지 법의 목적이라는 핵심 문제가 뻗어 나가 독자적인 논의의 대상이 되었다고 볼 수 있다는 외적 사정에 따른 것일 뿐이다. 물론 이 세 가지 물음에 대해 똑같은 공식으로 대답하고자 했던 것은 자연법의 근본적 오류에 해당한다. 즉 자연법은 목적에 반한다는 사실만으로 이미 그러한 법의 효력과 법으로서의 성질을 박탈하는 오류를 범했다. 이 책 역시 법의 개념과 효력이라는 문제가 법의 목적이라는 문제에 의존한다고 주장하지만, 그렇다고 해서 다시 자연법으로 후퇴하지는 않는다는 점은 앞으로 펼칠 논의를 통해 분명하게 밝혀질 것이다.

---

1 이는 *Stammler*, Die Lehre von dem richtigen Rechte, 1902, S. 111에 따른 전개 방식이다. 이에 관해서는 *Graf zu Dohna*, Die Problemstellung der kritischen Rechtstheorie in ihrem Gegensatz zum Naturrecht und zur historischen Rechtsschule, in: Internationale Wochenschrift für Wissenschaft, Kunst und Technik 1, 1907, Sp. 1199 이하도 참고.

세 가지 물음 가운데 첫 번째 물음, 즉 법의 개념이 오로지 법철학을 통해서만 대답할 수 있는 물음이고 실정법학을 통해서는 대답할 수 없다는 점이 누구에게나 곧바로 이해되지는 않을 것이다. 그보다는 개개의 법제도나 다양한 법질서 또는 법과 법에 유사한 현상(예컨대 풍속, 윤리)을 비교함으로써 순전히 경험적이고 귀납적으로 법의 개념을 획득하려고 하는 것이 일반적이다.[2] 이러한 일반적 경향에 대항해 개별 법현상으로부터 법의 개념을 획득하기 위해서는 먼저 그러한 법현상 자체를 법현상으로 말할 수 있어야 한다는, 어쩌면 사악한 궤변처럼 들릴지도 모를 주장을 제기할 수 있다. 다시 말해 귀납의 토대가 되는 영역을 한정할 때 이미 귀납을 통해 비로소 획득하고자 하는 개념을 전제하게 되고, 따라서 법의 개념은 실정법학의 마지막 단계가 아니라 실정법학이 시작하기 이전에, 즉 실정법학에 앞서 '선험적으로' 자리 잡고 있어야 한다.[3] 아마도 "왜 완결된 법개념이 없이는 실정법학에 손을 대는 것이 허용되지 않는 것일까?"라고 물을 것이다. 만일 그렇다면 지금까지 법학이 이룩한 성과는 부실한 토대 위에 서 있는 셈이고, 법학의 성공은 순전히 우연에 힘입은 것이어서 과연 진정으로 법학이 성공을 거두었는지는 앞으로 의심의 여지 없는 법개념에 도달한 미래의 이론이 심사하도록 해야 할 것이다. 왜냐하면 칸트의 조롱 섞인 말은 오늘날에도 여전히 타당하기 때문이다. "오늘날에도 법률가들은 법에 대한 개념정의를 찾는 중이다."

그러나 법개념의 선험성에 대해 이런 식으로 반론을 제기하는 것은

2 이러한 경향으로는 예컨대 *Bergbohm*, Jurisprudenz und Rechtsphilosophie I, S. 79 참고.

3 이에 관해서는 특히 *Stammler*, Theorie der Rechtswissenshcaft, S. 46 이하 참고. 이 밖에도 *Bierling*, Juristische Prinzipienlehre 1, § 1; *Schuppe*(뒤의 125면 각주 21)도 참고.

오해의 소산이다. 선험성은 시간적 관계가 아니라 논리적 관계이다. 즉 인식의 체계에서 논리적으로 '앞선 것'은 인식의 과정에서는 심지어 '나중의 것'이 될 수 있다. "그 자체 첫 번째인 것이 앞선 것보다 나중의 것이 될 수 있다(proteron te physei - hysteron pros hemas)!" 예컨대 개개의 인과성 판단과 인과법칙은 인과성 개념으로부터 정당화되는데도 불구하고(또는 정당화되기 때문에), 이 개념은 개별적인 인과성 판단과 인과법칙을 통해 우리에게 성립한다. 이와 마찬가지로 법의 개념 역시 오로지 개별적인 '법'현상에 비추어 우리에게 의식되고, 경험을 통해서만 이 개념이 획득되긴 하지만, 경험을 통해 법의 개념이 정당화되지는 않는다. 오히려 법의 개념이 거꾸로 개별 법현상에 법현상으로서의 성격을 부여하기 때문이다. 따라서 체계적으로 볼 때는 법철학이 법학의 토대이지만, 시간의 측면에서 볼 때는 법학보다 나중에 등장한다. 다시 말해 인식의 체계적 질서를 수립하는 작업, 즉 전제되는 것과 이로부터 제약을 받는 것을 분리하는 작업은 인식을 획득한 이후에야 비로소 이루어질 수 있다. 그러므로 법철학은 법학이 다루는 불완전한 법개념을 완전하게 만들 수는 없다. 법의 개념정의를 찾는 데 골몰하는 사람은 실정법학이 다루는 법개념을 분명하게 의식하는 것만으로도 완벽한 개념정의를 획득할 수 있고, 그 때문에 법철학으로부터 자신이 실정법학을 통해 이미 오래전부터 알고 있는 내용만을 다시 확인하게 되면 실망을 금치 못할 것이다. 그러나 그의 실망은 법철학의 본질에 대한 오해에 기인한 것이다. 법철학의 방식은 다른 방식을 통해, 즉 경험적 명제, 윤리적 의식, 미학적 판단력을 통해 이미 확인된 것을 다시 한번 확실하게 만드는 것이다. 이 점에서 법철학이 도달해야 할 결론은 이미 지시되어 있다. 비유하자면 법철학의 과제는 터널을 뚫는 작업이다. 즉 법철학이 산의 한쪽에서 뚫고 들어가는 굴의 끝이 다른 인식 방식에 따라 반대쪽에서 뚫고 들어오는 굴의 끝과 정확히 일치해야 한다. 그 때문에 법철학은 단지 같은 결론에 대한 두 번째 정당화만을 추구할 따름이다. 즉 무언가가 현실적이라는 경험과학의 확인에 완전히 만족하지 못한 채 이 현실적인 것이 도대체 어떻게 가능한지, 현실적인 것으로 사고할 수 있기 위해 반드시 전제되어야 할 조건은 무엇인지와 같은 계속되는 물음을 제기한다. 따라서 현실에 대한 인식 이외에는 이 현실의 가능성에 대한 물음을 전혀 제기하지 않고, 지극히 당연한 것을 그저 당연하게 여길 뿐 이에 대해 경탄할 능력 자체가 없는 현실적인 사람들은 곧잘 철학을 쓸모없는 망상이라고 조롱하곤 한다. 그러나 자신에게 낯설기 짝이 없는 욕구를 경멸하는 자는 그가 경멸하는 대상의 흠이 아니라 그 자신의 흠을 드러내는 법이다.

하지만 '현실주의자'는 법개념의 선험성에 대한 두 번째 반론을 펼칠지도 모른다. 즉 법개념의 선험성을 지지하는 논거가 옳다면, 논리필연적으로 소유권 개념, 저당권 개념 그리고 포유동물이나 산소의 개념 등등 모든 개념의 선험성을 주장해야 한다는 결론에 도달해야만 하는가라고 반문할 것이다. 다시 말해 이 모든 개념은 사전에 이미 소유권, 저당권, 포유동물 또는 산소 등으로 인식된 소재들로부터 순수한 귀납만으로도 얼마든지 획득할 수 있다고 반론을 제기할 것이다.

그러나 이처럼 제기된 선험성 테제의 모순을 지적해 간접적으로 이 테제를 반박하려는 논증(deductio ad absurdum)은 오히려 법개념에 대한 선험적 사고를 더 명확하게 밝히는 데 적합할 뿐이다. 물론 개념을 정의하는 과정에는 언제나 개념정의가 이루어져야 할 대상에 대한 개념정의가 이미 전제되어 있다. 하지만 그렇다고 해서 개념정의가 공허한 동어반복이 되지는 않는다. 획득해야 할 것은 개념의 내용을 명확하게 밝히는 실질적 개념정의(Realdefinition)이지만, 그 토대는 개념의 범위를 제한하는 명목상의 개념정의(Nominaldefinition)이다. 이 명목상의 개념정의는 여기에 포함되는 개별 사례들을 지칭하고, 따라서 실질적 개념정의의 주체에 관한 상호이해를 가능하게 만들며, 이를 통해 누구나 이 개념정의를 검토하고 심사할 수 있게 해준다.[4] 하지만 우리가 법개념에 선험성을 부여할 때는 이런 식의 형식논리적 자명성이 아니라 법개념이 개별 법현상과 맺는 선험논리적이고 인식론적인 관계를 염두에 둔 것이고, 이를 통해 법개념이 통상적으로 말하는 일반개념이 아니라는 점을 밝히려는 것이다. 법은 개별 법현상이 법에 편입되기 때문에 법이 되는 것이 아니라, 거꾸로 법의 개념이 개별 법현상을 포함하기 때문에 비로소 '법'현상이 된다. 과거에는 법현상들이 법개념을 민주주의적으로 옹립한 것이 아니라 법개념이 '신의 은총'을 받아 법현상들 위에 군림했다. 즉 법개념은 대상을 분류하는 데 이용되는 질서개념(ordnender Begriff)이 아니라, 예컨대 인과성 개념이나 대상성 개념처럼 질서를 잡는 절차에 그 대상들을 공급하는 형태화 개념(formender Begriff)이고, 당연히 이 형태화 개념은 — 비유적으로 말하자면 — 마치 소수의 귀족정과 같은 지배력을 발휘한다. 다시 말해 법개념은 인식하는 의식이 존재사실에 다가가기

---

4 이에 관해서는 *Kantorowicz*, Zur Lehre vom richtigen Recht, S. 15 이하 참고.

위해 전제해야 할 물음에 속하고, 존재사실을 포착하기 위한 관점, 존재사실에 적용되는 고찰 방식, 존재사실에 대해 취하는 태도 또는 존재사실이 비로소 인식 객체가 될 수 있게 만드는 범주이다. 예컨대 다음과 같은 존재사실을 생각해 보자. 연설자의 작은 목소리가 들리지 않을 정도로 큰 소음이 들리다가 다시 큰 종소리가 울리면서 잠잠해지더니 누군가 큰 목소리를 내고 나더니 어떤 사람들은 자리에서 벌떡 일어나고 어떤 사람은 계속 앉아 있다. 조금 있다가 무언가 숫자를 세고 긴장된 침묵이 이어지고 그다음에 무언가를 선포하는 목소리가 들리더니 갑자기 여기저기서 큰 목소리가 오가는 난장판이 전개된다. 이 카오스와도 같은 존재사실을 우리가 법개념의 관점에서 고찰할 때만 비로소 마치 창조자의 말씀으로 물과 땅이 갈라지듯이 국회의 회의에서 법적으로 본질적인 의미를 지닌 측면과 단순히 우리의 지각으로 수용되는 인상을 뚜렷이 구별할 수 있고, 그래야만 비로소 법학의 대상과 법학의 이용 가능성을 획득할 수 있다. 이처럼 창조적이고 형태화하며 범주적인 성격을 지닌다는 점에서 소수의 법학적 개념들만을 추종자로 거느리고 있는 법개념은 질서개념의 성격만을 지니는 엄청나게 많은 다른 법학적 개념들과는 뚜렷이 구별된다. 따라서 법개념과 함께 이미 전제할 수밖에 없고, 이 점에서 법개념의 선험성을 공유하는 소수의 후속 개념은 다음과 같은 사고를 거쳐 확인해야 한다. 즉 "이 현상이 법적 성실을 지니는가?"라는 일반적 물음에 필연적으로 포함되는 부분적 물음과 관계가 있고, 이 부분적 물음을 제기해야만 법현상을 법현상으로 파악할 수 있다면, 이 부분적 물음에 해당하는 법학적 개념들은 법개념에 뒤따르는 선험적 개념이다. 예컨대 법

(권리)주체와 법(권리)객체, 법적 관계, 위법성 등이 명백히 이러한 개념에 속한다는 점은 앞에서 이미 언급했다. 그러나 법개념으로부터 법학의 범주표(Kategorientafel)를 상세한 체계로 발전시키는 학문적 과제는 최근에야 비로소 처음 시작하게 되었다.[5] 우리는 여기서 법학적 범주표에서 법개념 자체가 차지하는 위상만을 연구 대상으로 삼고자 한다.

지금까지의 고찰을 통해서는 법개념이 경험에 기초하지 않는다는 점만을 밝혔을 뿐, 경험 이외의 어떠한 다른 방식을 거쳐 법개념을 정당화하는지는 밝히지 않았다. 이를 위한 유일하게 가능한 방법은 선험적으로 사고할 수 있는 모든 논점에 관한 문제 중심론(Topik)을 기획하고, 세계의 선험적 토대, 즉 의식이 모든 존재사실을 수용하는 거대한 건물을 확인하며, 이 건물 안에 있는 하나하나의 장소가 법학에서 다루는 법개념과 일치하는지를 심사하는 방법이다. 즉 지성의 세계 전체를 일주하면서 어디에선가 법개념을 만날 수 있도록 해야 한다.

이를 위한 출발점은 생각할 수 있는 모든 것을 근본적으로 두 개의 세계 또는 두 개의 고찰 방식으로 나누는 것이다. 이렇게 함으로써 하나의 똑같은 존재사실로부터 두 개의 세계상이 형성된다. 첫째, 가치와 반가치를 전혀 고려하지 않고 존재사실에 대해 가치맹목적으로 다가서면, 존재사실은 존재의 왕국, 다시 말해 현실의 왕국 또는 자연의

---

5 이에 관해서는 *Stammler*, Theorie der Rechtswissenschaft, S. 180 이하 참고. 이와는 반대로 *Reinach*, Die apriorischen Grundlagen des bürgelichen Rechts(Husserls Jahrbuch für Philosophie und phänomenologische Forschung, Bd. I), 1913은 완전히 다른 문제와 관련이 있다. 즉 라이나하에서 '선험적 토대'는 모든 법인식과 입법의 순수 형식적 범주가 아니라 입법자가 얼마든지 무시할 수 있는 '사물의 본성'일 따름이다. 이 '사물의 본성'이라는 개념은 법학의 논리에 해당하는 개념으로 훗설의 현상학 개념의 도움으로 방법론적으로 해명되고 있다.

왕국에 속한다. 둘째, 존재사실을 가치평가적으로 마주하게 되면, 존재사실은 당위(그리고 '허용되지 않음')의 왕국, 즉 가치(그리고 반가치)의 왕국 또는 목적(그리고 '목적에 반함')의 왕국에 속한다.

법개념이 자연의 왕국에 속하지 않는다는 점은 목적과 가치에서 벗어난 고찰 방식을 통해 존재사실의 연속성 속에 감추어진 통일성으로서의 법을 끄집어내려는 모든 시도가 분명하게 밝히고 있다. 이러한 시도에 동조할 것인지는 독자들의 몫이다. 예컨대 앞에서 묘사했던 의회의 회의에서 펼쳐지는 장면들로부터 목적사상을 끌어들이지 않고 법적으로 본질적인 측면을 추출할 수 있다고 생각하는지는 전적으로 독자의 몫이다. 하지만 법은 인간의 작품이고, 인간작품의 통일성 원칙은 작품의 목적이다.

그렇긴 하지만 선험적 법개념이 자리 잡을 장소를 목적의 왕국이라고 생각해서는 안 된다. 법을 가치와 목적의 왕국으로 옮겨 놓은 것은 자연법의 치명적 오류이다. 즉 합목적성이 없고 가치가 없는 법은 정의롭지 않다는 확인에 그치지 않고 그러한 법으로부터 법으로서의 성격과 효력까지 박탈한 것은 자연법의 명백한 오류이다. 오로지 정의(그리고 부정의)와 정당한 법(그리고 부정당한 법)만이 가치의 왕국에 속할 수 있을 뿐, 법 그 자체는 가치의 왕국에 속할 수 없다.

그러나 이 두 가지 세계상 이외에 세 번째 세계상, 즉 존재사실을 마주하는 세 번째 태도가 있다. 그것은 바로 종교적 태도이다.[6] 이 태도의 본질은 가치에 반하는 것까지도 포함해 주어진 모든 존재사실을

6 이하의 서술과 관련해서는 *Windelband*, Das Heilige. Präludien II, 4. Aufl., 1911, S. 272 이하; *Lask*, Die Logik der Philosophie, 1911, S. 5 이하 참고.

궁극적으로 찬양한다는 점이다. 즉 착오, 추함, 심지어 죄악마저도 찬양의 대상이 된다. 늘 정의로운 자보다 참회하는 죄인을 더 높게 보는 우화가 죄인마저도 긍정적으로 평가한다는 사실을 어찌 오해할 수 있겠는가! 이것이야말로 큰 죄인만이 위대한 성자가 될 수 있고, 아무런 죄악도 저지르지 않고 아무런 공적도 쌓지 않은 자는 지옥에조차 갈 수 없으며 오로지 가장 천박한 곳 — 단테가 말하듯이 "아무런 생동감도 없던, 초라하기 짝이 없는 족속" — 으로 쫓아버려야 마땅하다는 깊은 확신에 따른 것이 아니고 무엇이겠는가! 신의 자식들에게는 만물과 만사가 선함에 봉사하는 것이야 한다는 것은 종교가 지닌 근본적 감정이다. 전통적인 종교적 표현에 의존하지 않고 말한다면, 종교는 아름다운 평정심이다. 즉 가치와 반가치의 대립에 무감각하게 무관심한 태도가 아니라 이 대립으로 인해 발생한 극단적으로 고통스러운 감정마저도 치유하려고 노력하고, 이 고통을 언제나 일시적일 뿐이라고 여기면서 늘 새로운 치유의 길을 찾을 수 있다고 생각하는 고결한 느긋함이다. 이 점에서 종교는 엷은 미소를 띤 실증주의이다. 즉 모든 환난과 고통에도 불구하고 — 끝없이 '환난과 고통에도 불구하고'를 중얼거리면서 — 세계의 모든 사물에 대해 '예'와 '아멘'이라고 말하는 실증주의이다. 이 점에서 종교적 태도는 가치와 반가치의 대립을 초월하고, 따라서 가치의 왕국과 현실의 왕국이라는 이원주의, 즉 가치평가적 고찰 방식과 가치맹목적 고찰 방식이라는 이원주의 자체를 초월한다. 왜냐하면 종교는 (안겔루스 실레지우스Angelus Silesius의 말에 따르면) "모든 것을 똑같이 평가하고" 똑같은 기준으로 평가한다는 점에서 섬세한 구별에 따르는 가치평가와 대립하기도 하지만, 모든 것을 똑같이 평가한다는 점에서는 가치맹목적인 태도와도 대립하기 때문이다. 그러므로 종교는 가치와 반가치의 분리에 앞서는, 가치에 대한 무관심(무차별)이 아니라 가치와 반가치를 구별한 이후 이 구별을 초월하는 무관심이고, 이 점에서 종교는 가치와 반가치의 구별을 아예 모르는 순진함이 아니라 일단 구별한 이후 이 구별을 극복하는 이차적인 순진함이다. 그러므로 가치 또는 반가치로 낙인찍힌 존재형상이 먼저 있고, 종교적 태도는 이 형상을 다시 한번 대립을 초월하는 궁극적인 긍정적 가치평가의 대상으로 삼는 셈이다. 앞으로 이 책을 서술하면서 가치의 성격을 이처럼 이중으로 덧입히는 흥미로운 현상을 자주 언급하게 될 것이다. 하지만 가치 또는 반가치로서 먼저 가치의 왕국을 통과하지 않은 그 어떤 것도 종교의 영역에 발을 들일 수 없으며, 따라서 가치의 왕국이든 종교의 영역이든 법개념에는 애당초 어떠한 자리도 마련되어 있지 않다는 결론에는 변함이 없다.

이렇게 볼 때 법개념의 고향은 오로지 네 번째 왕국에서만 찾을 수 있다. 즉 자연의 왕국과 가치의 왕국 이외에 양자의 대립을 최종적이고 궁극적으로 초월하는 종교의 왕국과는 별개로 종교와는 다른 방식으로 자연의 왕국과 가치의 왕국을 결합하는 기이한 중간 왕국이 존재한다. 그것은 바로 문화의 왕국이다. 즉 가치맹목적, 가치평가적 및 가치초월적 태도와는 구별되는 네 번째 태도가 있는데, 그것이 바로 존재사실에 대한 '가치관련적' 태도이다.[7] 존재사실로부터 문화를 추

7 이에 관해서는 *Rickert*, Grenzen der naturwissenschaftlichen Begriffsbildung, 2. Aufl., 1913; *ders.*, Kulturwissenschaft und Naturwissenschaft, 2. Aufl., 1910; *ders.*, Geschichtsphilosophie, in: *Windelband*(Hrsg.), Die Philosophie im Beginn des 20. Jahrhunderts, 2. Aufl., 1907 참고.

출하는 고찰 방식은 명백히 가치평가적 고찰 방식이 아니다. 예컨대 문화사의 연구 대상인 한 민족 또는 한 시대의 문화는 미덕과 통찰, 한 민족 또는 한 시대의 고상함뿐만 아니라 죄악, 착오, 저열함까지 포함하고, 문화사 스스로 이들을 마치 재판하듯이 가치와 반가치로 나누어 판단할 수는 없다. 그렇다고 해서 가치관련적 고찰 방식이 가치맹목적인 것은 아니다. 가치관련적 고찰 방식은 존재사실로부터 가치와 어떤 식으로든 관련이 있고, 가치개념에 포섭될 수 있는 구성 부분들만을 추출하기 때문이다. 이러한 구성 부분들은 그 자체가 이미 가치 또는 반가치의 실현이어서 직접 가치개념에 포섭될 수도 있고, 아니면 촉진된 가치 또는 반가치의 빛을 받아 가치 실현의 수단 또는 저지로 여겨져서 가치개념에 간접적으로 포섭될 수도 있다. 따라서 문화현상은 하나의 존재형상이고, 이 존재형상은 판단의 대상이 될 수 있으며, 가치 또는 반가치를 담은 실질적 기반(Substrat)이 될 수 있다. 이 점에서 학문이라는 문화적 사실은 진리라는 가치형상에, 예술이라는 문화적 사실은 미美라는 가치형상에, 현실의 도덕이라는 문화적 사실은 윤리[선善]라는 가치형상에 속하고, 법이라는 문화적 사실은 정의라는 가치형상에 속한다.

법이라는 개념 역시 가치형상 자체를 지칭하지 않는다. 정의로운 법과 부정의한 법이 구별되지 않고 이 개념에 편입되기 때문이다. 다른 한편 법개념은 자연적 사실이 아니다. 법개념은 하나의 가치, 즉 특수한 법가치인 정의에 비추어 볼 때만 구성될 수 있기 때문이다. 법은 정의판단과 부정의판단의 대상이 될 수 있는 모든 것이다. 즉 법은 정의로운 법이 되어야 하지만, 실제로 정의로운 법인지와는 무관한 것이고, 법의 목적을 가진 것이지만, 이 목적을 달성할 때만 법이 되는 것은 아니다. 따라서 법은 정당한 법이 되고자 하는 시도이고, 이 시도는 성공할 수도 있고 실패할 수도 있다. 그러니까 법은 법가치, 법이념을 위해 기반과 무대로 봉사하는 존재형상이다. 이 모든 표현은 법의 개념이 정당한 법이라는 개념과는 엄격히 구별되어야 하지만, 전자는 오로지 후자로부터만 획득될 수 있고, — 앞에서 이미 짧게 지적했듯이 — 법의 개념에 대한 물음은 법의 목적에 대한 물음을 어떻게 대답하는지에 달려 있다(그렇다고 해서 법개념과 법목적이 일치한다는 뜻은 아니다)는 점을 보여준다.[8] 따라서 문화의 왕국에서 법개념이 차지하는 지위를 규정할 수 있으려면 먼저 가치의 왕국에서 법이념이 있는 장소를 확인하고, 이로써 다음 장의 주제인 법이념을 앞당겨 다루어야 한다. 그렇다고 해서 법개념 역시 법이념의 상대주의적 다양성에 휩쓸려 들고 말 것이라고 걱정할 필요는 없다. 법이념은 얼마든지 원하는 대로 규정해도 좋고, 그렇게 하더라도 이 이념의 기반인 법개념은 언제나 변함이 없기 때문이다. 그러므로 여기서 우리가 수행하는 잠정적인 고찰을 위해서는 가치들을 체계화하는 다수의 가능성 가운데 하나를 염두에 두는 것만으로 충분하다. 물론 법개념에 관해 이 장에

8 법개념을 추론하는 슈타믈러의 방식은 나의 방식과는 다음과 같은 두 가지 점에서 차이가 있다. 1. 슈타믈러는 지각의 왕국과 의욕의 왕국, 즉 자연의 왕국과 목적의 왕국이라는 두 개의 왕국만을 전제한다. 2. 그 때문에 슈타믈러의 추론에서 법이념이 법개념을 지향하는 데 반해, 나의 추론에서는 법개념이 법이념을 지향한다. 슈타믈러의 법개념 추론에 관해서는 *Breuer*, Der Rechtsbegriff auf Grundlage der Stammlerschen Sozialphilosophie (Kantstudien, Ergänzungsheft Nr. 27), 1912 참고. 내가 여기서 주장하는 관점에 가까운 견해로는 *Ravà*, I Compiti della Filosofia di fronte al Dirritto, 1907(이에 관해서는 나의 서평, in: Zeitschrift für die gesamte Strafrechtswissenschaft, Bd. 27, S. 739 참고); *Münch*, Kultur und Recht, in: Zeitschrift für Rechtsphilosophie in Lehre und Praxis, Bd. I, 1914, S. 127 참고.

서 서술하는 내용 가운데 다수는 법이념에 관한 다음 장에서는 다시 무언가 문제가 있고, 그래서도 단지 다수의 가능한 관점 가운데 하나일 뿐이라는 점이 밝혀질 것이다.

가치들을 체계화할 때는 두 가지 기준을 따라야 한다. 하나는 가치의 종류이고, 다른 하나는 가치의 서열상 지위이다. 첫 번째 기준은 가치들의 구별을 통해 성립한다. 가장 최근에 구상된 한 탁월한 이론에 따르면 다양한 종류의 가치는 가치가 '타당성을 발휘하는 대상'인 기반(Substrat)의 다양성에 기인한다는 점을 밝히고 있다.[9] 가치들이 일정한 서열에 따라 근원적이고 직접적인 가치와 간접적으로 파생된 가치, 즉 지배적인 가치와 다양한 정도로 지배적 가치에 봉사하는 가치라는 위계질서, 다시 말해 목적과 수단의 단계구조를 형성한다는 점에서 두 번째 기준이 성립한다. 통상 세 가지 근원적이고 궁극적이며 최종적인 가치를 전제한다. 그것은 바로 윤리적 가치(선), 미학적 가치(미), 논리적 가치(진)이다. 법가치는 이 세 가지 최고가치 가운데 어느 하나에 속하지 않는다. 물론 주관적 의미의 정의(정의로운 사람)는 윤리적 도덕론에서는 인격의 속성으로 여겨지지만, 객관적 의미의 정의, 즉 인간들 상호 간의 관계에서의 정의는 개별 인간만을 유일한 기반으로 삼는 윤리적 가치들에서는 등장하지 않는다. 따라서 파생된 가치들의 장소들을 열거하는 문제 중심론(Topik)을 기획해 이곳에서 법이념이 자리 잡은 장소를 탐색하는 방법만이 남아 있을 따름이다. 이 점에서 현실의 극히 제한된 일부만이 최고가치의 기반이 될 수 있

9 이는 라스크가 제시한, 의미구별 이론이다. 이에 관해서는 *Lask*, Logik der Philosophie, 1911, S. 57 이하, 169 이하 참고.

다는 사실을 알 수 있다. 즉 오로지 인간의 작품만이 논리적 가치와 미학적 가치의 대상이 될 수 있고, 인간의 인격만이 윤리적 가치의 대상이 될 수 있을 뿐이다. 따라서 예컨대 인간의 공동생활과 같이 현실을 구성하는 수많은 다른 내용은 절대적 가치성의 기반이 되리라는 희망을 버려야 한다. 하지만 세 가지 최고가치에 봉사하는 사도(Apostel)로서 이 가치들의 왕국을 전 세계에 전파하는 것이 파생된 가치들의 사명이고, 비록 현실 그 자체는 절대적 가치의 담당자가 될 수는 없지만 적어도 최고가치의 실현을 위한 수단이라는 품격을 지닐 수 있도록 하는 것 역시 파생된 가치들의 사명이다. 따라서 파생된 가치들의 체계는 각 가치가 수행할 사명의 영역이 다르다는 사정에 기초해 획득되어야 한다. 그 때문에 비록 파생적 가치들이긴 하지만, 독자적인 종류의 가치들의 체계가 구성되어야 한다.

최고가치의 실현에 봉사할 수 있는 재료에는 두 가지가 있다. 자연의 힘과 인간의 힘, 물건과 인격, 자본과 노동이 그것이다. 자연철학 그리고 의술까지 포함한 가장 넓은 의미의 기술은 자연에서의 가치 실현을 다룬다. 인간에 관련된 가치 실현은 네 가치 철학적 분과를 대상으로 활용한다. 나이가 들어가는 시간적 과정에 따라 개인의 삶에서 이루어지는 가치 실현은 교육학의 대상이고, 각자의 충동이 펼쳐지는 과정에 따라 개인의 삶에서 이루어지는 가치 실현은 자기 자신을 교육하고 연마하는 지침의 영역, 즉 흔히 '영혼의 양생법'이라고 부르는 영역에 속한다. 그리고 세대에서 세대로 이어지는 인간의 공동체 생활에서 이루어지는 가치 실현, 즉 '인간종족에 대한 교육'을 다루는 일은 역사철학의 몫이고, 구성원들이 함께 존재하는 인간 공동체 생활에서 이루어지는 가치 실현을 다루는 분과는 법철학과 정치학이다.[10] 이로써 철학적 분과의 분류에서 법철학의 위치 그리고 가치들의 체계에서 법이념의 지위가 규정된 셈이다. 즉 법이념은 공동체 생활의 형성과 규율에 관련된 특수한 가치이고, 따라서 — 법이념과 법개념의 관계는 가치와 기반의 관계이기 때문에 — 법은 공동체의 규율이다. 이는 앞에서 거친 복잡한 추론 과정에 따른 너무나도 당연한 결론이다. 이 당연하기 짝이 없는 결론을 두고 누군가 '태산명동에 서일필'이라고 비웃을지도 모르기 때문에 앞에서(17면 이하) 미리 그에 대한 반론을 마련해 두었다.[11]

법을 공동체의 규율로 규정하는 것은 이제 법을 이와 유사한 현상과 구별함으로써 확증되어야 한다. 특히 법을 사회적 규율로 파악하고, 윤리를 인격성 가치와 개인적 가치로 파악함으로써 양자의 차이를 분명하게 드러낼 수 있어야 한다. 법은 윤리와 완전히 분리되지 않고, 윤리의 실현을 위한 수단으로 윤리와 밀접한 관련이 있다. 하지만 그 때문에 법과 윤리를 뚜렷이 구별해 파악해야 한다는 과제를 포기

---

10 법철학과 '영혼의 양생법' 사이의 병행을 강조하고 있는 흥미로운 사례는 이른바 '크라우제 학파(아렌스, 뢰더)'가 '영혼의 양생법'을 '내면의 법', 즉 인간이 자기 자신에 맞서 효력을 갖는 법의 총체로 파악하고 있다는 사실이다. 이에 관해서는 특히 *Giner/Calderon*, Zur Vorschule des Rechts(Röder 번역; Hohfeld/Wünsche 편집), 1907, S. 20 이하 참고. 이와 비슷하게 역사철학과 교육학의 병행을 강조하는 사례는 나중에 관습을 고찰하면서 다루도록 한다.

11 슈타믈러는 법의 개념을 "당당하고 불가침일 정도로 구속력을 행사하는 의욕"으로 규정한다(*Stammler*, Theorie der Rechtswissenschaft, S. 113). 법을 공동체의 규율로 보는 우리의 개념정의를 슈타믈러의 용어로 표현하면 '구속력을 행사하는 의욕'이 된다. 따라서 불가침성 그리고 법의 자의(Willkür)의 구별은 우리의 개념정의의 표지가 아니다. 왜냐하면 자의는 법과 대립하는 개념이 아니라 단지 부정당한 법이거나 위법한 행동일 따름이기 때문이다(이에 관해서는 *Jhering*, Der Zweck im Recht I, 4. Aufl., 1904, S. 279 이하 참고). '당당함'이라는 표지와 법과 관습의 구별이 우리의 개념정의에서 필요하지 않은 이유는 나중에 밝히겠다.

해야 하는 것은 아니다. 흔히 양자의 차이를 '법의 외면성과 도덕의 내면성'이라는 공식으로 표현하곤 한다. 그러나 이 공식에는 서로 연관성이 있긴 하지만 뚜렷한 차이가 있는 네 가지 의미가 담겨 있다.

1. '외면성/내면성'의 대립은 일단 법과 윤리의 기반(Substrat)과 관련이 있다고 보는 것이 일반적이었다. 즉 외적 행동은 법적 규율의 대상이고, 내적 행동은 윤리적 규율의 대상이라고 생각했다. "누구도 생각 때문에 처형당할 수 없다"라는 속담은 실제로 법을 공동체 규율로 파악하는 견해로부터 필연적으로 도출되는 결론인 것처럼 보인다. 공동체는 개인이 행위하면서 다른 개인과 관계를 맺는 곳에서만 존재하기 때문이다.

하지만 법에 관한 경험에 비추어 볼 때 법적으로 중요한 의미를 지닌 내적 행동도 상당히 많다. 즉 내적 행동이 이와 함께 이루어지는 외적 행동에 대한 반작용을 배제하거나 변경(책임귀속능력, 책임형식)하는 경우가 있는가 하면, 내적 행동 자체가 법의 반작용을 유발할 수 있는 경우도 매우 많다. 예컨대 아동의 '정신적 행복'을 위태롭게 만들거나 '윤리적으로 완전히 타락'할 위험이 있을 때는 강제교육을 지시할 수 있다. 특히 인식 없는 과실의 경우에는 이 점이 명확하게 드러난다. 입법에서 활용할 수 있는 방식이어야 한다는 전제하에 과실 개념은 다음과 같이 규정할 수 있다. "통상의 위험한 행위를 넘어 실현되었고 이 위험이 행위자에게 알려져 있거나 행위자의 지적 능력에 비추어 통상의 주의를 기울였다면 인식할 수 있는 때는 당해 구성요건이 과실로 실현된 것이다." 이 개념정의에서 전반부의 인식 있는 과실의 경우에는 행위자가 자신의 행위의 위험성을 알았기 때문에 처벌되는 반면, 후반부의 인식 없는 과실의 경우에는 거꾸로 행위자가 자신의 행위의 위험성을 인식하지 못하고 행위했기 때문에 처벌된다. 어쩌면 처벌의 진정한 근거는 외적 행동에 있는지도 모른다. 하지만 인식 없는 과실에서 처벌 근거는 내적 행동, 즉 부주의이고, 다만 법적 안정성 때문에 가벌성을 유해한 행위의 존재라는 조건에 연결해 놓았다. 이에 반해 과거의 법은 심정이 전혀 외부로 표현되지 않은 경우에까지 법률효과를 연결했고, 그 때문에 바깥으로 드러난 표현은 그저 심정을 보여주는 증거로만 의미를 지니는 경우가 있었다. 다시 말해 외적 표현이 실체법적으로가 아니라 소송법적으로 의미를 지니기도 했다. 이단과 우상숭배에 대한 처벌을 생각해 보면 금방 알 수 있다. 바로 그 때문에 고해성사를 통해 순수한 내면적 과오까지 확인하는 수단을 가졌던 가톨릭교회는 법의 영역을 순수한 내면적 행동에까지 확장할 수 있었다.[12]

법적 판단이 외적 행위에만 국한되지 않는 것과 마찬가지로 윤리적 판단 역시 '소망하는 사고'에만 국한되지 않는다.[13] 오히려 정반대이다. 즉 사고가 윤리적 판단의 대상이 되지 않는 경우도 많다. 예컨대

---

12 이에 관해서는 *Schoenborn*, Kirche und Recht, in: Internationale Monatsschrift für Wissenschaft, Kunst und Technik, Jahrgang VI., 1912, Sp. 619 이하 참고.

13 나는 여기서 법을 외면성에, 윤리를 내면성에 귀속시키는 이론을 반박하고자 한다. 이에 반해 슈타믈러는 이 구별을 고수하면서, 법을 '구속력을 행사하는 의욕'으로, 윤리를 '소망하는 사고'로 파악한다. 슈타믈러에 대한 반론으로는 *Natorp*, Recht und Sittlichkeit, in: Kantstudien, Bd. 18, 1913, S. 51 이하 참고. 물론 나와 슈타믈러 사이의 이론적 대립은 그저 외관상의 대립에 불과한 것일지도 모른다. 이보다 더 중요한 차이는 슈타믈러가 법과 윤리를 똑같은 이념을 적절히 조율해 적용하는 영역으로 생각하는 반면, 나는 법을 윤리의 수단에 속한다고 본다는 점에 있다. 이에 관해서는 *Stammler*, Begriff und Bedeutung der Rechtsphilosophie, in: Zeitschrift für Rechtsphilosophie in Lehre und Praxis, Bd. I, 1914, S. 1 이하 참고.

아무런 행동도 뒤따르지 않아서 실현 가망이 전혀 없는 '소망', 지옥으로 가는 길을 닦는 것에 불과할 따름인 '선한 의도'는 윤리적 성과로 인정되지 않으며, '사악한 욕망', '내면에서 겪는 유혹'만으로 곧장 윤리적 죄악이라고 판단하지는 않는다. 소극적인 충동 자체는 윤리적으로 무관하고, 오로지 '의무이행의 재료', 즉 소극적 충동과 씨름하는 적극적 의지만이 윤리적으로 중요한 의미가 있다. 의지는 적극성과 활동성이라는 측면에서만 충동과 구별되고, 오로지 행위만이 의지의 존재를 증명할 수 있다. 따라서 외적 행동 이외에 예컨대 주의를 집중하는 것과 같이 내적 행동도 존재한다는 점을 잊지 않을 때 비로소 인간의 행동인 외적 행동과 내적 행동 모두를 윤리의 적용 영역으로 삼을 수 있다.

그러므로 외적 행동도 윤리적 판단의 대상이 되고, 내적 행동도 법적 판단의 대상이 된다.[14] 즉 내적 행동이든 외적 행동이든 모두 윤리적 평가와 법적 평가의 대상이 될 수 있는 영역이고, 다만 윤리와 법의 대상에 관련된 차이는 단지 — 자주 지적되듯이 — 고찰 방식의 차이로만 보아야 한다. 즉 똑같은 행동에 대해 이 행동이 행위자의 영혼과 관련해 갖는 의미를 평가할 때는 도덕적 판단이 되고, 이 행위가 공동체와 관련해 갖는 의미를 평가할 때는 법적 판단이 된다. 물론 이러한 고찰 방식의 차이로 인해 윤리에서는 주로 내면의 행동이, 법에서는 주로 외면의 행동이 중요하다고 결론을 내릴 수 있다. 그리하여 외적

---

14 같은 견해로는 *Jellinek*, Sozialethische Bedeutung von Recht, Unrecht und Strafe, 2. Aufl., 1908, S. 55 이하; *Erich Kaufmann*, Clausula rebus sic standibus, 1911, S. 129; *Bierling*, Kritik der juristischen Grundbegriffe, 1877, S. 147, 154 이하; *Del Vecchio*, Il Concetto del Diritto, 2. Aufl., 1912, S. 25 이하; *Gutherz*, Studien zur Gesetzestechnik I(Lilienthals Strafrechtliche Abhandlungen, Nr. 93), 1908, S. 46 이하 참고.

행동이 내적 행동을 확인하는 한에서만 윤리가 외적 행동에 관심을 기울이고, 내적 행동이 외적 행동의 동기를 감지할 수 있게 만드는 한에서만 법의 시야에 내적 행동이 포착된다고 말할 수 있다. 하지만 특정한 심정이 비난 가능성 있는 행위의 수행을 우려하도록 만들 정도라면 이 심정을 법적으로 처벌—이 표현 방식이 부정확한 개념실재론에 기초한 오류라는 점은 일단 접어두기로 한다—하는 데 법개념은 아무런 장애도 되지 않는다. 따라서 "누구도 생각 때문에 처벌받지 않는다"라는 명제는 법개념에 따른 필연적 결론이 아니라 단지 제정된 실정법으로서 개념적으로는 법의 적용 영역에 속하지만, 법적 안정성을 위해 적용을 포기한 것일 따름이다. 그러나 법의 발전 경향은 내적 행동까지도 포함하는 법의 개념적 권한을 더욱 포괄적으로 사용하는 방향으로 전개되고 있는 것 같다. 예컨대 형법개정 운동은 범죄행위를 기본적으로 행위자의 범죄적 심정의 징후로만 보려는 경향을 보인다. 이 경향을 통상 '형법의 윤리화'라고 부른다. 하지만 이러한 경향을 통해 법이 실제로 윤리적 고찰 방식으로 빠져드는 착오를 범하는 것은 아닐까? 전혀 그렇지 않다! 왜냐하면 일단 윤리적 고찰 방식에 따라 행위를 심정의 징후로 평가하면서도 윤리적 고찰 방식과는 달리 단순히 심정에 대한 평가에만 머물지 않는다면 심정을 장래에 저지를 또 다른 범죄행위의 위험한 원천으로 파악하게 되기 때문이다. 이렇게 함으로써 '범죄의 징후에 대한 견해'도 궁극적으로 외적 행동을 지향하게 되고, 따라서 법적 고찰 방식을 취하게 된다.

심정이 오로지 장래의 행위와 관련된 징후로서만 법적으로 의미가 있지만, 다른 한편 행위가 오로지 심정의 징후로서만 의미를 갖는다면 그러한 행위는 법적 규율의 대상이 될 수 없다. 즉 행위를 통해 바깥으로 표현되는 관계가 이 행위 자체가 아니라 오로지 행위가 행위자의 영혼을 드러내는 의미만을 기준으로 포착된 관계에 그치게 되면 이 관계는 전적으로 윤리적 규범화의 대상이 될 뿐이다. 이렇게 되면 법은 예컨대 우정과는 아무런 관계가 없게 되고, 이와 마찬가지로 에로틱한 관계 역시 전적으로 윤리적 규율에만 맡겨야 하는지 또는 '자유연애'가 혼인법을 대체해야 하는지의 문제가 등장한다. 즉 우정과 사랑에서 법적으로 규율할 수 있는 외적 행동만이 아무런 독자적 의미도 지니지 않은 채 그저 심정을 증명하는 '우정의 증거' 또는 '사랑의 증거'로만 의미가 있는 부수적 현상이 되고 만다. 바로 이 맥락에서 루돌프 조옴은 교회를 기독교적 사랑의 공동체로 파악하고, 따라서 교회법은 교회의 본질과 합치하지 않는다고 본다.[15] 이 너무나도 고귀한 형태의 아나키즘은 영혼이 없는 외면성에 최소한의 고유가치마저도 부여하지 않으려는 반감, 즉 모든 외면적인 것에 딱 그 속에 깃든 영혼만큼의 가치만을 부여하려는 위대한 편파적 사고에 기인한다. 그 때문에 이러한 태도는 법률가의 직업적 습관이 얼마나 영혼을 박탈하는 방향으로 흐르고, 생생한 인간 영혼을 그저 법적으로 중요한 행위들의 부차적인 원천쯤으로 치부하면서 곁눈질하는 데 그친다는 사실을 확인하는 심오한 감정을 드러내고 있다. 이 점에서 "인간이 사랑 없이 서로 교류할 수 있는 관계가 존재한다"라는 믿음은 법과

15 이에 관해서는 *Rudolf Sohm*, Kirchenrecht I, 1892; *ders.*, Wesen und Ursprung des Katholizismus(Abhandlungen der Philologischen-Historischen Klasse der Königlichen Sächsischen Gesellschaft der Wissenschaften, Bd. 27, H. 3, 1909) 참고. 조옴에 반대하는 견해로는 *Harnack*, Entstehung und Entwicklung der Kirchenverfassung und des Kirchenrechts in den zwei ersten Jahrhunderten, 1910, S. 143 이하 참고.

법의 대변자들의 본질이자 동시에 치명적 죄악이라고 한다. "인간이 사랑 없이 서로 교류할 수 있는 관계는 존재하지 않는다"라는 결론과 함께![16]

2. '외면성/내면성'이라는 대립은 법과 윤리의 목적 주체에도 영향을 미칠 수 있다. 법적 가치는 하나의 행위를 공동체에 좋은 행위로 지칭하는 반면, 윤리적 가치는 하나의 행위를 그 자체로 좋은(선한) 행위로 지칭한다. 따라서 법적 가치는 다른 사람을 위한 행위의 가치 또는 다른 사람 전체를 위한 행위의 가치이고, 윤리적 가치는 하나의 행위 그 자체의 가치이다. 그 때문에 법적 의무를 부담하는 자에게는 언제나 의무이행에 이해관계가 있는 사람, 의무이행을 요구하는 사람, 의무이행을 요구할 권한이 있는 사람이 대립하는 반면, 윤리적 의무에 관해서는 단지 상징적으로만 의무이행을 요구할 권한을 말할 수 있다. 예컨대 윤리적 의무를 부담하는 자의 마음속에 있는 신에 대한 의무, 자신의 양심에 대한 의무, 자신의 인격에 내재하는 인간성에 대한 의무, 더 나은 자아에 대한 의무 따위의 표현은 그와 같은 상징에 해당한다. 그리고 법의 영역에서는 '의무와 채무'라는 표현을 사용할 수 있다. 이에 반해 윤리적 의무는 채무가 아니고, 채권자에 대한 채무도 아니며 그 자체 의무일 따름이다. 이 점에서 다른 사람에 대한 윤리적 의무라고 말할 때는 이 의무를 이행하라고 다른 사람이 요구할 수 있다는 의미가 아니다. "누군가 너의 오른뺨을 치거든, 왼뺨을 내밀

---

16 *Tolstoi*, Auferstehung, Teil II, Kap. 40. 톨스토이의 이 말은 아마도 법에 가해진 비판 가운데 가장 통렬한 비판일 것이다. 톨스토이에 관해서는 *Eltzbacher*, Der Anarchismus, 1900, S. 196 이하; *Sternberg*, Einführung in die Rechtswissenschaft(Sammlung Göschen) I, 2. Aufl., 1912, S. 19; *Goldenweiser*, Das Verbrechen als Strafe und die Strafe als Verbrechen, 1904.

것이며, 누군가 너와 다투면서 치마를 내놓으라 하거든, 외투까지 벗어 줄지어다!"라는 성서의 명령은 이웃에게 뺨을 때리고 외투를 받을 권리를 부여하는 것이 아니라 기독교인이라면 마땅히 그와 같이 경건하게 행동해야 할 책임이 자기 자신과 신에 대해 있다는 뜻이다. 페트라치키는 법의 '**명령적-귀속적**(즉 의무를 부과하고 권리를 부여하는)' 성격과 윤리의 순수한 명령적 성격을 양자를 구별하기 위한 토대로 삼았는데, 모든 인간관계를 어떤 요청을 강요하는 압박이 아니라 자발적으로 넘치는 사랑에 기초하게 만들려는 순수한 윤리적 관점을 견지했던 톨스토이가 그의 말년 저작들에서 바로 이 페트라치키의 법학적 고찰 방식을 투쟁의 대상으로 삼은 것은 결코 우연이 아니다.[17]

법의 특징에 해당하는, 의무와 권리의 대립에서 명령적 요소가 일차적인지 아니면 귀속적 요소가 일차적인지는 많은 논의가 이루어지는 이론적 쟁점 가운데 하나이다. 하지만 이 문제를 둘러싸고 서로 대립하는 해결 방법들 역시 서로 다른 고찰 방식에 따른 결론을 제시하는 것일 뿐이고, 이 점에서 각자 나름의 타당성을 갖는다고 밝혀진다. 예컨대 "무엇이 법적으로 옳은가?"를 묻는 법적 고찰 방식에서는 법규범의 성격을 명령으로 규정하는 데서 출발해, 이 명령을 통해 수범자의 의무가 성립하고, 그 반사작용으로 의무이행에 이해관계가 있는 사람의 주관적 권리가 성립한다고 생각하는 것이 더 적절할 수 있다.[18] 그러나 무언가가 왜 법적으로 정당한지를 탐구하는 법철학적 고

17 *Leon von Petrazycki*, Über die Motive des Handelns und über das Wesen der Moral und des Rechts, 1907; *Tolstoi*, Über das Recht. Briefwechsel mit einem Juristen, 1910.

18 이에 관해서는 특히 *Thon*, Rechtsnorm und subjektives Recht, 1878 참고. 명령설에 관해서는 이를 지지하는 *Hold von Ferneck*, Die Rechtswidrigkeit, Bd. I, 1903과 이를 비판하는 *Kelsen*, Hauptprobleme der Staatsrechtslehre, 1911, S. 201 이하 참고.

찰 방식은 주관적 권리가 비록 의무를 통해서만 성립할 수 있긴 하지만 의무 자체 때문에 성립하는 것은 아니라는 점을 지적하게 될 것이다. 즉 주관적 권리와 타당한 권한으로부터 파생된 객관적 법과 법질서라는 명칭 자체가 이미 법적 의무보다 법적 권한이 우선한다는 사실을 뜻하고, 실제로도 한 사람이 법적 의무를 부담하는 이유는 다른 사람이 법적 권한을 갖기 때문이라는 사실을 지적하게 된다. 다시 말해 최고가치에 봉사하는 수단으로서의 법은 오로지 타당한 권한을 부여하는 측면에서만 최고가치에 접근할 수 있을 뿐, 의무를 부과하는 측면에서 최고가치에 접근할 수는 없다. 따라서 법이 윤리적 의무를 법적 의무로까지 설정하고 그에 따른 제재를 부과함으로써 윤리적 의무의 실현을 촉진할 수는 없는 일이다. 왜냐하면 오로지 그 자체를 위해서만 이행되는 윤리규범의 속성에 비추어 볼 때 여기에 똑같은 내용의 법규범을 추가한다고 해서 윤리규범의 이행이 촉진되지는 않기 때문이다. 오히려 법은 각 개인에게 권리를 부여하고, 이를 통해 개인이 자신의 의무를 더 잘 이행할 수 있도록 할 때만 윤리에 봉사할 수 있다. 예컨대 소유권 역시 이러한 의미로 정당화할 수 있다. 그러므로 법적 의무는 주관적 권리를 위해 존재하고, 이 주관적 권리는 다시 윤리적 의무를 위해 존재한다고 말할 수 있다. 이렇게 볼 때만 예컨대 주관적 권리에 기초한 윤리적 열정을 설명할 수 있다. 즉 "이것은 나의 권리다!"라는 사고가 "이것은 나의 의무다!"라는 사고와 똑같이 숭고한 감정을 불러일으키고, 이 감정은 개인의 영혼이 영혼 전체를 지배하는 의식, 인간에 깃든 인간성에 경외감을 가질 때만 비로소 체험할 수 있다. 오로지 자기 스스로 쟁취한 것일 때만 가질 수 있는 윤리적 자부심은 주관적 권리를 통해 다른 사람으로부터 쟁취한 것과 결합한다. 그리하여 언제나 규범의 사슬에 묶여 있는 충동과 이익이 주관적 권리를 보장하는 규범을 통해 오히려 규범의 사슬에서 벗어나게 된다.[19] 주관적 권리가 지닌 이 독특한 구조는 주관적 권리가 윤리적 의무이행의 가능성 조건이고, 따라서 윤리적 의무이행에 내재하는 윤리적 열정에 간접적으로 참여한다고 생각하면 곧장 이해할 수 있다. 즉 인간은 권리를 통해 자신의 의무와 윤리적 인격을 위해 투쟁하는 것이다. 바로 이 점에서 예링은 '권리를 위한 투쟁'을 '윤리적 자기주장'의 의무로 찬양한다. 물론 이익이라는 형태로 자신의 윤리적 인격성을 방어하기 위한 '권리를 위한 투쟁'이라는 이상형은 두 가지 상반되는 극단으로 치달을 수 있다. 첫째, 권리를 위한 투쟁이 자신의 이익을 전혀 고려하지 않은 채 심지어 자기 말살에 이를 정도로 오로지 윤리적 인격성만을 위한 순수한 투쟁으로 전락할 수 있다(미하엘 콜하스). 둘째, 권리를 위한 투쟁이 어떠한 윤리적 배경도 없이 이익을 둘러싼 노골적인 투쟁으로 전락할 수 있다. 즉 도대체 이익의 구체적 내용이 무엇인지를 따지지 않고 그저 자신만이 옳다는 주장이 난무하는 순수한 권력투쟁으로 전락할 수 있다(샤일록). 이 점에서 법은 단지 윤리의 가능성일 뿐이고, 그 때문에 반윤리의 가능성이기도 하다.

이 밖에도 우리가 통상 의무에서만 느낄 수 있는 윤리적 열정이 주관적 권리로 흘러 들어가는 또 하나의 경우가 있다. 브린츠Alois von Brinz

---

19 주관적 권리가 지닌 이 역설적인 윤리적 구조는 법감정이 지닌 역설적인 심리학적 구조와 정확히 일치한다. "법의 본질을 충족하기 위해 법감정에는 심리학적 조건의 측면에서 완전히 상반되는 두 가지 감정이 결합해 있다(*Kornfeld*, Das Rechtsgefühl, in: Zeitschrift für Rechtsphilosophie in Lehre und Praxis I, 1913, S. 157)."

이후 예컨대 군주, 공무원, 유권자, 국회의원 등의 권리인 주관적 공권에 대해 의무의 성격까지 부여하곤 한다. 따라서 이 경우에는 단순히 권리의 행사뿐만 아니라 법적 의무의 이행이라는 측면도 법질서에서 중요한 의미를 지니게 된다. 다만 주관적 공권을 가진 자가 이 권리를 행사하는 것이 법질서의 의지에 부합하긴 하지만, 법질서로서는 이 권리를 의무에 맞게 행사하는 것이 곧 권리자의 이익에도 부합하기를 기대할 수 있을 뿐이기에 주관적 공권의 행사 자체를 법적 의무로 명문화할 수는 없다. 물론 이 경우 주관적 권리는 법적 의무와 똑같은 목적에 이바지한다. 즉 법질서가 바람직하게 여기는 행위는 이 행위가 행위자의 이익과 합치하면 권리의 대상이 되고, 이익과 합치하지 않으면 의무의 대상이 된다. 하지만 주관적 공권이나 가족법상의 권리만이 아니라 모든 권리가 이러한 구조를 지닌다. 즉 모든 권리는 많든 적든 권리를 의무에 부합해 행사한다는 전제하에 부여된다. 이 점에서 왕위와 마찬가지로 소유권 역시 권리이면서 동시에 전체에 봉사하는 공직인 셈이다. 입법자는 한편으로는 소유권자가 의무에 맞게 온건하고 관대하리라고 기대하지만, 다른 한편으로는 소유권자가 의무에 맞게 엄격하고 단호하리라고 기대한다. 즉 소유권자가 자신의 소유에 대한 침해를 아무런 저항도 없이 허용하는 것이 아니라, 그 자신의 소유권을 위해 투쟁함으로써 소유권 제도 전체를 방어하리라고 기대한다. 물론 다음과 같은 결정적 차이를 간과해서는 안 된다. 즉 법질서는 국민의 '적극적 지위'를 계속 확대하면서 의무에 합치하는 행사라는 전제하에 갈수록 더 많은 주관적 공권을 창설하지만, 이와 동시에 사법에서는 의무에 합치하는 권리의 행사가 너무 자주 실망을 겪은 나머지 예컨대 친권이나 소유권처럼 권리자에 대해 구속력 있는 의무를 부과하거나 권리를 제한하는 경향을 강화하기도 한다. 결론적으로, 주관적 권리는 이중의 윤리적 기능을 갖고 등장한다. 즉 주관적 권리는 직접적으로는 윤리적 인격에 봉사하고, 간접적으로는 공동체와 공동체의 윤리적 목적에 봉사한다. 이 두 가지 관점에서 '권리를 위한 투쟁'은 윤리적 의무가 될 수 있다.[20]

3. 외면성과 내면성의 대비는 법과 윤리의 효력 원천(구속력의 근거)과도 관련을 맺을 수 있다. 흔히 법은 외부의 의지로서 바깥에서 우리에게 다가오기 때문에 '타율'이라고 말하고, 이에 반해 윤리는 윤리법칙이 윤리적 인격성 자체를 통해서만 각자에게 부과되기 때문에 '자율'이라고 말한다.[21] 하지만 타율적인 의무부과, 즉 타인의 의지를 통한 의무부과는 그 자체 모순이다. 의욕(Wollen)이 이를 강제하는 권력을 수반하면 필연(Müssen)을 유발할 수는 있지만, 결코 당위(Sollen)를 유발할 수는 없다. 타인의 의욕은 어떤 경우에도 나의 의욕이 아니다. '자율'이라는 표현을 이해하기 위해서는 반드시 자기 자신에게 의무를 부과하는 자아를 어떤 의욕으로 — 그것이 설령 양심이 요구하는 것일지라도 —, 즉 어떤 경험적이고 심리학적인 현실이 아니라 윤리적 인격성으로 이해해야 하고, 따라서 순수하게 규범적이

20 주관적 권리에 내재하는 의무 요소에 주목하게 만든 것은 특히 크라우제 학파(아렌스, 뢰더)의 공적이다. 이에 관해서는 *Giner/Calderon*, Vorschule des Rechts, S. 24 이하 참고.

21 특히 *Kelsen*, Hauptprobleme der Staatsrechtslehre, entwickelt aus der Lehre vom Rechtssatz, 1911은 법과 윤리의 차이를 자유와 타율의 차이에 기초해 파악한다. 매우 날카로운 통찰을 보여주는 이 책은 때로는 나의 관점에 상당히 가깝기도 하지만, 나의 관점에서 멀어지는 경우도 많다. 켈젠의 이론에 대해 여기서 상세히 논의하는 일은 불가능할 뿐만 아니라 필요하지도 않다. 켈젠과 나의 이론 사이의 결정적 차이는 이미 한 서평(*Caro*, in: Schmollers Jahrbuch 36, 1912, S. 1928 이하)을 통해 분명히 밝혀졌기 때문이다.

고, 이념적이며 비현실적인 형상으로, 다시 말해 의무를 부과하는 규범 자체로 이해해야 한다. 그러므로 양심이 의무를 부과하는 것이 아니라 양심을 통해 말하는 규범이 의무를 부과한다. 이렇게 되면 다음과 같은 딜레마에 봉착한다. 즉 법을 의지로 파악하거나 — 이 경우에는 법의 당위성, 법의 의무구속력, 법의 효력에 대한 정당화를 포기해야 한다 — 아니면 법을 마땅히 그렇게 해야 한다는 의미에서 당위된 것, 의무로 부과된 것 및 효력을 갖는 것으로 파악 — 이때 효력은 자율적으로, 다시 말해 법복종자 자신의 윤리적 인격성의 요구로 정당화해야 한다 — 하는 것 가운데 어느 하나를 선택해야 하는 딜레마에 봉착한다. 후자의 대안을 선택해 마치 법의 효력이 윤리의 재가(Sanktion)에 기초하는 것처럼 생각하는 견해는 법의 효력을 법의 정당성에 의존하게 만드는 위험한 자연법적 사고의 소산이다. 이러한 사고가 잘못이라는 점은 나중에 효력 문제를 논의하면서 밝히도록 한다.

법의 효력 원천은 윤리의 효력 원천과 똑같이 자율이다. 더 정확히 말하면, 법과 윤리 양자는 단 하나의 같은 효력 원천만을 갖는다. 더욱 더 정확히 말하면, 법은 자신의 효력을 오로지 윤리의 효력으로부터만 도출할 수 있고, 법규정은 윤리적 인격이 이 규정을 자신의 윤리적 규범으로 수용할 때만 효력에 도달할 수 있다. 이렇게 말하면 마치 힘겨운 노력을 거쳐 획득한 법과 윤리의 구별을 다시 파괴해 버리고, 법을 단순히 윤리의 부분 영역으로 그리고 법규범을 특정한 내용의 윤리적 규범으로 인식하는 것처럼 생각할지도 모른다.

하지만 그렇게 생각하는 것은 커다란 오해이다. 법은 명백히 윤리의 바깥에 있고, 명백히 윤리와는 별개로 존재하며, 목적과는 구별되는 수단이다. 이처럼 법과 윤리가 명백히 구별된 이후에 비로소 법이 사후적으로 윤리적 가치 실현의 수단으로서 윤리적 목적이 지닌 가치에 참여하고, 이를 통해 법 자체가 윤리에 수용된다. 이처럼 법을 윤리의 왕국으로 편입하는 것은 딱히 많은 연구가 이루어지지 않은 일반적 현상에 속한다. 즉 똑같은 소재에 두 가지 가치 속성의 옷을 입히는 것은 일반적인 현상이다. 예컨대 진리(Wahrheit)라는 논리적 가치가 정직(Wahrhaftigkeit)이라는 도덕적 의무의 대상이 되고, 논리적 가치가 윤리적 가치평가라는 또 다른 평가의 객체가 되면, 이로써 진리는 하나의 윤리적 선이 된다. 이와 마찬가지로 실정법이 법충실(Rechtlichkeit)의 내용이 되고, 정당한 법과 객관적 정의가 주관적 정의의 내용이 되면, 법적 가치는 다시 윤리적 평가의 대상이 된다. 그리고 진리를 윤리적 선으로 고양한다고 해서 이 가치와 관련된 독자적인 법칙이 침해되지 않고, 오히려 이 법칙을 인정하게 되는 것과 마찬가지로 법의 영역을 윤리의 왕국과 병합할지라도 법의 영역의 방법론적 자치는 온전히 유지된다. 이 맥락에서 칸트의 다음과 같은 말은 전적으로 옳다. "모든 의무는 단지 그것이 의무라는 이유만으로 이미 윤리에 속한다. 하지만 그렇다고 해서 의무의 입법 모두가 윤리에 포함되는 것은 아니다. 오히려 윤리 바깥에도 수많은 의무의 입법이 있다."[22]

이로써 우리는 그 원천에 비추어 볼 때 개념 필연적으로 자율적일 수밖에 없는 의무규범 내에서 다시 자율과 타율의 차이를 조금은 변형된 형태로 분명하게 밝힐 가능성을 얻게 된다. 즉 양자의 차이는 의

22 *Kant*, Metaphysik der Sitten, hrsg. v. K. Vorländer(Philosophische Bibliothek, Bd. 42), 1907, S. 22 이하.

무를 부과하는 심급(Instanz)의 차이가 아니라 의무부과의 내용을 규정하는 심급의 차이로 파악해야 한다. 이 맥락에서 윤리적 의무와 윤리적 선은 두 가지 방식으로 구별할 수 있다. 하나는 '직접적 윤리적 의무'이고, 다른 하나는 '간접적 윤리적 의무'이다(칸트). 전자는 윤리를 윤리로 만드는 선이고, 후자는 윤리 자체를 이미 전제하는 선이다. 이 점에서 윤리는 인격 가치이고, 직접적이고 본래적인 윤리적 가치로서 예컨대 한 인간의 선함과 같이 인격에 붙어 있는 가치이다. 이에 반해 간접적인 윤리적 가치는 비개인적인 방식의 기반, 인간의 작품, 인간의 관계를 직접적 대상으로 삼는 가치이고, 이 기반과 관계를 맺는 인격에 단지 간접적으로만 가치의 빛을 드리울 따름이다. '문화의무'는 두 번째 방식의 의무에 속한다. 문화의무는 진리와 아름다움 같은 작품가치를 학문과 예술이 윤리적 행위의 과제로 삼도록 만드는 의무이고, '사회윤리'의 대다수 의무 역시 여기에 속한다. 당연히 사회윤리의 의무 가운데 하나인 정의를 통해 정당한 법, 즉 법의 법으로서의 성질이 윤리적 선으로 파악되고, 실정법 역시 정의를 통해 비로소 윤리적 선으로 파악된다. 이 간접적인 윤리적 의무에서는 윤리가 타자의 입법에 복종하고, 다른 이성영역의 특수한 변증법에 자신을 맡기며, 다른 쪽에서 확인해야 할 의무내용을 마치 백지위임장에 사인하듯이 전면적으로 받아들인다. 즉 윤리 자체는 진리를 정직의 목표로, 다시 말해 윤리적 선으로 만들지만, 무엇이 진리인지를 결정하는 일은 논리학에 맡긴다. 이와 마찬가지로 윤리 자체는 법과 정의를 윤리적 과제로 만들긴 하지만, 그 내용의 확인은 윤리 바깥의 절차인 입법, 징치, 법철학의 소관 사항이다.

이처럼 윤리적 내용을 윤리 바깥의 영역에서 확정하는 것이 곧 타율이라는 생각은 아마도 타율이라는 단어를 멋대로 해석한 결과라고 여길지도 모른다. 즉 윤리의 내용이 이성의 다른 능력을 통해 규정되긴 하지만, 결코 타자의 의지를 통해 규정되지는 않으며, 오로지 타자의 의지를 통해 규정될 때만 타율이라고 생각하는 것은 타율이라는 단어를 잘못 이해한 것이라고 여길지도 모른다. 그러나 양 측면은 밀접한 관련이 있다. 즉 윤리적 내용의 확인을 윤리 이외의 능력이 담당하게 되면, 이 확인을 얼마든지 타자의 의지에 맡길 수 있다. 본래적이고 직접적인 윤리적 의무는 의무를 부담하는 자가 의무의 내용을 자신의 양심을 통해 창조적으로 형성하도록 요구한다. 이 경우 어딘가 다른 곳에서 선과 관련된 규범을 제작해 무심코 이 규범을 자신의 윤리적 준칙으로 삼는 일은 있을 수 없다. 각 개인과 각 사례에 따른 가장 강렬한 체험을 통해 언제나 새롭게 생성되어야 할 행동의 유일성과 독특성이야말로 선의 본질이자 여성적 선의 천재성이다. 이에 반해 간접적인 윤리적 의무는 자신의 마음에서 생성되지 않는 내용의 의무를 수용하는 것을 허용한다. 따라서 문화의무는 이 의무의 수범자에 대해 인류가 만들어낸 모든 문화적 업적을 추종해 이를 다시 예술적 및 학문적으로 생성하라고 기대할 수 없으며, 단지 다른 사람이 해놓은 작업의 결과를 수긍할 만한 방식으로 습득하라고 기대할 수 있을 뿐이다. 바로 이 지점이 자율의 왕국에서 타율, 즉 권위가 자리 잡은 위치이다. 이로써 법과 정의는 비록 양심에 의해서만 효력을 부여받는데도 불구하고 법과 정의의 내용은 얼마든지 입법자, 법철학자 또는 정당의 지도자와 같은 외부의 권위로부터 타율적으로 수용될 수 있다는 사실을 밝힌 셈이다. '정당 내부의 훈육' 역시 이러한 논의를 거쳐 윤리적으로 정당화할 수 있다. 그렇지만 다음과 같은 점에 주의해야 한다. 즉 여기서는 단지 법이 그 권위적 성격에도 불구하고 어떻게 아무런 내재적 모순이 없이 윤리적 자율로 인정될 수 있는지만을 밝혔을 뿐이고, 과연 법에 그와 같은 윤리적 인정을 부여해도 좋은지 그리고 부여해야만 하는지, 만일 부여해야 한다면 어느 정도까지 부여해야 하는지에 대한 탐구는 나중에 효력의 문제를 논의하면서 다루도록 한다.

4. 결국 법의 외면성과 윤리의 내면성 사이의 차이는 의무구속 방식의 차이에서 찾게 되었다. 즉 윤리는 인간이 자신의 의무를 그것이 의무이기 때문에 수행하라고 요구하고, 법은 이와는 다른 충동까지도 허용한다는 점에서 양자의 차이를 찾게 되었다. 이 점에서 오로지 규범에 부합하는 심정이 있을 때만 윤리가 충족되는 반면, 법은 규범에 따르는 행동만으로 이미 충족된다. 다시 말해 — 칸트의 용어를 따른다면 — 윤리는 '도덕성'을 요구하고, 법은 '합법성'만을 요구한다.

이 구별 자체는 옳지만, 이 구별을 의무구속 방식의 차이로 파악하는 것은 옳지 않다. 의무를 의지의 규범에 대한 관계로 이해하는 이상 단순한 합법성에 대한 의무라는 표현은 그 자체 모순이다. 더욱이 이것 말고는 의무의 개념을 다른 방식으로 규정할 수 없다. 만일 합법성 '의무'를 인정한다면, 의지에 대한 의무구속이 없이 순전히 육체만을 의무구속의 대상으로 삼게 될 가능성을 인정해야 하고, 그렇게 되면 규범의 기반 — 이 기반이 어떠한 종류의 것이든 관계없이 — 과 규범의 관계 전체를 의무라고 불러야 하며, 따라서 논리적 규범을 통한 사고의 의무구속, 연장에 대한 대리석의 미학적 의무라는 말도 할 수 있어야 한다.

따라서 도덕성과 합법성은 의무구속 방식의 차이가 아니라 단지 다음과 같은 점을 의미할 따름이다. 즉 오로지 윤리규범만이 의지를 의무구속의 기반으로 삼는 반면, 법의 기반인 행위는 개념필연적으로 의무구속 가능성에서 배제된다. 이 점에서 도덕성과 합법성의 차이는 단순히 기반의 차이일 따름이다. 다시 말해 윤리라는 인격 가치만이 일정한 동기를 지닌 개별 인간을 대상으로 삼고, 이에 반해 법은 오로지 개별 인간의 외적(그리고 간접적으로만 내적) 행동만이 등장할 뿐 그 동기 자체까지 등장하지는 않는 공동체를 대상으로 삼는다는 사실에서 차이가 있다. 그렇다면 합법성은 법이라는 사회적 가치가 지닌 독특성이 아니라 논리적 작품가치와 미학적 작품가치와 같이 인격 가치가 아닌 다른 모든 가치에 공통된 것이다. 이 점에서 합법성이라는 관점에서는 법적 행위의 가치와 마찬가지로 예술적 또는 학문적 작품의 가치 역시 창조자의 동기를 고려하지 않은 상태에서 평가될 수 있다고 보아야 한다. 그러므로 인류가 이룩한 문화적 성과가 대부분 인간의 교만함의 소산이라는 사실로 인해 가치를 상실하지는 않으며, 거꾸로 '형편없는 음악가'가 그저 '착한 사람'이라는 이유로 훌륭한 음악가가 되지는 않는다.

이상의 서술에 따르면 법과 관련해서는 합법성만이 요구된다고 말하는 것은 곧 법으로부터 의무를 정당화할 능력을 박탈한다는 것을 의미한다. 그러나 우리가 앞에서 펼친 고찰에 따르면 법의무, 즉 법효력은 법복종의 대상으로서의 법에 윤리적 가치가 장착됨으로써 비로소 성립한다. 따라서 법의무는 윤리적 의무의 일종으로만 사고할 수 있을 뿐이다. 물론 이 문장에 내재하는 것처럼 보이는 위험성은 — 앞에서 지적했듯이 — 나중에 효력의 문제를 논의하면서 제거하기로 한다. 어쨌든 법은 윤리적 가치로서 다른 모든 윤리적 가치와 마찬가지로 그 자체를 위해 실현되고자 하며, 그 때문에 도덕적 성격을 지닌다. 법이 의무를 설정하는 이상, 합법성만으로는 충분하지 않다. 오히려 그 반대이다. 즉 법이 합법성만으로 만족한다면 법은 의무를 설정할 수 없다.

그러나 이 정도로는 합법성에 관한 논의를 잠정적으로 마감한 것에 불과하다. 지금까지는 합법성의 문제를 단지 법의 두 가지 발현형태에 비추어서만 제기했을 뿐이다. 하나는 인간 의지의 윤리적 규범으로서의 법이라는 측면이고, 다른 하나는 인간의 행동에 관한 판단 기준으로서의 법이라는 측면이었다. 그러나 법은 인간의 행위를 판단하는 데 그치지 않고 이를 규정하려고도 한다. 더 나아가 법은 개인적 양심의 자율을 통해 법을 윤리화하는 불확실한 우회로를 거치지 않고 직접 인간의 의지를 규정하고자 한다. 그 때문에 법은 윤리적 당위로서 뿐만이 아니라 경험적 의욕으로서도, 효력이 있는 이념으로서 뿐만이 아니라 작용하는 힘으로서도, 가르침으로서 뿐만이 아니라 권력으로서도, 규범으로서 뿐만이 아니라 명령으로서도 개인의 의지에 다가선다. 규범과 명령이 수범자와 맺는 다양한 관계에서 도덕성과 합법성의 대립이 과연 정당한 것인지에 대해서는 나중에 다시 자세히 다루도록 한다. 여기서는 일단 우리가 앞으로 다루게 될 주제가 지닌 의미만을 짧게 지적하는 데 그치겠다.

주의 깊은 독자라면 법과 윤리의 차이에 관한 우리의 논의에서 실정법과 정당한 법, 법과 정의, 법현실과 법가치를 분리하지 않았다는 점을 간파했을 것이다. 양자를 분리하지 않았다는 사실은 법과 윤리의 차이와 관련해 지금까지 확인한 모든 내용이 법개념뿐만 아니라 법이념에도 해당한다는 뜻이다. 이제부터는 법을 명령으로 파악함으로써 비로소 실정법을 윤리뿐만 아니라 정당한 법과도 분리하게 만드는 특징을 제시하게 된다. 윤리는 의지에 대한 규범의 총체이고, 정의는 행동에 대한 규범의 총체이며, 정의가 윤리적 가치가 되면 정의는 의지에 대한 규범이 된다. 윤리와 정의는 당위의 세계, 즉 가치의 세계에 속한다. 이에 반해 실정법은 문화의 왕국에 속한다. 즉 실정법은 정의가치가 실현되어야 할 존재형상이고, 따라서 정의가치 자체와는 달리 거칠고 세속적이며 경험적인 소재로 만들어진 현실이고 실제적인 인간의 실제적인 의지표명으로 만들어진 현실이다. 다시 말해 실정법은 명령을 통해 만들어진 현실이다.

그러나 실정법의 명령적 성격을 확신하기 전에 먼저 규범과 명령의 차이를 자세히 설명할 필요가 있다.[23] 양자의 차이는 규범이 명령과 결합해 규범적 내용이 명령의 형태로 등장하는 명제에 비추어 가장 잘 설명할 수 있다. "너의 의무를 이행하라!"라는 명제에서 이 명제의 의미와 명제 자체를 분리하면, 다시 말해 명제를 통해 '말해진 것(das Ausgesprochene)'과 '말하기(Ausspruch)'를 분리하면, 일단 시간적 및 공간적으로 규정되고, 인과적으로 유발되어 계속 작용하는 존재형

23 규범과 명령의 차이는 실천적 법칙과 명령의 차이에 초점을 맞추는 칸트의 구별과 일치하지 않으며 규범과 명령을 구별하는 켈젠의 이론과도 일치하지 않는다. 그리고 법학 문헌에서는 규범과 명령을 구별하지 않는 것이 일반적이다.

상을 알게 된다. 즉 지금 여기서 들리고 말하는 자의 심리적 과정에서 연유해 듣는 사람의 심리적 과정을 불러일으키는 음성의 연쇄가 그러한 존재형상이다. 다른 한편 시공간과 관계없고 인과성과도 관계없는 명제의 의미 내용, 즉 장소, 시점, 말해진 명제가 미치는 실제적 영향과는 관계없이 효력을 갖는 의미 내용을 알게 된다. 이러한 구별에 비추어 볼 때 이 명제의 존재와 작용의 측면에서는 명령이 되고, 이 명제의 의미와 효력의 측면에서는 규범이 된다. 다시 말해 명제를 통해 의욕이 관철되면 명령이고, 명제를 통해 당위가 정립되면 규범이다. 예로 든 명제에서는 양자가 결합해 있지만, 언제나 결합해 있는 것은 아니다. 규범은 현실이 아니고, 단지 현실로 실현되고자 하는 것이며, 명령은 실제로 작용하고자 하는 현실이다. 규범은 목적이고자 하고, 명령은 단지 목적을 위한 수단이고자 할 뿐이다. 목적으로서의 규범은 목적이 충족되기 전에는 충족되지 않지만, 목적을 위한 단순한 수단일 뿐인 명령은 명령의 목적이 충족되면 그것으로 끝이다. 이때 명령 자체가 동기를 부여해 목적이 충족되는지 아니면 명령의 개입이 없이 이미 존재하는 동기를 통해 명령이 의도한 것과 같은 방향으로 목적이 충족되었는지는 중요하지 않다. 규범은 규범에 부합하는 동기에 기초해 규범에 부합하는 행동을 하도록 요구한다. 이에 반해 명령은 동기가 무엇이든 명령에 부합하는 행동이 이루어지기만 하면 그만이다. 다시 말해 규범은 도덕성을 요구하고, 명령은 합법성만을 요구한다. 이로써 윤리적 행동과는 반대로 법에 부합하는 행동을 위해서는 합법성만이 필요하다는 사실을 증명한 셈이다. 다만 실정법이 실제로 명령의 총체라는 전제가 타당해야 한다.

그러나 규범과 명령의 차이에 관한 이러한 설명은 '규범이론' 그리고 법학을 '규범과학'으로 파악하는 일반적인 견해에 비추어 볼 때 더 정확히 증명할 필요가 있다. 이 증명은 자유의지라는 험난한 문제를 거칠 때만 이루어질 수 있다. 규범은 효력을 지닌 것, 단지 현실로 실현되고자 하는 현실적이지 않은 것, 그 어떤 것에 의해서도 규정되지 않는 자유로운 의지이다. 이에 반해 명령은 존재하는 것, 일정한 방향으로 작용하고자 하는 현실적인 것이고, 명령에 상응하는 의지는 영향을 미칠 수 있고 규정할 수 있는, 자유롭지 않은 의지이다. 따라서 규범은 자유에 호소하지만, 명령은 '심리적 강제'이다. 자유가 없이는 어떠한 규범도 성립할 수 없고, 부자유가 없이는 어떠한 명령도 성립할 수 없다. 그러므로 실정법이 속한 세계를 부자유의 세계로 증명하는 데 성공한다면, 이 증명을 통해 실정법의 명령적 성격을 밝히는 셈이 될 것이다.

자유의 문제를 다루는 피곤할 정도로 많은 문헌에서 어떤 진보를 감지할 수 있다면, 그것은 바로 결정론과 비결정론 모두 문제를 해결할 수 없다는 통찰이 확산하고 있다는 사실일 것이다. 즉 결정론은 실천이성의 요청을 감당하지 못하고, 비결정론은 이론이성의 요구를 감당하지 못한다는 점이 밝혀졌다. 이론이성은 선험적 필연성을 전제로 삼기 때문에 인간의 의지결정을 포함한 모든 현상에 인과성 범주를 적용할 수 있어야 한다고 요구한다. 즉 이 요구에 따르면, 시간적 현상에 대해 사고한다는 것은 곧 현상을 인과성 형식 안으로 수용한다는 뜻이다. 이에 반해 실천이성은 이론이성과 똑같이 선험적 필연성을 기초로 인간의 의지, 즉 의욕의 자유에 대해서는 인과성 범주를 적용할 수 없다고 요구한다. 그 자체 현실이 아닌데도 무언가를 규정하고자 하는 무(Nichts)로서의 규범은 그 어느 것을 통해서도 규정될 수 없는 의지를 요구한다. 따라서 우리는 부자유를 전제하지 않고서는 판단하고 사고할 수 없으며, 자유를 전제하지 않고서는 판단하고 심판할 수 없는 셈이다.

이러한 딜레마로 인해 자유의 문제에 대한 논의는 결정론과 비결정론을 매개하려는 방향으로 나아가고 있다고 보인다. 물론 양자의 매개는 '상대적 결정론'이나 '상대적 비결정론'과 같은 어정쩡한 타협이 아니라 — 자유와 부자유는 완전한 부정(Negation) 관계이다. 즉 자유는 인과성의 부정이고, 부자유는 '원인 없음'의 부정이다. 이 점에서 자유와 부자유는 그 자체 등급화 할 수 없다 — 결정론과 비결정론이 각자의 영역에서 무제한적 지배권을 행사할 수 있도록 하려는, 칸트 이후의 이론적 노력의 소산이다. 다시 말해 양자의 지배 영역은 형이상학적으로 서로 다른 '세계'이고 방법론적으로도 서로 다른 고찰 방식에 기초한다.[24] 이 책에서 서술하는 내용 역시 이러한 이론적 노력에 속한다. 결정론과 비결정론이 각각 독자적 지배 영역을 갖는다는 점을 증명하기 위해서는 세 가지 요소를 함께 고려해야 한다. 일단 개관의 편의를 돕기 위해 각 요소를 인식론적 요소, 현상학적 요소 그리고 윤리적 요소로 지칭하기로 한다.

1. 칸트는 인과성, 즉 원인과 결과 사이의 관계가 마치 눈에 안 보

---

24 이에 관한 입문적 서술로는 *Windelband*, Über Willensfreiheit, 2. Aufl., 1905; *Joël*, Der freie Wille. Eine Entwicklung in Gesprächen, 1908 참고. 내가 여기서 주장하는 관점은 *Bergson*, Zeit und Freiheit, 1911에 근접하고, *Mack*, Kritik der Freiheitstheorie, 1906과 일치한다.

이는 고무줄로 서로 연결된 것처럼 존재사실에 붙어 있는 것이 아니라, 인식하는 이성에 의해 비로소 존재사실에 갖다 붙이는 것, 즉 존재사실을 질서 잡고 인식할 수 있도록 만들기 위해 인과성을 갖다 붙이는 것이라는 점을 가르쳐주었다. 따라서 인과성은 인식이라는 목적을 위한 수단일 뿐이다. 다시 말해 인과성은 우리에게 절대적으로 인정을 요구하는 어떤 것이 아니라, 단지 우리가 무언가를 인식하고자 하는 한에서만 필요하다. 하지만 인식이 존재사실을 지배하기 위한 유일한 방식인 것은 아니다. 인식 이외에 체험이라는 방식이 있고, 지식 이외에 의식이라는 방식도 있다. 물론 체험과 의식이라는 두 번째 형태를 통해 각자에게는 세계를 구성하는 단 하나의 부분만이 주어진다. 그것은 바로 각자의 내면의 삶이다. 이 점에서 자기의식은 사고가 아니라 자기 자신의 체험이다. 따라서 각자의 내면의 삶은 인과성의 왕국에 둘러싸여 있으면서도 이 왕국과는 무관한 독립성을 유지한다. 그 때문에 이 내면의 삶이라는 영역에서 자유를 향한 목소리가 울린다면, 단순히 인과성 범주의 선험적 효력을 지적함으로써 이 목소리를 침묵하게 만들 수는 없다

2. 왜냐하면 인과성 범주를 적용할 수 없다는 것만으로는 자유를 의미하지 않기 때문이다. 즉 인과성이 지배하는 영역에서 배제되면서도 자유의 왕국에 속하지 않는 체험이 다수 존재한다. 예컨대 우리가 감삭이나 충동을 체험할 때는 이 체험은 부자유의 체험이지만, 여기에 인과성 범주를 적용할 수는 없다. 따라서 체험의 영역에서는 인과성을 적용할 수 없다는 소극적 증명 이외에 다시 자유의 체험에 대한 적극적 증명이 필요하다. 물론 의지 현상에 내재하는 자유의 체험을

증명하는 것은 쉬운 일이다. 왜냐하면 의욕의 체험 내용은 영혼의 필연, 즉 충동의 체험 내용과는 달리 의욕에 포함된 자유의 체험을 통해 얼마든지 밝힐 수 있기 때문이다. 이 자유의 체험을 더 정확히 서술할 수는 없고, 단지 주체의 체험, 자아의 체험 등과 같은 다른 표현으로 바꾸어 서술할 수 있을 따름이다. 왜냐하면 주체는 곧 의지의 체험에 포함된 자유의 체험이고, 통일적인 기반과 관련을 맺는 일련의 주체의 체험이 곧 자아의 자아성을 구성하기 때문이다.

3. 지금까지는 의지체험, 주체체험, 자아체험의 필연적 토대인 우리가 자유를 체험하고, 이 자유체험은 바로 체험이기 때문에 단순히 인식에서 인과성 범주가 갖는 선험적 효력을 지적함으로써 자유체험은 타당하지 않은 것으로 증명될 수는 없다는 점을 밝혔을 따름이다. 이 점에서 이 자유체험이 타당하다는 것을 적극적으로 증명하지는 않았다. 물론 자유체험에 대해 이론적 정당성, 즉 진리를 부여할 수는 없으며, 그렇다고 해서 이론적 부정당성, 즉 비진리를 부여할 수도 없다. 왜냐하면 자유체험은 체험으로서 진리/비진리라는 인식에만 국한된 술어의 영역에서 완전히 벗어나 있기 때문이다. 따라서 자유체험의 정당성은 이론이 아니라 실천의 성격만을 지닐 수 있다. 자유체험의 정당성은 자유가 "규범이 어떻게 가능하고, 윤리가 어떻게 가능한가?"라는 물음에 대한 대답을 형성한다는 점에 기초한다. 윤리적 규범이 분명 효력을 지닌다면, 자유도 '효력'을 지닌다(자유가 '존재'하는 것이 아니다). 그렇지만 자유는 단순한 요청 ―"네가 해야만 하기 때문에 너는 할 수 있다"― 이 아니라 체험이고, 이 체험의 정당성은 오로지 체험이 윤리직 규범과 일치한다는 사실만을 기준으로 삼는다. 이

는 지각의 정당성이 오로지 지각이 논리학의 규범과 일치한다는 사실만을 기준으로 삼는 것과 똑같다.

앞에서 살펴본 세 가지 측면, 즉 우리가 자유를 체험한다는 것, 이 체험은 인과성 범주의 선험적 효력을 지적함으로써 반박할 수는 없다는 것 그리고 윤리적 규범의 타당성을 부정하지 않는 이상 자유체험을 타당하다고 여겨야 한다는 것을 부정하기는 극히 어려운 일이다. 하지만 그렇다고 해서 의지의 자유를 지지하는 이러한 내용의 영역이 곧장 비결정론을 지지하는 실천적 요청을 충족할지는 여전히 의문일 수 있다. 바로 그 때문에 내가 여기서 주장하는 비결정론이 어떠한 결과를 낳는지를 최대한 명확하게 밝힐 필요가 있다.

1. 진정한 자유는 체험의 영역에만 해당한다. 그러나 오로지 내면의 삶만이 각자에게 체험 가능할 따름이다. 즉 각자는 자아, 주체로서 자기 자신만을 자유로 체험할 수 있고, 다른 모든 사람은 단지 객체로서, 다시 말해 부자유한 존재로 생각할 수 있을 뿐이다. 따라서 각자는 다른 모든 사람을 향해 "나는 자유롭고 너는 자유롭지 않다"라고 말할 수 있다. 그리하여 자유는 자아에서만 정립될 뿐이고, '너'와 '너희'에서는 부자유가 정립되며, 이 점에서 대중심리학적 '우리'-체험에 내재하는 자유체험은 나의 자유와 함께 다른 사람의 자유를 체험한다는 뜻이 아니라 나 자신과 다른 사람을 초개인적 주체의 구성 부분으로, 즉 자유로운 '우리'-주체의 부자유한 구성 부분으로 체험한다는 뜻이다. 각자가 오로지 자기 자신에 대해서만 자유롭고, 수범자의 자유가 윤리적 규범의 전제조건이라면, 여기서 내가 표방하는 자유 이론을 통해서는 오로지 윤리적 입법과 각자의 양심 앞에서의 법정만이

정당화될 뿐이다. 이 측면에서 다른 사람을 윤리적으로 심판하는 일은 있을 수 없다. 그것은 '법관'을 '도덕적 심판자'로 만드는 잘못을 범하는 것이고, 노년의 칸트가 뱉어낸 끔찍한 표현을 빌리자면 '타인의 도덕을 훔쳐보는 짓(Alltrioepiscopia)'이다. 우리는 사랑하고 미워할 수는 있지만, 다른 사람을 칭송하고 비난할 만큼 다른 사람보다 우월한 지위에 있지 않다. 이 점에서 자기 자신에 엄격하고, 다른 사람을 관용하라는 것이 여기서 내가 펼치는 자유 이론의 결론이다. 누군가는 이 이론을 윤리적 고립주의(Solipsismus)라고 부를지도 모르지만, 내가 보기에는 자율의 원칙을 일관되게 수행하면 필연적으로 도달하게 될 결론이다.

2. 각 개인은 자신을 자유롭다고 체험할 수 있을 뿐만 아니라, 자신이 부자유롭다고 생각할 수도 있다. 즉 나는 오로지 주체로서만 자유로울 뿐이고, 내가 나를 자기 고찰의 대상으로 삼게 되면 나는 다른 제3자에 대해 그렇듯이 나 자신에게도 부자유한 존재가 된다. 다시 말해 나는 자유롭지만, 부자유한 나를 의식하게 된다. 이 경우 주어로서의 '나'에는 자유가, 목적어로서의 '나'에는 부자유가 설정된다. 따라서 내가 자기 고찰을 통해 파악하는 자아는 필연적으로 윤리적 세계에서 행위하는 자유로운 '나'와는 다른 '나'이다. 바로 이 점에서 특히 괴테가 끊임없이 의문을 표명한 것처럼 자기인식의 윤리적 가치가 지니 문제점이 드러난다. "자기 자신을 어떻게 인식할 수 있단 말인가? 고찰을 통해서는 결단코 자기인식이 불가능하지만, 행위를 통해서는 가능할 것이다. 너의 의무를 이행하도록 노력하면, 너 자신이 누구인지 알게 되리라." 그러므로 "너 자신을 알라!"가 아니라 "너 자신을 시

험해 보라!"가 자기인식의 첩경이다.

3. 이러한 사정을 고려할지라도 진정한 자유는 여전히 체험에만 해당한다. 즉 자유가 인식인 것처럼 여겨지면 그 즉시 자유가 아니다. 왜냐하면 하나의 시간적 현상이 인식되고 사고되면 곧장 인과성 범주에 속하게 되기 때문이다. 우리가 체험을 설명하기 위해 사용한 표현들은 마치 영혼의 행동에서 행위 자체와 행위의 대상이 분리되는 것처럼 착각을 불러일으키는 비유에 해당한다. 즉 인식 영역의 특징인 이러한 분리를 체험 영역에도 적용함으로써 — 예컨대 '자기-의식', '자기-체험' — 마치 체험에서도 체험 행위 자체와 체험의 대상이 분리되는 것처럼 착각하게 만든다. '자유-감정'이라는 흔히 사용되는 표현 역시 자유의 체험을 감정이 강조되는 사고, 막연하긴 하지만 명확히 밝힐 수 있는 사고인 것처럼 오해하게 만든다. 그러나 자유의 사고는 형용의 모순이다. 사고라는 인식의 세계에서는 오로지 부자유만이 존재하기 때문이다. 진정한 자유는 체험될 수 있을 뿐, 사고의 대상이 되고 말해지는 즉시 진정한 자유가 아니다. "모든 결정론은 경험을 통해 반박할 수 있지만, 자유에 대한 모든 개념정의는 결정론의 타당성을 인정해야 한다(베르그송)." "말하는 즉시 착오가 시작된다." 이 문장은 문자 그대로 타당하다. 왜냐하면 이 문장에 관해 말하는 것과 동시에 주체와 주체의 자유는 인식, 객관성, 부자유의 영역으로 들어가고, 그런데도 우리가 여기서 사유의 체험을 인식의 단어들로 포착해 말할 수 없는 것을 말로 표현한다면, 우리는 완전히 모순되는 난센스를 범하는 셈이기 때문이다. 따라서 체험의 자유와 관련된 우리의 서술은 오로지 독자들 자신의 체험을 연상하면서 이해해 보도록 호소한

다는 의미에서만 타당성이 있다. 이 점에서 우리는 존재사실을 수용하는 한 가지 방식, 즉 인식과 관련해서만 언어를 사용할 수 있을 뿐, 체험을 표현하는 언어는 몇몇 단편적 단어 — 특히 '나'라는 단어 — 를 제외하고는 거의 없는 셈이고, 그 때문에 우리는 주체의 체험과 자유의 체험을 적절히 표현하는 데 실패하게 된다. 우리는 범주를 거치지 않고서는 사고할 수 없기 때문에 범주로부터 영향을 받지 않는 체험을 사고를 통해 표현하고자 하며, 이를 위해 독특한 방식의 범주를 형성한다. 그 때문에 인과성 범주와 대립하지만, 그 반대쪽에서 역시 범주로 형성되어 있는 자유의 범주를 사용하고자 한다. 그렇지만 자유라는 범주는 전혀 범주에 해당하지 않는 행위에 대한 부적절한 표현일 따름이다. 따라서 범주의 적용 영역, 즉 인식의 왕국에서만 진리가 존재하고, 자유의 체험은 진리와 무관한 영역으로 전제해야 한다. 물론 그렇다고 해서 자유의 체험을 비진리로 비난한다는 뜻은 아니다. 단지 자유의 체험은 '진리/비진리'라는 술어를 적용할 수 없는 영역일 따름이다. 이는 마치 수학적 도형이나 윤리적 가치가 색채의 영역 바깥에 있는 것과 마찬가지다. 따라서 자유의 체험은 진리 여부의 판단 대상이 아니라 정당성 여부의 판단 대상이다. 물론 여기서 정당성은 통상의 의미와는 다른 독특한 정당성이고, 이 점에서 내가 여기서 펼치는 자유 이론에 대해 '이중의 진리'에 관한 스콜라 철학의 이론으로 퇴보했다고 비난할 수는 없을 것이다.

4. 이상의 서술로부터 결국 다음과 같은 결론이 도출된다. 즉 자유는 행위와 의무에 관해 성찰하는 곳에 자리 잡은 것이 아니라, 행위가 수행되고 양심이 행위에 대해 경고와 응징으로 반작용하는 곳에 자리

잡는다. 다시 말해 윤리적 성찰의 세계가 아니라 윤리적 반작용의 세계에 자리 잡는다. 규범, 의무, 자유를 체험하는 주체를 주체와 체험의 성격을 파괴하지 않고서도 인식의 영역으로 옮겨 놓는 일은 불가능하다. 이 시도가 실현 불가능하다는 점은 이미 '자아(das Ich)'라는 역설적인 표현에서도 감지할 수 있다. 이 표현에서는 인식적으로 객관화된 정관사(das)와 오로지 체험할 수 있을 따름인 준-자아(Quasi-Ich)가 영원히 적대적으로 서로 융합하지 못한 상태로 잔혹할 정도로 반언어적으로 맞물려 있기 때문이다. 하지만 '자아'라는 표현은 의도적으로 부적절한 개념을 구성함으로써 윤리적 체험이 최소한 인식과 유사한 형태로 포착될 수 있다는 사실을 보여준다. 우리가 바로 앞에서 펼친 사고 자체가 이러한 예에 속한다. 어쨌든 윤리학이 안고 있는 이러한 난점으로 인해 윤리 자체가 영향을 받지는 않는다. 모든 학문이 학문의 대상과는 엄격히 구별되듯이 윤리학도 윤리와는 엄격히 구별되고, 윤리적 성찰이 윤리적 삶과는 완전히 다른 것이며, 윤리적 삶 자체는 윤리적 반작용에서 온전히 모습을 드러낼 뿐, 윤리학과는 무관하다는 사실을 사세히 설명할 필요는 없을 것이다. 논리적 성찰만으로 학문을 생성하려는 시도가 교조주의에 빠지고, 미학적 성찰만으로 예술을 생성하려는 시도가 아카데미즘에 빠지듯이 윤리적 성찰만으로 윤리적 삶의 역할을 대체하려는 시도는 말 그대로 '불량한' 먹물의 도덕, 바리새인과 학사들의 도덕을 생성할 따름이다.

인간의 인간 자신에 대한 관계가 아니라 인간과 다른 인간의 관계를 대상으로 삼는 법에 적용해 보면 타자는 언제나 부자유하다고 보는 이러한 자유 이론은 결정론과 일치한다.

법철학에서 자유의 문제는 형벌이라는 특수한 문제에 비추어 제기되는 것이 일반적이다. 형벌을 응보, 즉 적극적인 비난과 극단적인 반가치판단으로 보는 견해는 오로지 비결정론과만 결합할 수 있고, 행위자가 달리 행위할 수 있고 달리 의욕할 수 있을 때만 정당화될 수 있다. 그러나 응보는 다른 사람에게 행사되고, — 앞에서 제시한 자유 이론에 따르면 — '다른 사람'은 부자유한 존재이기 때문에 응보는 난센스일 따름이다. 물론 응보를 복수로 생각할 수도 있다. 이 경우 복수는 다른 사람을 향한 것이긴 하지만, 다른 사람에 대한 가치판단을 표현하지 않는다. 다른 한편 응보를 행위자가 자기 자신에 행하는 응보로 생각할 수도 있다. 응보는 이 두 가지가 뒤섞여 모순으로 가득 차 있는 산물에 불과하다.

그렇지만 응보와 결정론이 왜 서로 결합할 수 없는지를 다시 한번 성찰해 보자. 응보는 비난이고, 비난은 반가치, 즉 규범위반을 전제하기 때문이다. 형벌을 응보로 파악하는 견해는 범죄를 규범적으로 파악한다는 것을 전제하고, 따라서 응보이론은 규범이론을 전제한다. 그리고 결정론이 응보와 결합할 수 없는 이유는 결정론이 규범의 효력과 결합할 수 없기 때문이다. 이미 충분히 밝혔듯이 규범은 효력을 갖는 것이지 존재하는 것이 아니고, 오로지 존재하지 않는 것을 통해 규정할 수 있는 자유의지만을 대상으로 삼을 수 있을 뿐이다.

법적 법칙, 즉 법규범은 다른 사람, 그러니까 부자유에 지향된 것이기 때문에 법규범은 규범이 아니라 오로지 명령일 수밖에 없다. 명령은 결정론을 용납할 뿐만 아니라 적극적으로 결정론을 요구한다. 즉 명령은 다른 사람의 의지를 결정하고자 하기 때문에 결정 가능성을 전제한다. 의무라는 개념과 효력이라는 개념과 마찬가지로 이제 자유와 자유를 전제로 하는 규범 개념도 법철학의 영역에서 벗어난다. 물론 나중에 법학에서의 효력 개념을 논의하면서 자유와 규범 개념이 다시 법철학의 영역으로 발을 들여놓을 수 있게 된다. 어쨌든 규범적 당위가 아니라 명령적 의지가 법학의 대상이고, 이 점에서 법학은 (나중에 자세히 설명하겠지만) 규범과학이 아니라 경험적 문화과학이다. 하지만 자유의 문제 — 이 문제의 해결은 여러 가지 중요한 결과를 낳는다 — 는 형법철학에만 국한된 문제가 아니라 전체 법철학의 근원에 관련된 문제이다.

법규범이 다른 사람, 즉 부자유를 대상으로 삼는다는 점에서 법규범은 명령일 수밖에 없다. 이에 반해 법규범이 윤리적 의지 안으로 수용되고, 이를 통해 수범자 자신의 양심으로부터 그의 자유를 향해 말을 걸게 되면, 법규범은 윤리적 규범이 된다. 따라서 자유, 규범, 효력, 의무 등의 개념들은 윤리학에서만 제 자리가 있을 뿐, 법철학에서 차지할 자리가 없다.

그러나 윤리적 규범으로서의 법규범과 실정적 명령으로서의 법규범 모두 법의 이차적 발현형태이고, 그 때문에 사전에 추구할 가치가 있다고 확정된 행동을 개인에 대해 부과하는 규정이라는 점이 곧 법규범의 속성이다. 즉 논리적으로 볼 때 척도로서의 법이 윤리규범으로서의 법규범과 실정적 명령으로서의 법규범에 앞선다. 이 척도라는 형태가 실정법과 정당한 법의 근원적 형태이다.[25] 정당한 법 역시 이

25 메르켈이 '가르침으로서의 법'과 '권력으로서의 법'을 구별(*Adolf Merkel*, Juristische Enzyklopädie, 5. Aufl., 1913, § 22)할 때는 실정법을 고찰할 수 있는 이 두 가지 가능성 — 척도로서의 실정법과 명령으로서의 실정법 — 을 염두에 둔 것이다.

척도라는 형태로 가치, 규범이 된다(그러나 실정법이 가치와 규범이 되지는 않는다). 그렇지만 정당한 법이 자유를 전제하지는 않는다. 이와 마찬가지로 진리와 아름다움과 같은 작품가치가 자유를 전제하지 않는다. 즉 작품가치가 인간의 의지 현상을 대상으로 삼는 것이 아니라, 이 현상의 결과, 즉 학문이나 예술의 작품을 대상으로 삼는 것과 마찬가지로 사회적 가치도 사회의 상태를 대상으로 삼을 뿐, 이 상태의 창조과정, 다시 말해 이 상태를 불러일으킨 작품과 개인적 의지를 대상으로 삼지는 않는다. 이 점에서 정당한 법의 대상은 시간적 과정이 없어서 인과성의 적용 범위에서 벗어나고, 인과성의 반대인 자유로부터도 벗어난 것을 대상으로 삼는다. 여기서 자유의지의 적용 범위에서 벗어나는 이유는 이미 의지 자체가 정당한 법에서는 등장하지 않기 때문이다. 이 측면에서 보더라도 자유를 둘러싼 논의에서 자주 행해지듯이, 논리적 평가와 윤리적 평가 사이의 결합으로부터 윤리적 평가와 결정론의 결합을 유추하는 일은 완전히 논리에 반한다.

우리는 다음과 같이 결론을 내릴 수 있다. 즉 실정적 명령으로서의 법은 결정론을 전제하고, 윤리적 규범으로서의 법은 비결정론을 전제한다. 이에 반해 척도로서의 법은 결정론과 비결정론의 술어로 표현할 수 있는 영역 자체에서 완전히 벗어나 있다.[26]

---

26 이러한 구별을 통해 짧게나마 빈딩의 규범이론(*Karl Binding*, Die Normen und ihre Übertretung I, 2. Aufl. 1890, II, 1. Aufl. 1877)에 대한 나의 입장을 표명할 수 있다. 즉 앞에서 우리가 얻어낸 결론에 따르면 범죄는 의지의 불복종과 저항이라는 의미의 규범위반으로서 윤리학에 속할 수 있다. 하지만 통상의 용어에서 벗어나 규범위반을 명령위반으로 이해할 수 있을지라도 빈딩의 규범이론에는 동의할 수 없다. 법적 명령은 단지 비난받아 마땅한 행위에 맞선 투쟁이라는 목적을 위한 수단일 뿐이다. 이때 법적 명령이 비난받아 마땅한 행위를 비로소 창설하는 것이 아니라 그러한 행위를 전제한다. 그 때문에 의문의 여지 없이 합법적인 행위가 명령을 동기로 삼은 행위일 수 있을 뿐만 아니라, 우연히 명

이것으로 논의를 마치고자 하는, 법과 윤리 사이의 대립에 뒤이어 법과 관습 사이의 대립을 다루는 것이 이론적 전통이다. 물론 법과 윤리 사이의 대립만큼이나 '법철학의 케이프 혼(예링)'이라고 부르는 법과 관습 사이의 대립에 관해서도 이론적 합의는 고사하고 '지배적인 학설'조차 없는 상태이다.[27] 왜냐하면 법은 강제 가능성이라는 측면에서 관습과 구별된다는 견해는 이미 오래전에 "더는 주장하기 어려울 정도로 수세에 내몰렸기"[28] 때문이다. 예컨대 국제법 주체로서 국가, 최상위 국가기관 또는 일반 국민(민사소송법 제888조 2항)이 부담하는 의무 가운데는 강제할 수는 없지만, 그것이 법적 의무라는 점에 대해 전혀 의문을 제기할 수 없다는 점을 자세히 설명할 필요는 없을 것이다. 법에는 마치 식당 벽에 걸린 '1인 1주문'이나 상점의 진열장에 있는 '구매 강제 없이 물건을 살펴볼 수 있음'이라는 표지판과 같

령에 부합하는 행위일 수도 있는 것과 마찬가지로 불법의 본질이 곧 명령의 위반이라고 말할 수는 없다. 명령으로서의 법이 전제하는 행위의 비난 가능성은 척도로서의 법을 통해 창설되고 구성된다. 그러므로 행위가 이러한 척도와 합치하지 않는다는 것을 규범위반, 의지의 불복종과 저항으로 여길 수는 없다. 척도로서의 법이라는 발현형태에서 법은 개인의 의지에 지향된 명령적 권력이 아니라 단지 '가르침'으로서 공동체 내에서의 정당한 행위가 무엇인지를 묘사하는 것일 뿐이기 때문이다. 이 가르침으로서의 규범은 명령이나 금지가 아니라 진정한 의미의 확인, 즉 특정한 행위가 반사회적이라는 사실의 확인이다. 이러한 사고에 기초한 책임론이 어떤 식으로 전개되는지는 *Kohlrausch*, in: *Aschrott/von Liszt*, Reform des Reichsstrafgesetzbuchs I, 1910, S. 214 이하의 탁월한 서술에서 잘 드러나 있다.

27 예링이 이 문제를 어떻게 파악하는지는 *Jhering*, Zweck im Recht, 4, Aufl., II, S. 189 이하 참고. 더 나아가 *Niemeyer*, Recht und Sitte, 1902; *Tönnies*, Die Sitte(Die Gesellschaft, herausgegeben von Martin Buber, Bd. 25), 1908; *Bierling*, Kritik der juristischen Grundbegriffe I, S. 150 이하도 참고. *Bierling*, Juristische Prinzipienlehre I, S. 68에서는 관습을 특정한 규칙에 대한 일관된 준수라고 부르고, 그 때문에 법적 관습도 존재한다고 본다. 내가 여기서 제기하는 물음은 비얼링이 말하는 관습을 통해 실현된 규칙 가운데 하나를 대상으로 다루기는 하지만, 그렇다고 해서 비얼링의 관습 개념을 그대로 수용하지는 않는다.

28 이에 관해서는 *Jellinek*, Allgemeine Staatslehre, 3. Aufl., S. 334 각주 2 참고.

은 의미로 필연적으로 강제가 들어 있다. 그러나 이런 심리학적 의미의 강제는 — 바로 앞의 예가 보여주듯이 — 관습의 본질에 해당하지 않는다. 법을 관습과는 달리 규율을 정립하는 조직의 작품으로 고찰하려는 시도는 국제법이라는 관습법의 존재로 말미암아 실패하게 된다. 그리고 법은 법복종자의 동의와는 무관하게 의무를 부과하는 '당당함'을 지니고 있고, 이에 반해 관습은 단순히 '관습적 규칙'으로서 언제든지 철회할 수 있는 자발적 복종을 효력 기초로 삼는다는 식으로 양자를 구별하는 슈타믈러의 견해[29] 역시 법보다도 더 '당당한' 관습의 속성을 제대로 파악하지 못하고 있다. 즉 법의 요구만큼이나 관습의 요구에서도 쉽게 벗어나지 못한다. 그저 관습의 요구가 뒤로 물러서도록 도발적 행동을 할 수 있을 따름이다. 예컨대 노골적으로 '관습과 예절에 반하는' 짓을 해서 '공개적으로 명예가 실추되지 않을 수 없는' 상황을 만드는 경우를 생각해 볼 수 있다. 이 경우 관습의 당당함에 대해서는 빌헬름 부쉬Wilhelm Busch의 다음과 같은 말 밖에는 달리 위로할 방법이 없다. "명예가 일단 실추되면, 완전히 뻔뻔하게 살면 그만이다." 이렇게 볼 때 관습이 (오늘날의) 법과 다른 점은 오로지 다음과 같은 측면뿐이다. 즉 관습은 법과는 달리 여전히 규범보호의 박탈, 다시 말해 규범의 보호영역에서 추방한다는 의미의 벌을 부과한다. 관습을 어떤 본질로 파악하는 데는 지금껏 성공한 적이 없고, 그저

29 이에 관해서는 특히 *Stammler*, Wirtschaft und Recht, 2. Aufl., S. 121 이하 참고, 이에 대한 반론으로는 *Bierling*, Rechtsnormen und Konventionalregeln. Eine Replik, in: Archiv für Rechts- und Wirtschaftsphilosophie, Bd. 3, 1909, S. 155 이하 참고. '관습적 규칙'이라는 용어를 다른 의미로 이해하는 경우로는 *Hatschek*, Konventionalregeln oder über Grenzen der naturwissenschaftlichen Begriffsbildung im öffentlichen Recht, in: Jahrbuch des öffentlichen Rechts der Gegenwart, Bd. III, 1909, S. 1 이하 참고.

어떤 영향을 미치는 작용 단위로 규정할 수 있을 뿐이다. 즉 공동체 규율의 총체로서, 이를 위반하더라도 어떤 법적 결과가 발생하지 않는다. 하지만 관습에 관한 이러한 개념정의가 사회학적으로는 유용할지 모르지만, 법학적 및 법철학적으로는 쓸모가 없다. 법학적으로 쓸모가 없는 이유는 "특정한 규칙위반이 법적 결과를 낳는가?"라는 법학의 유일한 관심사를 법학은 이미 전제하고 있기 때문이고, 법철학적으로 쓸모가 없는 이유는 "왜 특정한 규칙위반이 법적 결과를 낳지 않는가?"에 대한 법철학적 탐구에 아무런 정보도 제공해 주지 못하기 때문이다. 이 두 가지 목적을 충족하기 위해서는 반드시 관습의 본질에 관한 규정이 필요하다. 더욱이 이 개념정의는 논리적으로도 부정확하다. 왜냐하면 법과 관습의 구별을 위한 이 개념정의가 '법적 결과'라는 표지를 끌어들임으로써 이미 양자의 구별을 전제하고 있고, 이 점에서 그 자체 동어반복에 불과하기 때문이다.

지금까지도 법과 관습의 구별에 실패했다는 사실에 비추어 볼 때 관습과 법 사이의 경계설정은 관습과 윤리의 경계설정과 마찬가지로 불가능하다고 추측할 수 있다. 실제로 이 추측을 뒷받침하는 증거까지 제시할 수 있다. 관습의 개념은 법의 개념과 똑같은 방법으로 연역해야 한다. 이 지점에서 다음과 같은 점을 다시 한번 상기할 필요가 있다. 즉 법의 개념은 "법은 정당한 법이 될 수 있고 되어야 마땅한 것이다"라는 공식을 거쳐 법의 이념으로부터 도출했다. 이 점에서 위법성은 법가치의 기반이다. 이와 마찬가지로 관습은 정당한 관습이 될 수 있고 되어야 마땅한 것이고, 따라서 관습은 관습 이념의 기반이다. 그러나 관습의 이념은 존재하지 않으며, 정당한 관습이란 생각할 수 없다. 부정당한 관습이 곧 관습의 본질이기 때문이다.

관습은 법적 평가와 윤리적 평가가 뒤섞인, 그 자체 우스꽝스러운 혼합의 산물이다. 관습에 대해서는 법의 외면성에 관련된 모든 의미를 부여할 수 있다. 즉 관습은 언제나 외적 행동만을 대상으로 삼고, 언제나 외부자, 즉 관습의 준수를 요구할 권한이 있는 자의 이익 때문에 의무를 부과한다. 그리고 관습은 명령을 통해 바깥에서 수범자에게 다가가며, 어떠한 동기에서인지 불문하고 수범자가 관습을 외적으로 준수하기만 하면 그만이다. 이와 똑같이 관습에 대해 윤리의 내면성에 관련된 모든 의미도 얼마든지 부여할 수 있다. 예컨대 단순히 악수라는 외적 행동만이 아니라 악수를 통해 증명하려는 내적 태도도 중요하다. 그리고 단순히 다른 사람에 대해서가 아니라 자기 자신에 대해 예절을 지켜야 할 책임을 느껴야 한다. 우리에게 '사회적 의무'를 부과하는 것은 도덕 교과서가 아니라 우리의 양심이다. 이 점에서 관습을 존중하는 자가 신사이고, 그저 '겉으로만' 관습에 따라 행동하는 자는 벼락부자일 따름이다. 이처럼 관습 속에는 상반된 견해들이 뚜렷이 구별할 수 없을 정도로 뒤섞여 있다. 어쩌면 관습은 법학에서는 흔히 법적 추정이라고 부르지만, 있는 그대로 표현하자면 '관행을 존중하는 거짓말(예의상의 거짓말)'이라고 불러도 좋을 수단을 활용하는 것 같다. 즉 마치 관습의 외면성 배후에 이에 상응하는 내면성이, 외관의 배후에 진정한 존재가, 거액의 기부금 배후에는 '고결한 품격'이 필연적으로 자리 잡은 것처럼 행동해야 하는 데 묵시적으로 합의한다. 그래서 조금은 계면쩍은 미소를 지으며 수표를 현찰인 것처럼 받으면서 혹시 수표가 부도수표가 될지도 모른다는 의심을 입 밖으로 내뱉지는 않는다. 이 맥락에서 테오도르 폰타네Theodor Fontane는 어느 짤막한 시의 한 구절에서 아이러니와 체념으로 가득한 어조로 사회계약이 관습에 기초한다는 점을 이렇게 표현한다. "속물을 마치 신사인 것처럼 받아들여라!" 아마도 모든 관습은 비진리에 기초한 것이어서 그 내용은 고려하지 않고 이미 형식만으로 효력을 발휘하는 것 같다. 그 때문에 내용을 묻게 되면 그것만으로 이미 관습에 반하는 일이 된다. 이 점에서 젊은 사람들이 정직함과 솔직함을 추구하면서 내용 따위는 신경도 쓰지 않는 관습에 대항해 마치 돈키호테처럼 행동하는 것은 충분히 이해할 수 있는 일이다. 관습은 외적 의무구속 방식과 내적 의무구속 방식을—때로는 기만을 동원해서라도—결합하기에 윤리와 법보다 더 강력하다. 그래서도 법과 관습이 방해하지 않는 자유로운 곳에서 천박하기 짝이 없는 짓을 행하거나 사회가 용납하는 정도의 일탈을 범하게 된다. 물론 그렇다고 해서 세상에 딱히 해가 될 것도 없고 동시에 관습을 무시하는 자에게 딱히 좋을 것도 없다. 그렇지만 저 뚱뚱하고 멍청하며 위선적이기 짝이 없는 여왕인 관습의 손등에 입 맞추는 일을 소홀히 해서는 안 된다. 그랬다가는 파멸이 올 수 있기 때문이다.

관습을 통해 의무구속 방식의 외면성과 내면성을 결합하는 습관적 거짓이 간파되고 파괴되면, 개인으로서는 관습의 의무를 윤리로 여기거나 아니면 법으로 여기는 방법밖에 남지 않는다. 이렇게 되면 관습은 윤리 또는 법으로 흡수되지 않을 수 없고, "법의 형식과 윤리의 형식이라는 서로 다른 방향으로 사라지는 무차별 상태"가 된다.[30] 이렇

30 *Simmel*, Soziologie, 1908, S. 59.

게 해서 자선이라는 관습이 한편으로는 선행이라는 도덕적 의무가 되고, 다른 한편으로는 빈민 구제라는 법제도가 된다. 윤리적 아나키즘은 법뿐만 아니라 관습까지도 윤리로만 대체하기를 원한다. 이 측면에 대해서는 톨스토이도 신랄한 비판을 가한다. 예컨대 그의 소설에서는 하위 민중 계급의 형식 없는 선과 상류'사회'의 선 없는 형식을 대조적으로 묘사하는 경우가 많다. 이 밖에도 오늘날의 법은 갈수록 관습을 인정하는 방향으로 흐르고 있다. 예컨대 독일 민법에서 '선량한 풍속'을 고려하는 것은 법과 관습이 서로 뒤섞인 상태를 도저히 극복할 수 없다는 사정에 기인한다.

지금까지의 고찰을 통해 다음과 같은 점이 밝혀졌다. 즉 관습은 법과 윤리의 사전단계로서 — 물론 법과 윤리의 퇴화 현상일 수도 있다 — 관습에 대한 기존의 사고와는 달리 조금 더 온화한 평가를 받을 수 있다. 다시 말해 관습은 그 자체 비윤리적인 것이 아니라, 아직 윤리적이지 않고, 아직 법이 되지 않은 것이라고 볼 수 있으며, 가치의 왕국에서 비록 눈에 띄지는 않지만 어쨌든 한 자리를 차지한다. 물론 가치철학에서 관습이 마땅히 차지해야 할 자리는 없지만, 가치 실현의 철학에서는 차지할 자리가 있고, 실천이성의 체계에서는 아니지만, 실천이성의 역사에서는 차지할 자리가 있으며, 윤리학과 법철학에서는 아니지만, 역사철학에서는 차지할 자리가 있다. 그 때문에 관습이 법과 윤리와 체계적으로 조율되어 있다는 과거의 생각이 얼마나 부당한 것이었는지를 알 수 있다. 관습은 법과 윤리와 체계적으로 관계를 맺는 것이 아니라 단지 역사적으로만 관계를 맺는다. 관습에 관한 이러한 관점에 맞서 관습이 시간적 측면에서 법과 윤리에 앞설 뿐만 아니라, 법과 윤리와는 별개로 존속한다는 식으로 반론을 제기할 수는 없다. 돌도끼와 창은 오늘날에도 사용되지만, 이들이 체계적인 무기학에서 차지할 자리는 없으며, 단지 무기의 역사적 시발점에 관한 설명에서나 등장할 따름이다. 돌도끼나 창을 들고 다니는 원시민족은 오늘날에도 존재하지만, 이들이 문화사적 고찰에서 차지하는 자리는 시대사가 아니라 과거의 역사이다. 그리고 생물학은 오늘날에 함께 존재하는 동물의 세계를 발전사의 관점에서 정리하려고 노력한다.

인간에 대한 교육에서 관습이 수행하는 역할은 이와 동시에 수행되는 교육적 현상을 통해 강화된다. 관습이 타율을 통해 인간이 자율에 도달하도록 교육하는 것과 마찬가지로 교육자도 타율을 통해 젊은 사람이 자율에 도달하도록 교육한다. 이 점에서 교육에서든 관습에서든 오로지 정당하기 때문에 복종을 요구하는 윤리적 규범은 오로지 명령이기 때문에 복종을 요구하는 명령의 형태로 인간에게 다가간다. 이처럼 규범적 내용과 명령의 형식 사이에 존재하는 해소할 수 없는 모순은 교육자의 명령과 관습이 지닌 특징이다. 그리고 이러한 모순에도 불구하고 양자는 똑같이 성공을 거둔다. 즉 처음에는 오로지 타율이라는 강제하에 행해진 것들이 마침내는 자율적인 윤리에 도달한다. 이렇게 관습이라는 역사철학적인 형상과 교육이라는 형상 사이에 존재하는 뚜렷한 유사성은 우리가 앞에서(48면 이하) 가치들의 문제 중심론으로부터 두 분과와 관련해 지적했던 유사성을 다시 한번 확인할 수 있는 계기가 된다.

제3장

법의 목적

법이 무엇인지는 앞 장의 연구 대상이었고, 법이 왜 효력을 갖는지는 다음 장에서 검토할 것이다. 하지만 법은 제힘으로 자신을 정당화할 수 없다. 만일 그럴 수 있다면 효력을 작용과 동일시하고 법을 권력과 동일시하게 될 것이다. 오히려 법은 인간의 모든 행위를 정당화해야 하는 법정 앞에 서도록 해야 한다. 이 법정의 이름은 윤리이다. 앞에서 고찰한 내용의 결론은 법과 윤리의 엄격한 구별이었다. 물론 법과 윤리가 아무런 관계도 맺지 않는 별개의 현상은 아니다. 하지만 법의 정당화를 법의 내용의 윤리적 성질에서 찾는 것은 불가능하다. 그렇더라도 법의 정당화를 법의 목적이 지닌 윤리적 성질에서 찾는 길까지 배제되지는 않는다. 이처럼 법의 개념에 대한 물음과 법의 효력에 대한 물음 사이에 법의 목적에 대한 물음이 자리 잡는다. 법의 목적에 대한 물음은 곧 법의 가치, 법의 이념, 법의 정당성, 법의 정의에 대한 물음과 같은 뜻이다. 왜냐하면 정의란 곧 법현상에 적용한 정당성이고, ― 이 책에서처럼 법의 목적을 어떤 경험적 목적설정이 아니라 절대적 목적규정, 즉 법의 가치, 의미, 이념으로 이해한다는 전제하에 ― 법의 합목적성과 구별되지 않기 때문이다. 그리고 이 측면에서는 법의 목적에 대한 물음과 국가의 목적에 대한 물음도 같은 뜻이다. 법이 국가에 '우선'하는지 아니면 국가가 법에 '우선'하는지 — 이 물음은 법과 국가 가운데 어느 것이 시간적으로 우선하는가가 아니라 '논리적'으로 우선하는가에 대한 물음이다 — , 즉 국가의 명령권이 법에 힘입은 것인지 아니면 거꾸로 법의 효력이 국가의 의지에 힘입은 것인지는 오랜 논쟁 대상인 물음이다.[1] 한편에서는 국가가 법의 원천이고 그 자체 법에 앞선다고 말하고, 이에 대해 다른 한편에서는 국가 자체가 이미 법적 형상이고, 법적 존재라는 점에 비추어 볼 때 국가는 헌법의 산물이며, 따라서 국가는 법을 전제한다고 반론을 제기한다. 이 문제에 대해 종국적으로 대답하기 어려울 것이라는 전망에 비추어 볼 때 아마도 물음의 제기 자체가 잘못되었다고 추측할 수 있다. 실제로 법이 우선인지 아니면 국가가 우선인지를 묻는 것 자체가 잘못이다. 왜냐하면 양자는 같은 것이고, 단지 한 실체의 다른 양태, 즉 같은 존재사실에 대한 다른 고찰 방식일 따름이기 때문이다. 법률가에게 국가는 이 국가가 법률을 통해 표현되는 한에서만 존재하고, 따라서 국가는 사회적 권력이나 역사적 형상이 아니라 국가 법률의 주체이자 객체이다. 입법(Gesetzgebung)이라는 단어는 — 이러한 어미(-ung)를 가진 모든 단어가 그렇듯이 — 과정이자 동시에 이 과정의 산물이고, 의욕하는 활동이자 동시에 의욕의 결과이다. 따라서 입법을 특정한 의욕 활동의 내용으로 파악하면, 그것이 곧 법이고, 입법을 특정한 내용의 의욕 활동으로 파악하면, 입법이 곧 국가로 인격화한다. 이 점

1 이에 관해서는 *Jellinek*, Allgemeine Staatslehre, 3. Aufl., S. 364 이하; *Krabbe*, Die Lehre der Rechtssouveränität, 1906; *Grabowsky*, Recht und Staat, 1908 참고. 그리고 내가 여기서 제시하는 대답에 관해서는 *Kelsen*, Hauptprobleme der Staatsrechtslehre, S. 405 이하 참고.

에서 규율하는 질서로서의 입법이 국가이고, 규율된 질서로서의 입법은 법이다. 다시 말해 국가는 규범화하는 활동으로서의 법이고, 법은 규범화된 상태로서의 국가이다. 따라서 양자를 구별할 수는 있지만, 분리할 수는 없으며, 그 때문에 법의 목적에 대한 물음과 국가의 목적에 대한 물음을 별개로 나눌 수는 없다.

앞에서 우리는 법과 국가 가운데 어느 것이 우선하는가의 물음에 대해 명확하게 대답할 수 없다는 점을 밝혔다. 이 물음에 대해 명확하게 대답하려면 아마도 가능한 모든 대답을 망라해 체계적으로 전개해야만 할 것이다. 그리고 법과 관련해 생각할 수 있는 모든 목적규정은 단 한 가지 방식으로만 확인할 수 있다. 즉 법이 생각할 수 있는 모든 목적규정과 맺는 목적론적 관계를 심사해야 한다. 다시 말해 가치의 체계에서 법가치가 지닐 수 있는 모든 지위를 섭렵해야 한다. 그러므로 앞에서(46면) 단지 잠정적이고 일면적으로만 암시했던 내용을 이제는 종국적이고 전면적으로 검토해야 한다.

흔히 절대적 가치는 세 가지가 있다고 생각한다. 진, 선, 미가 그것이다. 하지만 이 세 가지 가치가 절대적 가치의 전부라는 것을 증명할 수는 없다. 오히려 이 세 가지만으로는 절대적 가치를 온전히 포착하지 못한다고 생각할 수밖에 없는 징후들이 있다. 절대적 가치가 세 가지라는 생각은 '영혼의 능력'이 세 가지라는 전제에 기초한다. 즉 의지에는 윤리적 가치가, 사고에는 논리적 가치가, 감정에는 미학적 가치가 해당한다고 전제한다. 하지만 모든 감정이 아름다움만으로 채워지고 아름다움만으로 평정을 찾게 되지는 않는다는 사실은 곧장 이해할 수 있다. 이는 사고와 진리, 의욕과 '선'의 관계에서도 마찬가지다.

그 때문에 심리학은 감정을 의욕이나 사고에 해당하지 않는 모든 것을 포괄하는 총괄적인 명칭으로 이해하고, 아직 자세히 분석된 적이 없는 다양한 영혼 능력의 혼합체로 여긴다. 게다가 만일 새로운 영혼 능력을 발견한다면 이 능력에 속하는 절대적 가치 역시 새롭게 발견해야 할 것이다. 감정, 사고, 의욕과는 다른 영혼 능력을 전제하면 이에 대한 정당화는 거꾸로 미, 진, 선과는 다른 절대적 가치를 통해서만 이루어질 수 있을 것이기 때문이다. 이렇게 볼 때 영혼 능력은 순수한 존재형상(Seinsgebilde)이 아니라(따라서 자연주의적 심리학은 상당히 의심스러운 분과이다), 절대적 가치와 관련시킬 때 비로소 구성할 수 있는 문화형상(Kulturgebilde)이다. 따라서 이 책에서 법의 개념을 다룰 때도 법을 절대적 가치와 관련된 문화형상으로 전제한다.

그러나 설령 절대적 가치들을 낱낱이 밝혀 완벽하게 만들지라도 법이 가치체계에서 차지하는 위치에는 아무런 변화도 없을 것이다. 이보다 법철학적으로 더 중요한 것은 전통적인 의미의 세 가지 가치가 과연 완벽한 것인지를 성찰하는 일이다. 즉 앞에서처럼 가치에 대한 주관적 행동 방식이 아니라 가치의 객관적 기반에 연결된 성찰을 수행할 필요가 있다. 앞에서 이미 밝혔듯이, 존재자의 극히 일부에 해당하는 작은 단면에서만 절대적 가치가 실현될 수 있다. 즉 오로지 인간의 인격만이 윤리적 가치를 지닐 수 있고, 학문과 예술이라는 인간의 작품만이 논리적 가치와 미학적 가치를 지닐 수 있다. 나머지 극히 다양한 존재자는 파생된 가치, 즉 절대적 가치의 잔영만으로 만족해야 하고, 절대적 가치의 실현을 위한 수단에 불과하다. 이에 따라 인간의 공동체 생활도 간접적으로만 이러한 절대적 가치에 참여할 수 있을 뿐이다. 공동체 생활을 윤리적 가치의 기반으로 고찰하는 것조차 불가능하기 때문이다. 윤리는 인격의 가치를 유일한 대상으로 삼는다. 이 점에서 특히 '사회윤리'마저도 다른 개인과 맺는 관계의 측면에서 개인을 다룰 뿐, 이 관계 자체를 대상으로 삼지는 않는다. 다시 말해 사회윤리는 주관적 의미의 정의를 대상으로 삼지, 객관적 의미의 정의를 대상으로 삼지 않는다. 사회윤리는 심지어 인간 사이의 관계가 파생된 가치마저도 실현할 능력이 없다고 볼 때도 있다. 이 맥락에서 톨스토이는 인간이 다른 인간과의 관계에서 발휘하는 '선함'만이 절대적으로 중요할 뿐, 이 관계 자체의 정의는 아무런 의미도 없다고 말한다. 이와 똑같이 복음서에서도 이렇게 쓰여 있다. "누군가 너의 오른뺨을 치거든, 왼뺨을 내밀 것이며, 누군가 너와 다투면서 치마를 내놓으라 하거든, 외투까지 벗어 줄지어다!" 이와는 반대로 사회적인 것이 그저 파생적 가치를 지니는 것만으로는 만족하지 못하면서 정의가 진, 선, 미와는 별개의 네 번째 절대적 가치라고 주장하기도 하고,[2] 심지어 개인의 윤리를 단순히 포괄적인 공동체 가치의 한 측면으로 전락시켜 국가를 '윤리이념의 현실(헤겔)'로 묘사하기도 한다. 게오르크 옐리네크도 그가 젊은 시절에 쓴 탁월한 저작[3]에서는 법을 '윤리의 최소한'으로 규정했지만, 지금은 이와는 정반대라고 생각할 수밖에 없을 정도로 윤리가 법에 봉사할 가능성이 있음을 시사하고 있다. 왜냐하면 윤리가 법에 추가하는 내용은 단지 법의무를 양심의무로 격상시킴으로써 법의 준수를 더 잘 보장할 수 있다는 점이기 때문이다.[4]

---

2 예컨대 *Gierke*, Deutsches Privatrecht, Bd. I, 1895, S. 120, 121. "정의이념은 진, 선, 미라는 이념과 마찬가지로 오로지 그 자체와만 비교할 수 있고 그 자체 고유한 가치를 갖는다."

3 *Jellinek*, Die sozialethische Bedeutung von Recht, Unrecht und Strafe, 2. Aufl., 1908.

이 정도의 서술만으로도 '절대적' 가치와 관련된 논쟁은 단순히 절대적 가치의 수가 세 가지에 국한되는가만이 아니라 절대적 가치의 서열을 둘러싸고도 벌어진다는 점을 알 수 있다. 실제로 철학적 고찰은 다수의 절대적 가치를 상호 관계를 전혀 고려하지 않은 채 그저 열거하기만 하는 데 그칠 수 없다. 철학은 통일된 세계상을 형성하는 작업이고, 그 때문에 (통일성이라는 의미의) 일원주의는 이원주의나 다원주의와 병존하는 하나의 철학적 이론이 아니라, 모든 철학적 사고의 선험적 필연성이고, 따라서 이원주의와 다원주의는 단지 일원주의에 도달하지 못한 불완전한 철학으로 여겨져야 한다. 그러나 이처럼 가치들의 체계를 일원주의로 집약하는 과제는 단순히 하나의 보편적 가치를 이 가치가 적용되는 기반을 기준으로 구별한 것이 절대적 가치들이라고 생각하는 것만으로 충족되지는 않는다. 왜냐하면 절대적 가치들 상호 간의 관계는 서로서로 관용하는 평화로운 관계가 아니라 다른 가치보다 더 우위에 있기 위해 치열한 경쟁을 펼치는 관계이기 때문이다. 물론 각각의 가치에 독자적인 지배 영역을 부여할 수 있다고 생각하고, 인간을 서로 아무런 관계도 맺지 않는 사고, 감정, 의욕의 복합체로 파악할 수만 있다면 다양한 가치영역들 사이에 갈등이 발생할 가능성은 없을지도 모른다. 하지만 인간은 사고, 감정, 의욕이라는 세 가지 영혼 능력이 아니라 이 세 가지 능력의 통일성이고, 이 세 가지 능력이 결집하는 지점은 의지(Wille)이다. 의지는 자기 자신

4 이처럼 윤리가 법과 국가를 지향한다고 보는 헤르만 코헨(Hermann Cohen)의 철학에 관해서는 *Natorp*, Recht und Sittlichkeit, in: Kantstudien, Bd. 18, 1913, S. 34 이하; *Lilienfeld*, Rechtswissenschaft und Ethik in Hermann Cohens 'Ethik des reinen Willens', in: Zeitschrift für die gesamte Strafrechtswissenschaft, Bd. 26, 1906, S. 41 이하 참고.

뿐만 아니라 사고와 감정도 지배한다. 물론 의지가 사고와 감정을 조종하지는 않지만, 사고와 감정의 투입 또는 배제를 결정한다. 따라서 진리와 아름다움은 사고와 감정의 목표일 뿐만 아니라 의욕의 과제로도 여겨질 수 있으며, 논리적 가치와 미학적 가치는 윤리적 가치의 성격을 지닐 수도 있게 된다. 이로써 절대적 가치들은 의지라는 하나의 토대 위에 서게 되고, 이 토대 위에서 절대적 가치들이 서로 다투며, 이 토대를 확보하기 위해 서로 경쟁한다. 그렇다면 어떠한 윤리적 의무가 우선해야 마땅한 것일까? 처음부터 윤리적 선, 즉 직접적인 인격가치들에 지향된 윤리적 의무가 우선하는 것일까 아니면 처음에는 윤리와 관계가 없다가 사후적으로 윤리적 성격을 지니게 되는 선인 작품가치나 사회적 가치에 지향된 윤리적 의무가 우선하는 것일까?

나일강의 섬 필라에에 있던 신전이 수로시설의 설치로 수몰되었을 때 **조지 버드우드**George Birdwood 경은 공개적으로 이 조치를 비난했다. 이 비난에 대항해 **헨리 크놀리**Henry Knolly 경은 버드우드 경에게 다음과 같은 질문을 제기한다. 즉 만일 버드우드 경이 어린아이와 라파엘의 마돈나가 있는 집에 불이 났다면 어떻게 행동하겠는가? 버드우드 경은 이 질문에 대꾸하기를 자신은 라파엘의 마돈나부터 먼저 구하겠다고 말한다. 이와는 반대로 정말 일독할 가치가 있고 참으로 소중한 한 작가는 다음과 같은 '제대로 된 사회질서의 근본원칙'을 책 한 권 전체의 주제로 삼고 있다. "다른 생명에 의도적인 위협을 조금도 가하지 않을 정도로 무의미한 어떤 개체가 이 개체의 의지와는 상관없이 또는 심지어 그의 의지에 반해 이 세상에서 사라진다고 할지라도, 이 개체가 겪는 일은 모든 정치적, 종교적 또는 국가적 사건과는 비교할 수 없을 만큼 중요한 사건이고, 수 세기에 걸쳐 모든 민족이 함께 달성한 학문적, 예술적 및 기술적 진보 전체보다도 더 중요한 사건이다."[5] 물론 이 문제가 앞서 말한 특수한 경우처럼 언제나 해결할 수 없는 극단적인 형태로 등장하는 것은 아니다. 오히려 이 문제는 문화 자체의 본질에 대한 물음이다. 물론 여기서 말하는 문화는 앞 장에서 사용했던 것처럼 역사적 의미의 문화개념이 아니라, 철학적 의미의 문화개념이다. 다시 말해 문화적 사실이라는 의미의 문화가 아니라 문화가치와 문화목표라는 의미의 문화이다. 이런 의미의 문화는 절대적 가치의 총체이다. 이 점에서 문화는 하나의 똑같은 기반에서 실현되고, 이와 동시에 일정한 위계질서의 관계로 형성할 수 있다. 문화인을 문화의 기반으로 생각할 수도 있고, 문화작품, 더 정확히는 제작자가 속한 민족과 시대에 따라 경계가 설정되는 문화작품의 총체, 특정한 민족이나 특정한 시대의 문화적 성과 또는 — 부정확한 표현이긴 하지만 — 문화민족이나 문화시대 자체를 문화의 기반으로 생각할 수도 있다. 이처럼 문화의 기반을 인격 중심으로 생각하는지 아니면 초인격적으로 생각하는지에 따라 작품가치 및 사회적 가치가 인격가치에 봉사하는 수단으로 여겨지거나 아니면 거꾸로 인격가치가 작품가치 및 사회적 가치에 봉사하는 수단으로 여겨지게 된다. 만일 문화의 기반을 문화인이라고 생각하면, 예술과 학문의 작품은 단지 문화의 수단, 인간 정신의 자양분 또는 개인의 정신 계발에 필요한 도구를 보관하는 창고일 뿐이고, 오로지 윤리적 인격만이 문화의 목적이라고 생각하게

5 *Lynkeus*(본명은 요제프 포퍼Josef Popper이고 『어느 현실주의자의 상상』의 저자이다), Das Individuum und die Bewertung menschlicher Existenzen, 1910.

된다. 이에 반해 문화의 기반이 문화작품이라면, 예술과 학문의 문화작품을 통해 이미 문화의 목적에 도달한 것이고, 윤리적 인격은 그저 목적에 봉사하는 구성요소로서 가치가 객관화한 세계에 이바지하는 한에서만 가치를 지닌다. 법질서에 대해서도 똑같이 말할 수 있다. 즉 개별적 인격이 아니라 사회적 전체에서 실현되는 법질서는 인격이 문화의 기반을 형성할 때만 문화적 수단이 될 수 있고, 문화작품이 문화의 기반을 형성할 때만 문화목적이 될 수 있다. 문화목적은 전자의 경우에는 주관적 문화에서 비로소 달성되고, 후자의 경우에는 객관적 문화에서 이미 달성된다. 그리고 전자의 경우에는 각 개인이 마치 폐쇄된 모나드처럼 사회 전체의 문화적 성과를 자신 안에서 투영할 때 비로소 문화목적이 달성되는 반면, 후자의 경우에는 문화적 성과 자체만으로 이미 문화목적이 달성된다. 물론 이 경우에도 문화적 성과가 사회 전체를 구성하는 수많은 요소(개인)에 분산되어 있을 수 있다. 한 민족의 문화적 수준에 대한 물음은 전자의 경우에는 사회적 전체의 문화적 총합에 대한 물음을 뜻하고, 후자의 경우에는 그 구성원들의 평균적 문화에 대한 물음을 뜻한다. 그리고 한 민족이 축적한 부의 정도에 대한 물음은 전자의 경우에는 오로지 축적된 자본의 양에만 국한된 물음이고, 후자의 경우에는 자본의 분배까지 함께 고려해야 할 물음이다. 이와 같은 경제적 비유는 사실상 문화에 대한 두 가지 상반된 견해가 특정한 경제구조와 맺는 연관성까지 포함하는 비유에 해당한다. 즉 문화를 인격 중심으로 파악하는 견해에서는 가치의 인격화가 결정적이고, 문화를 초인격적으로 파악하는 견해에서는 가치의 객관화가 결정적이다. 다시 말해 전자의 견해에서는 한 사람이 어떤 성과를 내는지가 중요하다면, 후자의 견해에서는 한 사람이 과연 어떤 사람인지가 중요하며, 전자에서는 '성과를 내는 역량과 창조(괴테)'가 삶의 의미라면, 후자에서는 '활동과 작용'이 곧 삶의 의미가 된다.[6]

이 책이 토대로 삼고 있는 상대주의는 문화에 대한 이 두 가지 견해 가운데 어느 하나를 선택해야 한다고 증명하는 일을 불가능하다고 본다. 즉 절대적 가치들 가운데 그 어느 가치도 각 가치의 의미 내용에 비추어 볼 때 다른 가치에 예속되겠다는 의지를 조금도 드러내지 않는다. 모든 절대적 가치는 말 그대로 절대적으로, 다시 말해 자신의 힘으로 효력을 갖는다고 주장한다. 그 때문에 문화에 대한 두 가지 견해, 즉 어느 하나의 가치를 다른 가치에 예속시키려는 두 가지 시도가 가치의 의미 내용 자체와 합치하지 않고, 오히려 가치의 의미 내용을 통해 최고가치들에 대한 다원주의적 조율을 요구해야만 하는 것은 아닌가 하는 물음을 제기해야만 한다. 즉 다른 모든 가치를 윤리적 인격 가치에 봉사하는 것으로 만들어버리면 아름다움과 진리가 지닌 고유한 법칙성이 파괴되고, 아름다운 것을 도덕적 효과를 발휘하는 것과 동일시하거나 진리를 어떤 실천적 목적에 유용한 수단과 동일시하는 실용주의에 빠지고 마는 것은 아닐까? 이와는 거꾸로 윤리적 인격을 사회적 가치와 작품가치를 위한 도구로 전락시키면 윤리의 자율성이 파

6 이에 관해서는 *Simmel*, Philosophie des Geldes, 2. Aufl., 1907, S. 507 이하; *Rickert*, Vom System der Werte, in: Logos, Bd. IV, 1913, S. 295 이하; *Radbruch*, Über den Begriff der Kultur, in: Logos, Bd. II, S. 200 이하 참고. 나의 논문에 대해 *Fritz Münch*, Kultur und Recht, in: Zeitschrift für Rechtsphilosophie in Lehre und Praxis, Bd. I, 1914, S. 131, 각주 3에서 제기된 반론은 완전히 잘못이다. 나 자신도 인격주의와 초인격주의를 '실현 기반 및 현실화 매체'의 구별로 파악할 따름이지 가치의 '효력 원천'과 관련된 차이로 파악하지 않기 때문이다. 따라서 나로서도 가치의 효력 원천은 '초사회적이고 동시에 초개인적'이다.

괴되고, 윤리가 윤리 자체와 개인의 양심이 아니라 공동체, 학문, 예술의 측면에서 어떠한 효용을 지니는지를 기준으로 판단되는 결과를 낳지 않겠는가? 아니면 절대적 가치들의 서열은 마치 법의 영역에서 실체법과 소송법 사이의 서열과 비슷한 관계에 있는 것은 아닐까? 즉 소송법은 실체법에 봉사하는 수단이긴 하지만, 실제로 실체법에 봉사하는 한에서만 효력이 있는 것이 아니라 그 자체 절대적으로 법효력을 갖는다. 다시 말해 소송법은 실체법의 목적에 대한 복종을 이 목적을 통해 영향을 받지 않는 고유한 법칙성과 결합한다. 이와 마찬가지로 인격 가치는 이 가치의 고유한 법칙성을 완벽하게 유지한 상태에서 작품가치에 봉사하고, 거꾸로 작품가치 역시 이 가치의 고유한 법칙성을 완벽하게 유지한 상태에서 인격 가치에 봉사한다. 진리와 아름다움도 단순히 겉으로만 고유성을 지니고 실제로는 윤리를 통해 지배되는 가치로 인식되는 것이 아니라 논리적 가치와 미학적 가치의 독자적 성격을 유지하면서 윤리에 봉사하는 수단으로 인식되고, 따라서 진리와 아름다움이라는 독자적 가치에 대해 다시 한번 윤리적 평가가 이루어지는 것일 따름이다. 문화에 대한 상반된 견해에서도 인격 가치는 일단 그 자체 불가침의 자율성을 지닌 상태에서 미학적 또는 논리적 가치 실현의 수단이자 간접적으로 미학적 또는 논리적 가치를 지니는 가치로 평가된다는 사실 역시 이러한 인식의 소산이다. 그러므로 가치들의 고유한 성격에 대한 물음과 가치들의 서열에 대한 물음, 다시 말해 가치들의 구별에 대한 물음과 가치들의 위계질서에 대한 물음은 엄격히 분리해야 한다. 하위의 가치도 얼마든지 절대적 성격을 지닐 수 있기 때문이다.

이러한 사고를 통해 이제 우리는 근대의 인격 문화가 저지른 치명적인 오류를 비판할 수 있게 된다. 문화를 인격 중심으로 파악하는 견해는 작품가치를 인격의 형성에 봉사하는 수단으로 만들어 작품가치가 지닌 고유의 법칙성을 인격적 필요성이라는 기준에 비추어 파괴하려는 경향을 보인다. 그리하여 예술에서는 객관적 문화이상(Kulturideal) 대신 독창성만을 추구하고, 학문에서는 진리 자체가 아니라 특별한 '개인적 색채'를 찾으려고 한다. 그러나 작품가치가 엄격한 의미에서 고유한 법칙성을 펼칠 때만 비로소 인격 가치를 촉진하게 되고, 인격 자신을 망각하고 학문과 예술의 고유한 법칙성에 헌신할 때만 비로소 자기 자신을 향한 길이 열린다. "영혼을 유지하려고 노력하는 자는 영혼을 잃게 될 것이지만, 영혼을 잃은 자는 영혼에 생명을 불어넣을 것이다." 인격은 이것을 추구하지 않을 때만 달성할 수 있는 가치에 속한다. 즉 인격은 자신을 잊고 어떤 문제에 헌신한 결과 뜻하지 않게 얻게 되는 소득이고, 단지 선물이나 은총일 따름이다. 이 점은 렘브란트의 「황금 투구를 쓴 남자」에 너무나도 인상적으로 드러나 있다. 이 다혈질인 남자의 초라하고 모든 격정이 사라진 표정에는 자신이 해야 할 일에만 모든 것을 바친 삶, 자신이 이룩하지 못한 것에 대한 회의, 즉 실러의 『메리 스튜어트』에 나오는 탈보트Talbot가 죽음의 순간 품었던 회의가 잘 표현되어 있다. 그렇지만 그의 표정과는 대조적으로 그의 머리에 씌워진 고귀한 황금색 투구는 그 자신은 생각하지 못하겠지만 마치 그의 영광된 삶을 찬양하는 왕관처럼 보인다.

이와 마찬가지로 인격가치를 작품가치를 위해 희생하는 자들, 즉 무언가를 위해 자신을 소멸시키는 자들에 대해서는 앞에서와는 정반대의 반론을 제기할 수 있다. 즉 "달리 어찌할 수 없는 자만이 가장 위대한 것을 창조한다." 다시 말해 자기 자신을 위해 극히 개인적인 문제를 해결하고 극히 개인적인 고통에서 벗어나려고 행동하는 자만이 위대한 것을 창조한다. 바로 앞 단락에서는 자신의 작품이라는 우회로를 거쳐 결국 자기 자신에게 올 수 있는 것으로 여겨졌다면, 여기서는 거꾸로 인격을 통해 실질적 문제에 도달하는 길이 열린다고 여겨진다. 그렇다면 작품가치와 인격가치 상호 간의 관계는 일방적인 종속관계가 아니라 쌍방적인 목적관계, 즉 쌍방적으로 지배하고 이용하는 관계로 보아야 할지도 모른다. 하지만 쌍방적 목적관계는 상호작용과 마찬가지로 도저히 실현할 수 없는 사고이다.[7] 시간적 순서를 거꾸로 만들 수 없듯이 인과성 범주와 목적성 범주는 언제나 한 방향으로만 적용할 수 있을 뿐, 역방향으로 적용할 수는 없다. 물론 체험은 시작도 끝도 없고 모든 것이 길이고 동시에 목표인 원과 같은 것일지도 모른다. 그러나 이 원을 어디에선가 멈추게 만들어 시작과 끝이 있는 직선, 즉 수단과 목적으로 나뉜 직선으로 펼 때만 비로소 체험을 인식적으로 포착할 수 있다. 그 때문에 세계관적 태도를 학문을 통해 사후적으로 구성하는 작업은 세계관의 체험 자체가 지닌 풍부함과 모순적 측면과는 달리 언제나 교조적이고 빈약하며 무언가 억지스럽게 여겨진다. 우리의 결단은 자주 그 동기보다 더 오래된 것인 경우가 많고, 동기만으로는 결단을 완벽하고 모순 없이 재구성할 수 없는 경우가 많다. 이 맥락에서 법철학적 모순 역시 모순임에도 불구하고 체험의

7 이에 관해서는 *Schopenhauer*, Welt als Wille und Vorstellung(Reclamausgabe), I., S. 585 이하 참고.

권리를 유지할 수 있다는 것을 부정할 수 없으며, 따라서 법철학은 법적 체험을 단지 해석할 뿐, 이를 결코 배제하거나 대체하려는 것이 아니라는 사실을 잊어서는 안 된다. 이 점에서 법철학의 체계와는 별개로 개인적인 법적 체험에 기초한 신념을 무시하지 않아야 한다.[8]

이상에서 서술한 수많은 예방 장치와 경고를 고려하면서 이제 드디어 최고가치와 관련해 생각할 수 있는 목적론적 상태 그리고 법과 관련해 가능한 모든 목적규정을 확정할 수 있을 것 같다. 우리는 앞에서 세 가지 최고가치를 각각의 기반에 따라 윤리라는 인격가치, 진리와 아름다움이라는 작품가치 그리고 정의라는 공동체가치로 구별할 수 있었다. 이 세 가지 가치 모두 각각 주도권을 행사하면서 다른 두 가치가 자신에게 봉사하도록 만들 수 있기 때문에 다음과 같은 세 가지 상태로 배열이 가능하다.

1. 작품가치와 공동체가치가 인격가치에 봉사하는 상태. 예술과 학문, 국가와 법이 개인의 윤리에 봉사한다.
2. 인격가치와 작품가치가 공동체가치에 봉사하는 상태. 윤리, 학문, 예술은 법과 국가에 봉사한다.
3. 인격가치와 공동체가치가 작품가치에 봉사하는 상태. 윤리, 법, 국가는 학문과 예술, 즉 (객관적 의미의) 문화에 봉사한다.

---

8 이에 관해서는 *Köhler*, Luther und die Juristen, 1873; *Bode*, Meine Religion, Mein politischer Glaube, zwei vertrauliche Reden von J. W. v. Goehte, 1899; *Rosin*, Grundzüge einer allgemeinen Staatslehre nach den politischen Reden und Schriftstücken Bismarcks, Freiburger Universitätsprogramm, 1897; *Falter*, Staatsideale unserer Klassiker, 1911 참고.

이 세 가지 상황에 따른 법철학적 결론을 조금 더 분명하게 보여주기 위해 각 상황에 따른 법과 국가의 과제를 각각 '자유 - 권력 - 문화'라는 표제어로 표현할 수도 있다. 이 표제어들은 동시에 세 가지 출발점으로부터 우리가 길의 끝에서 어떠한 정당 프로그램에 도달하게 되는지도 어느 정도 암시하고 있다. 즉 첫 번째는 자유주의와 민주주의로, 두 번째는 보수주의로 흐르게 된다. 이에 반해 세 번째, 즉 문화를 지향하는 정당 프로그램은 오늘날의 정당조직에서 아직 찾아볼 수 없다(물론 나중에 고려하게 될 내용에 비추어 볼 때 국교를 전제하는 정교 일치주의Klerikalimus를 그러한 정당 프로그램으로 볼 여지가 있긴 하다). 이렇게 가능한 법철학적 출발점에 관련된, 선험적으로 획득된 체계를 경험적으로 존재하는 정당에 결부시킴으로써 이 체계의 종국적 정당화가 이루어진다. 이는 앞 장에서 연역적으로 획득한 법개념을 실정법학이 다루는 법개념과 일치하도록 만들어 연역적 법개념의 타당성을 확인해야 했던 것과 같은 이치이다. 이 점에서 상대주의 법철학의 대상은 곧 정당이론이라고 말할 수 있을 정도이다. 정당이론은 지난 몇 십 년에 걸쳐 놀라울 정도로 빠른 속도로 역사학적 및 사회학적 관심을 사로잡았고,[9] 오늘날에는 법철학적으로도 매우 근원적 의미를 지니고 있다고 여겨진다. 하지만 정당이론과 관련해 법철학 특유의 물음은 역사학적-사회학적 현실이 아니라 각 정당이 지향하는 사고의 방향을 대상으로 삼는다. 즉 법철학의 물음은 "자유주의, 민주주의, 보수주의가 어떻게 가능한가?", "이 정당 프로그램들을 사고하기 위해서

---

9 이에 관한 요약적 설명으로는 *Rehm*, Deutschlands politische Parteien, 1912 참고. 정당제도와 관련해 법철학적으로 가장 중요한 고전적 저작은 여전히 *F. J. Stahl*, Die gegenwärtigen Parteien in Staat und Kirche, 1863이다.

는 어떠한 전제조건이 필요한가?", "이 정당 프로그램들이 체계적 필연성을 갖고 전개될 수 있는 세계관적 근원은 무엇인가?"라는 물음을 제기한다. 물론 경험주의자들은 공통의 세계관이 아니라 공통의 경제적 필요가, 정치적 이념이 아니라 경제적 이해관계가, 공통의 원칙이 아니라 공통의 이익이 정당을 결집하고 유지하는 토대라고 반박할 것이다. 그러나 경제를 중심으로 정당이라는 현상을 가장 명쾌하게 분석한 학자[10]도 모든 경제적 이익집단은 자신들의 이익에 부합하는 정치적 이데올로기를 형성하고, 이 이데올로기를 통해 단지 자신들의 이익에만 부합하는 것을 마치 국가이념이 요구하는 것처럼 보이게 만든다는 사실을 밝히고 있다. 따라서 법철학적으로 중요한 측면은 경제적 이해관계와 결부된 발생론적 연관성에 비추어 본 정당의 현실이 아니라 정당 이데올로기 자체와 이 이데올로기가 세계관적 배경과 맺고 있는 체계적 연관성이다. 이를 이유로 법철학이 아무런 본질적 의미도 없는 것을 다룬다거나, 경제적 이해관계를 은폐하기 위해 위선을 떠는, 겉으로만 번지르르한 관념을 다룬다고 말해서는 안 된다. 왜냐하면 이데올로기의 본질은 정신의 본질과 마찬가지로 일단 이데올로기를 부르짖으면 제멋대로 이 이데올로기에서 벗어날 수 없기 때문이다. 다시 말해 처음에는 오로지 이익에 봉사하기 위해 부르짖었던 이데올로기는 설령 더는 이익에 봉사하지 않을지라도 계속 영향을 미치고, 심시어 이익이 이데올로기에 봉사하도록 만들며, 이익이 원하는 대로가 아니라 이데올로기가 원하는 대로 이익을 끌고 다니면서 여

10 *Lederer*, Das ökonomische Element und die politische Idee im modernen Parteiwesen, in: Zeitschrift für Politik, Bd. 5, 1911, S. 535 이하.

러 가지 결과를 낳을 수 있다.

이러한 예비적 고찰을 거친 이후 이제 우리는 법과 국가에 관한 여러 견해를 하나씩 분석할 수 있다. 다만 이에 대한 논의는 일단 가장 뚜렷하게 형성된 견해, 즉 세 가지 법철학적 관점 가운데 앞의 두 가지 관점인 **인격주의**(Personalismus)와 **초인격주의**(Transpersonalismus)에 한정하지 않을 수 없다. 이 두 가지 견해를 개인주의적 견해와 사회주의적 또는 유기체적 견해로 대비시키는 것이 일반적이다. 하지만 이 통상의 구별을 따르더라도 우리의 법철학적 구별을 같은 명칭을 사용하는 경제정책적 대안들과 혼동해서는 안 된다는 점에 주의해야 한다. 왜냐하면 공동경제, 경제정책적 사회주의라는 요구가 얼마든지 법철학적 개인주의에 해당할 수 있고, 실제로 개인의 복리를 지향하는 마르크스주의적 사회주의의 성격은 법철학적으로는 '강화된 개인주의'로 규정할 수 있으며, 개인주의적 경제질서와 사회주의적 경제질서를 둘러싼 논쟁 역시 얼마든지 '순전히 개인주의적 세계관 내부에서 수행되는 논쟁'으로 지칭되기 때문이다.[11]

---

11 이에 관해서는 *Dietzel*, Art. Individualismus, in: Handwörterbuch des Staatswissenschaften; *Burckhardt*, Was ist Individualismus?, 1913 참고. 이미 실러(*F. Schiller*)도 논문 「Die Gesetzgebung des Lykurgus und Solon」에서 국가에 관한 이 두 가지 견해를 확인하고 있다. 같은 의미에서 *Jellinek*, Allgemeine Staatslehre, 3. Aufl., S. 173 이하에서 '개인주의적-원자주의적' 국가이론과 '집단주의적-보편주의적 국가이론'을 구별하고, *Stahl*, Die gegenwärtigen Parteien in Staat und Kirche, 1863에서도 '혁명의 정당'과 '왕조 정통성의 정당'을 구별한다. 그리고 사회학적 맥락에서 Tönnies, Gemeinschaft und Gesellschaft, 2. Aufl., 1912는 사회적 형성 가능성을 '이익사회'와 '공동사회'로 구별한다. 나의 서술에 가장 결정적인 영향을 미친 문헌은 *Lask*, Rechtsphilosophie, 1907이다. 국가에 대한 견해를 개인주의적 견해와 초개인주의적 견해로 구별하는 나의 생각에 반대하는 입장으로는 *Münch*, Kultur und Recht, in: Zeitschrift für Rechtsphilosophie in Lehre und Praxis, Bd. I, 1914, S. 345 이하; *Salomon*, Dic Idee der Strafe(Philosophische Abhandlungen, H. Cohen dargebracht), 1912, S. 225 이하; *Erich Kaufmann*, Das Wesen des Völkerrechts und die clausula rebus sic standibus, 1911, S. 140 이하 참고. 살

인격주의적 견해에 따르면 법과 국가는 개인에게 봉사한다. 하지만 인격주의가 반드시 쾌락주의는 아니며, 어쩌면 필연적으로 쾌락주의가 아니다. 적어도 행복이 절대적 가치로 증명될 수 없는 이상 행복은 법과 국가의 최종목적이 될 수 없다. 더욱이 법과 국가는 이것이 봉사하는 하나의 가치로부터만 도출될 수 있다. 다시 말해 공동체 생활과 개인적 삶의 최종목적은 행복(Glück)이 아니라 단지 행복해질 수 있는 자격(Glückswürdigkeit)일 따름이며, 안락함과 편안함이 아니라 단지 윤리적 소명, 즉 개인의 문화적 사명이다. 법질서가 담당하는 과제는 인간이 마치 경비병처럼 끊임없이 무언가를 주시하게 만드는 것이 아니라, 아무 걱정 없이 별과 피어나는 꽃을 쳐다보고 자신의 존재가 지닌 필연성과 아름다움을 느낄 수 있도록 하는 것이다. 그리하여 자기보존 본능이 끝없이 구조를 요청하는 상태를 최대한 불식시킴으

로몬과 마찬가지로 카우프만도 국가와 법이 개인을 지향할 수도, 국가를 지향할 수도 없고, 오히려 단일성과 총체성의 상호관계로 정립되는 것이며, 이 점을 카우프만 자신은 법과 국가의 본질에 내재하는 이율배반적 대립으로 지칭한다. 그러나 카우프만의 이 입장을 반박하는 데는 위 본문에서 쌍방적 목적관계는 생각할 수 없다는 점 그리고 체험과 인식은 다르다는 점을 서술한 내용만으로 충분할 것이다. *Grabowsky*, in: Preußisches Verwaltungs-Blatt, 33. Bd., 1911/12, Nr. 23에서 나의 구별이 현실에서 존재하는 수많은 혼합 형태를 제대로 포착하지 못한다는 비판을 제기하는데, 비판 자체는 타당하지만, 앞의 본문에서 서술한 내용에 비추어 볼 때 딱히 부담스러운 비판은 아니다. 끝으로 *Richard Schmidt*, Die Strafrechtsreform in ihrer staatsrechtlichen und politischen Bedeutung, 1912, S. 196 이하에서는 개인주의와 초개인주의 사이의 근원적인 법철학적 대립과 정당의 대립 사이의 연관성 자체를 부정한다. 슈미트는 국가에 관한 개인주의적 또는 초개인주의적 목적규정이 아니라 국가와 개인 사이의 권력분배를 정당을 분류하는 기준으로 삼는다. 하지만 내가 지금 여기서 펼치는 정당이론이 초개인주의적 권위 및 권력확장과 국가에 대한 개인주의적 정당화 및 국가의 권력제한 사이의 필연적 연관성을 전제한다고 보는 것은 잘못이다. 이 잘못된 생각은 보수주의의 탈중심적 경향과 민주주의의 중앙집중적 경향 그리고 경찰국가의 개인주의적 성격에 대한 나중의 서술을 통해 충분히 반박될 것이다. 이 밖에도 슈미트의 반론은 정당이론을 역사적 관점에서 다루는 방식과 철학적, 이상형적으로 다루는 방식을 혼동한 데 기인한다.

로써 인간 자신의 양심이 속삭이는 말을 조용히 들을 수 있게 만드는 것이 곧 법질서가 충족해야 할 과제이다. 이를 통해 법질서는 인격적 문화, 즉 학문, 예술, (좁은 의미의) 윤리적 인격이 형성될 수 있기 위한 기본적 전제조건을 마련한다. 물론 인격주의도 안락함과 편안함을 법질서의 직접적 목적으로 삼긴 하지만, 쾌락주의처럼 복리를 최종목적으로 삼지는 않는다. 법은 개인의 윤리에 봉사하긴 하지만, 개인의 윤리를 직접 생성해 낼 수는 없다. 개인의 자유에 기초한 행위만이 윤리가 될 수 있을 뿐이고, 따라서 법은 윤리적 자유가 최대한 번성할 수 있도록 사회적 안정성과 외적 자유를 보장함으로써 윤리에 간접적으로 봉사할 수 있을 뿐이다. 이 점에서 윤리와 법의 관계에 대해서도 "자신의 완전성과 타인의 행복을 추구하라!"라는 칸트의 공식은 타당성을 갖는다.[12]

물론 법이 윤리의 가능성에 봉사함으로써 법은 — 이 점은 이미 앞에서 밝혔다 — 동시에 필연적으로 비윤리의 가능성에도 봉사한다. 심지어 이렇게도 말할 수 있다. 즉 법이 윤리를 더 쉽게 만들기도 하고 동시에 더 어렵게 만들기도 한다. 다시 말해 한편으로는 의무감정의 성립을 가능하게 만드는 것이 법의 목적이면서도, 다른 한편으로는 의무감정을 외적 행동으로 전환하고 의무감정을 외적으로 확인하는 일을 매우 좁은 범위로 제한하는 것 역시 법의 필연적 작용 방식에 해당한다. 법이 인간과 인간 사이에 보호벽을 치는 데 성공하면 성공할

12 오늘날의 법철학에서 이러한 윤리적 개인주의는 슈타믈러의 '사회적 이상' — '자유롭게 의욕하는 인간들의 공동체' — 이외에도 예컨대 *van Calker*, Politik als Wissenschaft, 1898과 *Netter*, Das Prinzip der Vervollkommung als Grundlage der Strafrechtsreform, 1900이 시사한 내용을 확대 발전시킨 '완벽화 이론(Vervollkommungstheorie)'에 의해 대표되고 있다.

수록 인간들이 투쟁을 통해 서로를 시험해야 할 계기는 더욱더 사라지게 된다. 인간 대중은 자신들의 의무를 위해 삶을 바치거나, 자신들의 윤리적 가치를 자기 자신과 타인에게 증명할 필요가 없는 상태로 살다가 죽어간다. 법이 미덕이 삶에서 차지하는 중대한 의미와 위험성을 앗아간 이후 미덕은 값싼 것이 되고 말았다. 바로 이러한 사고에 기초해 때로는 법적 상태 내에서 만인의 만인에 대한 투쟁이라는 자연상태, 즉 무정부 상태가 계속 살아 있는 영역을 마치 — 미국의 인디언 거주지역을 지칭하는 불편한 용어를 여기서 사용해도 좋다면 — '원주민 보호구역'처럼 남겨 놓으려고 하는 경우가 있다. 자유경쟁이나 결투가 그러한 예에 속한다. 국제관계의 무정부상태나 전쟁이야말로 "아직 심장의 박동을 생생하게 느낄 수 있는 곳"이라면서 윤리적으로 정당화하는 태도 역시 이러한 사고에 기초한다. 그러나 이러한 사고는 결국에는 법을 전면적으로 거부하고 윤리적 동기에 따른 무정부주의를 지지하는 토대가 되고 말 것이다.

그러나 법의 윤리적 목적과 법의 윤리적 작용 사이의 이러한 모순과 대립을 해소하는 데는 다음과 같은 성찰이 도움이 될 수 있다. 물론 법의 과제는 한편으로는 인간이 자신을 윤리적으로 확고한 자세를 형성할 수 있는 조건에 한정된다. 그 때문에 적극적인 윤리적 행동을 보이는 강렬한 형태나 섬뜩한 무기를 장전하고 벌이는 투쟁에서 표현되는 용맹은 법의 적용 범위에서 갈수록 벗어나게 되었다. 그렇지만 다른 한편에서 법적 평화의 보호를 받는 가운데 윤리는 또 다른 새로운 과제를 부여받게 된다. 즉 극히 복잡할 정도로 다양한 섬세한 인간관계를 윤리의 요구를 통해 규율하는 과제가 그것이다. 비스마르크는

"전쟁터에서 용기는 우리의 상식에 속한다. 하지만 대다수 사람에게 시민으로서의 용기가 없다는 사실을 드물지 않게 확인할 수 있다"라고 말한다. 실제로 배려와 의무와 관련해서는 '공백에 대한 공포(horror vacui)'라는 오래된 법칙이 적용된다. 즉 공포 하나가 사라지면 즉시 또 다른 공포가 그 자리를 차지하고, 새로운 공포는 대부분 더 섬세하고 더 고통스러운 문화적 갈등에 대한 공포이다. 그 때문에 훨씬 더 뚜렷하고 눈에 보이는 갈등이 지배하던 문화 이전의 시대에 대한 갈망이 등장하는 것이다.

인격주의적 견해에 따르면 법에는 쾌락주의적 합목적성뿐만 아니라 윤리적 존엄도 내재한다. 즉 이 견해에 따르면 법은 성스러운 것 그 자체는 아닐지라도 무언가 성스러운 것(라쏭Lasson)이고 비록 윤리적 인격가치에 예속된 가치이긴 하지만, 어쨌든 하나의 가치를 담고 있는 그 무엇이다. 이에 반해 초인격주의는 법에 대해 '개인윤리적 가치에서 파생되지 않는 독자적인 고유가치(라스크)', 즉 개인들이 수행할 수 있는 모든 것과는 무관한 독자적인 초개인주의적 존엄을 부여한다. 하필이면 법에 관한 이러한 초인격주의적 견해를 원칙적으로 지지하지 않는 한 철학자가 이 견해를 가장 선명하게 보여주는 표현을 제시하고 있다. 이 철학자는 바로 칸트이다.[13] 그는 이렇게 말한다. "설령 한 시민사회가 그 구성원 모두의 동의를 얻어 해체하는 경우(예컨대 한 섬에 사는 주민들이 서로 갈라서서 전 세계로 흩어지자고 결정한 경우)일지라도 먼저 감옥에 남아 있는 마지막 살인자를 처형해야 한다. 그

13 이러한 모순에 관해서는 *Salomon*, Kants Strafrecht in Beziehung zu seinem Staatsrecht, in: Zeitschrift für die gesamte Strafrechtswissenschaft, Bd. 33, 1912, S. 1 이하 참고.

래야만 누구든지 자신의 행위에 응당한 대가를 받게 될 것이며, 제대로 처형을 이행하지 않았다는 이유로 시민들에게 피의 죄악이 남는 일이 없도록 할 수 있다." 이렇게 되면 정의가 개별 인간에게 봉사하는 것이 아니라, 오히려 거꾸로 정의를 통해서만 인간 존재가 정당화되는 결론에 도달한다. "만일 살인자를 처형하지 않는다면 그 시민들은 정의에 대한 공공연한 침해의 공범으로 여겨질 수 있기 때문이다." 하늘이 무너져도 정의를 세우라(Fiat justitia, pereat mundus)! 어떠한 개인주의적 법철학과 국가철학도 이처럼 법과 국가에 기초한 절대성의 열정과 비슷한 감동을 불러일으킬 수 없다. 개인주의적 법철학과 국가철학에서 법과 국가는 궁극적으로는 개인에 봉사하는 수단에 불과하고, 냉철한 합목적성이 지배하는 기술적 조치, 필요악에 불과하기 때문이다. 물론 개인주의도 나름의 절대성의 열정을 갖지만, 이 열정은 국가와 법이 아닌 다른 곳에서 펼쳐진다. 그 다른 곳은 국가사상과는 아무런 관계도 없는 인격이다. 그 때문에 자기의 삶에서 수행하는 작업을 가치의 왕국 중심에 최대한 가깝게 만들려고 노력하는 '뼛속까지 법률가인 자'는 법을 초인격주의적으로 파악하는 견해로 기우는 경향을 보인다. 물론 법과 국가에 관한 초인격주의적-보수주의적 견해는 인격주의적-자유주의적 견해에 저항하기 위한 것이었고, 그 때문에 인격주의적 견해보다 나중에 성립했으며 인격주의적 견해보다 더 깊이 파고들지 않을 수 없었다는 점에 대해서는 의문이 있을 수 없다. 이 점에서 초인격주의적 견해의 윤리적 태도는 인격주의보다 더 섬세한 사변적 심오함과 더 포괄적인 역사적 반향을 불러일으키고, 학문에 어떤 미학적 취향까지 첨가하는 듯한 인상을 불러일으키고, 그 때문에 인격주의보다 더 큰 매력을 유지하고 있다.

초인격주의가 인격주의에 맞서기 위한 방어적인 태도에서 성립했다는 사실로부터는 초인격주의의 소극적 측면만이 밝혀질 뿐이다. 즉 초인격주의는 법과 국가의 존엄성이 개인에게서 빌려온 것이 아니라고 주장하는 데만 급급할 뿐이지만, 이러한 존엄성이 어디에서 법과 국가로 흘러 들어가는지와 관련해서는 극도로 다양한 견해를 허용한다. 그리하여 초개인주의적 법가치에 관한 가장 정신주의적인 견해와 가장 자연주의적인 견해 — 즉 신의 명령으로 법가치를 정당화하는 견해라는 한쪽 극단과 인간의 종족 보존으로 법가치를 정당화하는 다른 한쪽 극단의 견해 — 사이에는 초인격주의를 표방하는 극히 넓은 범위의 중간 영역이 자리 잡게 된다. 물론 이러한 초인격주의적 법형이상학(Rechtsmetaphysik)을 전개할 수 있는 어떠한 수단도 존재하지 않고, 따라서 이 체계의 완벽성을 보장할 가능성도 당연히 존재하지 않는다. 상대주의는 법에 관한 인격주의적 견해를 적극적으로 요구하고, 법의 윤리적 목적을 달성하는 데 필요한 사회적 수단에 대한 요구를 충분한 학문적 설득력을 지니면서 펼쳐나갈 수 있는 반면, 초인격주의적 견해에 대해 상대주의로서는 그저 이 견해가 인격주의의 요구를 거부할 수밖에 없다는 사실을 확인하는 데 그치지 않을 수 없다. 이 점에서 초인격주의의 적극적 내용은 철학적 성찰보다는 역사적 성찰에 기초해서만 확인할 수 있다. 다시 말해 초인격주의의 방어적이고 보수적인 성격에 대한 성찰을 거쳐야 한다. 초인격주의의 적극적 요구는 기존의 법적 상태의 유지를 지향하고, 이 요구를 정당화하기 위해 그저 자신들에게는 구속력이 없는, 순수한 인격주의라는 적대자들의 논거를 반박하는 데만 집중한다.

어쨌든 국가에 관한 이 두 가지 대립하는 견해는 각각 국가이상(Staatsideal)에 관련된 구체적 개념을 통해 사고한다. 즉 초인격주의적 견해는 유기체라는 개념을 통해, 인격주의적 견해는 계약이라는 개념을 통해 사고한다.

인간의 육체와 같은 유기체와 마찬가지로 좋은 국가에서는 전체가 부분을 위해 존재하는 것이 아니라 부분이 전체를 위해 존재한다고 초인격주의는 말한다. 이는 로마의 메네니우스 아그리파Menenius Agrippa에서 시작해 기르케Gierke가 최근 제기한 공동체이론[14]에 이르기까지 끊임없이 이어져 온 주장으로서 이와는 반대되는 인격주의적 국가론을 원자주의적이고 기계적이며 인간에 관한 기계이론과 비슷하다고 비난한다. 하지만 초인격주의는 올바른 국가를 유기체에 비교하는 데 그치지 않고, 여기서 한 걸음 더 나아가 현실의 국가도 유기체로 설명하고, 이러한 자연적 성질에 기초해 국가의 초인격주의적 사명을 증명하기도 한다. 과연 이러한 견해가 타당한지는 유기체 개념에 존재론적 의미를 부여하는지 아니면 단지 방법론적 의미만을 부여하는지에 달려 있다. 존재론적 견해는, 유기체에서는 부분들의 인과성을 통해 낱낱이 설명할 수 있는 기계적 메커니즘과는 달리 전체가 부분에 우선했고, 부분은 전체의 산물이며, 특수한 '생명력', '내재적 목적', '자연적 목적'을 지닌 전체의 무의식적 계획에 따라 부분으로서

---

14 이에 대한 간략한 요약으로는 기르케의 베를린 대학교 총장 취임 연설인 Das Wesen der menschlichen Verbände, 1902 참고. 이 밖에도 *Erich Kaufmann*, Über den Begriff des Organismus in der Staatslehre des 19. Jahrhunderts, 1908; *Kisitiakowski*, Gesellschaft und Einzelwesen, 1899, S. 19 이하도 참고. 유기체 이론에 대한 비판으로는 특히 *Jellinek*, Allgemeine Staatslehre, 3. Aufl., S. 148 이하 참고.

의 개체가 형성된다고 생각한다. 이런 의미의 국가를 증명할 수만 있다면, 이 증명을 통해 국가가 초인격주의적 목적을 실제로 '갖고', 국가가 이 목적을 갖는 것이 타당하다는 사실까지도 설명할 수 있을 것이다. 왜냐하면 이 증명을 통해 거대한 전체를 실재하는 단체인격으로 인식할 수만 있다면, 이 단체인격에 대해 작은 개별인격에 부여되는 고유가치를 지닐 수 있는 능력을 부정할 수는 없을 것이기 때문이다. 이에 반해 칸트에서 시작된 방법론적 유기체 개념은 자연의 목적, 즉 목적을 정립하는 주체가 없이는 목적을 지향하는 힘 따위는 생각할 수 없다고 여긴다. 그 때문에 부분으로부터 시작해 전체를 기계론적으로 설명하는 것은 자연과학적 사고의 선험적 필연성으로 여겨지고, 부분을 전체에 내재하는 목적으로 소급해 설명하는 유기체론적 사고는 단지 예비적 고찰이나 발견술적(heuristisch) 원칙에 불과하며, 오로지 기계론적 설명이 성공하지 못하는 곳에서만 허용될 따름이다. 이처럼 기계론적 성격 자체를 부동의 전제로 삼으면서 객체를 유기체적으로 고찰하는 방식을 국가에 적용하는 것은 초인격주의적 국가이론의 토대로 이용될 수 없다. 더욱이 개인들의 상호작용만으로 국가를 남김없이 설명할 수 있는데도 불구하고 굳이 유기체와 관련된 이런저런 개념을 국가에 적용해야 할 어떠한 계기도 존재하지 않는다. 사회적 삶을 전체의 목적성이나 개별 유기체의 생명력에 비견되는 민족의 영혼으로 설명하는 것은 충분히 이해할 수 있는 대상을 이해할 수 없게 만드는 일이며, 명확한 것을 의도적으로 불명확하게 만드는 일일 뿐이며, 온갖 상상력을 동원해 국가와 생명체 사이의 비유를 거쳐 그저 '안개 자욱한 곳에서 낚시질'을 하려는 것일 따름이다.

유기체 이론이 초인격주의에 가져다주는 성과보다는 계약이론이 인격주의에 가져다주는 성과가 훨씬 더 풍성하다.[15] 물론 계약이론 역시 유기체 이론과 똑같은 위험에 노출된다. 즉 이론 자체의 관점을 현실로 실체화할 위험은 계약이론에서도 존재한다. 무엇보다 현실의 국가가 '원초적 시대의 평범한 사람들'에 의해 계약을 통해 목적의식을 갖고 창조되었다는 주장은 국가의 성격을 유기체로 규정하는 것만큼이나 굳이 반박할 필요조차 없다. 환경의 영향으로부터 완전히 벗어난 자율적인 개인은 역사의 시작이 아니라 역사의 끝이기 때문이다. 더 적절한 표현을 동원하자면, 그와 같은 자율적 개인은 무한성 속에 자리 잡은 윤리적 목표일 따름이다. 이 점에서 여기서 우리의 관심을 끄는 계약이론은 역사적 계약이론이 아니라 오로지 역사적 계약이론에서 완전히 벗어난 합리적 형태의 계약이론이다. 이 합리적 형태의 계약이론은 역사상의 국가가 실제로 계약을 통해 성립했다고 주장하는 것이 아니라, 올바른 국가는 그 구성원들의 계약을 통해 성립한 것으로 생각할 수 있어야만 한다고 설명한다. 루소의 『사회계약론』 서두에 등장하는 유명한 구절은 이 점을 너무나도 분명하게 밝히고 있

---

15 이에 관해서는 *Jellinek*, Allgemeine Staatslehre, S. 201 이하; *ders.*, Hobbes und Rousseau, in; *ders.*, Schriften und Reden II, S. 1 이하; *Gierke*, Johannes Althusius und die Entwicklung der naturrechtlichen Staatstheorien, 2. Aufl., 1902; *ders.*, Genossenschaftsrecht, Bd. 4, 1913, S. 378 이하; *Liepmann*, Die Rechtsphilosophie des J. J. Rousseau, 1898; *Haymann*, J. J. Rousseaus Sozialphilosophie, 1898; *del Vecchio*, Über einige Grundgedanken der Politik Rousseaus, in: Archiv für Rechts- und Wirtschaftsphilosophie, Bd. 6, 1912/13, S. 48 이하; *Salomon*, Kants Originalität in der Auffassung der Lehre vom Staatsvertrag, in: Archiv des öffentlichen Rechts, Bd. 28, 1911/12, S. 97 이하 참고. 계약이론에 관한 이하의 서술과 관련해서는 *Nelson*, Die Theorie des wahren Interesses und ihre rechtliche und politische Bedeutung, in: Abhandlungen Friesschen Schule, Bd. 4, Heft 2, S. 395 이하도 참고.

다. "인간은 자유롭게 태어났다. 그러나 모든 곳에서 쇠사슬에 묶이게 되었다. 이러한 변화가 도대체 어떻게 이루어진 것일까? 나는 잘 모르겠다. 무엇이 이 변화를 정당화하는 것일까? 나는 이 물음에 대답할 수 있다고 생각한다." 칸트 역시 '근원적 계약'은 '국민이 하나의 국가로 구성되는 행위'가 아니라 '국가의 정당성을 사고할 수 있기 위한 유일한 이념'이라고 분명히 말하고 있다(Rechtslehre, § 47). 그러므로 국가계약은 사실이 아니라 가정(Fiktion)이다. 이 가정이야말로 수많은 가정 가운데 가장 중요한 의미가 있는 가정이고, 이에 대해서는 최근에 바힝어Vahinger가 그의 저작 『가정의 철학(Philosophie des Als-Ob)』에서 섬세한 방법론적 평가를 펼치고 있다.

하지만 합리적 형태의 계약이론에 대해서도 반론이 제기되었다. 즉 국가를 그 구성원들의 계약관계로 (가상적으로) 소급시켜 정당화한다면, 이는 국가를 정당화하기 위해 계약의 구속력에 관한 순수한 실정법적 명제를 이용하는 것이고, 이렇게 되면 이 실정법적 명제를 더는 증명할 필요가 없는 자연법적 명제로 상승시키는 오류를 범하는 것이라고 한다. 그러나 계약이론은 국가가 계약을 통해 성립했기 때문에 정당하다고 선언하는 것이 아니라, 단지 계약을 통해 성립했다고 가정할 수 있으면 정당하다고 선언한다. 다시 말해 국가가 모든 구성원의 이익에 부합한다고 여겨질 수 있기 때문에 정당하다고 선언한다. 누구도 자신의 계산에 맞지 않는데도 불구하고 계약에 동의하지는 않을 것이기 때문이다. 이 점에서 계약이론은 국가 구성원의 이익에 부합하는 것, 즉 이들이 이성적이라면 의욕하지 않을 수 없는 것을 의욕했다고 가정한다. 그 때문에 계약이론이 '의지'라는 구체적 표현을 사용할 때는 언제나 이 표현으로 구체화되는 '이익'이라는 개념으로 이해해야 하고, 그래야만 계약이론을 올바르게 이해할 수 있다. 법률가들에게는 이러한 사고방식이 전혀 어렵지 않게 여겨진다. 법률가들은 계약을 해석할 때 이 사고방식을 계약이론과는 반대되는 의미로 자주 이용하기 때문이다. 즉 계약당사자들이 명시적 약정에 따른 결론에 비추어 볼 때 이성적으로 의욕하지 않을 수 없었던 모든 내용을 실제로 당사자들이 그렇게 생각했는지와 관계없이 계약상의 의지로 고찰하는 데 법률가들은 매우 익숙하다. 그렇지만 계약이론에 대한 올바른 이해를 명확히 보여주기 위해 다시 두 가지 예를 들어 설명할 필요가 있다고 보인다.

계약이론에 대해서는 흔히 이 이론이 결국에는 무정부주의로 귀착한다고 비난한다. 왜냐하면 국가의 신민에 대한 복종 요구가 오로지 계약을 통한 신민의 자발적 복종에만 기초한다면, 신민이 자발적 복종을 약속한 계약을 해지하는 순간 곧장 국가의 복종 요구도 끝이 나는데, 그러한 계약 해지는 자유의 필수 불가결성에 비추어 볼 때 언제든지 가능하기 때문이라고 한다. 이 지적은 얼마든지 타당하다. 즉 복종 의지는 언제든지 해지할 수 있다. 하지만 복종 의지를 통해 구체적으로 표현되는 복종 이익까지 언제든지 해지할 수 있는 것은 아니다. 이 복종 이익은 복종 의지를 해지하는 행위를 통해서도 더욱 뚜렷하게 드러나는 경우가 많다. 예컨대 도둑은 자신의 소유권을 설정하기 위해 다른 사람의 소유권을 침해하고, 문서를 위조한 자는 그가 문서위조를 통해 동요를 불러일으킨 공공의 신뢰를 주장한다. 하지만 목적에 대한 이익은 목적을 달성하려면 필요한 수단에까지 확대되지 않을 수 없기 때문에 범죄자는 자기 자신에 대한 처벌에 대해서도 이익을 갖는다. 다시 말해 — 계약이론의 언어로 말하자면 — 이성적인 범죄자라면 자신에 대한 처벌을 의욕하지 않을 수 없다. 누구도 국가에 대한 이익을 부정할 수는 없다. 즉 이성적이라면 누구도 자신이 국가에 속하는 상태를 의욕하지 않을 수 없다. 다시 계약이론의 언어로 말하자면, 누구도 국가에 속한 상태를 해지하기로 의욕할 수 없다. 물론 국가계약을 해지하는 것이 허용된다고 말할 수 있을지도 모른다. 하지만 국가계약을 실제로 해지할 수는 없다. 바로 이 지점이 계약이론이 무정부주의와 구별되는 지점이다.

계약이론에 관련된 두 번째 예 역시 첫 번째만큼이나 이 이론에 대한 오해를 잘 보여준다. 흔히 계약이론을 해석할 때 의지라는 개념에는 해당하지만, 의지를 통해 구체화되는 이익에는 해당하지 않는 측면을 마치 계약이론의 핵심인 것처럼 오해하고, 단지 비유에 불과한 것을 마치 이 이론의 핵심으로 여기는 착오를 범하곤 하는데, 이러한 오해와 착오는 사형에 관한 계약이론가들의 논의에서 잘 드러난다. 베까리아[16]는 사형이 계약이론과 합치하지 않는다고 선언하면서, 그 이유는 생명은 결코 포기할 수 없는 법익이고, 자살은 비난받아야 마땅하며, 사회계약을 통해 사형에 동의하는 것은 자살과 마찬가지로 선량한 풍속에 반하고 무효이기 때문이라고 한다. 물론 이런 식의 논증은 범죄자가 실제로 사형을 의욕했을 때만 사형이 정당화된다고 생각하는 계약이론을 전제해야만 설득력이 있다. 이에 반해 범죄자가 의욕한 것으로 생각할 수 있는 경우, 즉 이성적 측면에서 볼 때 그렇게

---

16 *Cesare Beccaria*, Über Verbrechen und Strafen, 1905, S. 106 이하.

의욕하지 않을 수 없고, 범죄자 자신의 진정한 이익에 비추어 볼 때도 당연히 그렇게 해야 하는 경우는 이미 사형이 정당화된다고 보는 합리적인 형태의 계약이론에서 출발하면 베까리아의 이 논증은 설득력이 없다. 더욱이 자신의 생명에 대한 처분을 그저 자신의 죽음에 대한 이익을 표현하는 한 가지 모습으로 인식하는 즉시 생명에 대한 처분 불가능성은 더는 논거가 되지 못하며, 따라서 사형의 정당성에 대한 물음은 범죄자가 사형에 동의하는 것이 허용되었는가의 규범적인 문제가 아니라 단지 범죄자가 사형에 동의할 수 있었는가의 사실적인 문제가 된다.

하지만 베까리아의 이론적 적대자인 루소도 베까리아와 똑같은 사고의 오류를 범한다. 루소는 국가계약에서 사형에 동의하는 것이 다음과 같은 이유에서 정당하다고 한다. 즉 이러한 동의가 어쩌다가 살인을 저지르는 예기치 않은 사례만을 염두에 두고 이루어지는 막연한 동의이기 때문이고, 따라서 사형에 대한 동의는 죽음에 대한 동의가 아니라 죽음과는 상당히 동떨어진 죽을 위험에 대한 동의일 뿐이며, 생명을 보존하기 위해 죽을 수도 있다는 위험에 복종하는 것은 선량한 풍속에 반하지 않기 때문이라고 한다. "살인자의 피해자가 되지 않기 위해 그 자신이 살인자가 될 경우는 죽게 된다고 동의하는 것이다. 이러한 계약은 자신의 생명을 처분하는 것과는 아무런 상관이 없고, 단지 자신의 생명을 보호하기 위한 것이며, 계약당사자들이 처음부터 자신이 교수형을 당할 수도 있다고 추측해야 할 이유가 전혀 없다(『사회계약론』 II, 5)." 그 때문에 루소는 살인자의 막연한 동의를 이 살인자가 자신이 살인자가 되리라고는 전혀 예상하지 않았던 시점으로 소급시킴으로써 살인자가 자신의 죽음에 완벽하게 동의했다고 이론을 구성할 가능성을 얻게 된다. 루소가 이렇게 "언젠가 동의했었다"를 통해 국가계약을 시간적으로 고정된 사실, 즉 역사적 사실로 만들고, 이로써 『사회계약론』 서두에서 그렇게도 단호하게 거부했던, 계약이론에 대한 역사적 이해 방식을 은근슬쩍 다시 활용하고 있다는 사실을 간파하지 못할 사람은 없을 것이다. 국가계약을 단순히 가상의 모습으로 파악하는 자는 국가계약을 초시간적인 것으로 생각해야 한다. 다시 말해 국가계약은 언젠가 체결되었던 계약이 아니라 순간순간마다 갱신할 수 있는 계약으로 생각해야 한다. 그러므로 제대로 된 국가는 순간순간마다 국가의 모든 현상과 관련해 국가가 과연 전체 구성원의 계약을 통해 성립한 것으로 생각할 수 있는가를 물을 수 있도록 허용해야 하며, 따라서 살인자의 머리를 단두대의 구멍에 집어넣는 순간에도 이 물음을 제기할 수 있어야 한다. 다시 말해 이 순간에도 자신의 죽음에 대한 범죄자의 동의를 가정할 수 있다고 설명할 수 있을 때만 사형은 계약이론에서 정당성을 가질 수 있다.

칸트도 베까리아의 '궤변과 법의 왜곡'에 대항해[17] 사실상 루소와 비슷하게 논증을 펼친다. 즉 칸트는 그의 사고방식 특유의 방법을 동원해 루소가 시간적 관계로 여겼던 것을 선험적 관계로 파악한다. 그리하여 루소처럼 범죄자가 자신의 죽음에 언젠가 동의했었다는 사실이 아니라 이러한 동의의 필연성에 대해 범죄자의 이성이 내린 초시간적 판단을 앞세운다. 따라서 국가계약의 당사자는 현실적인 의지를 가진 경험적 개인이 아니라 — 우리는 앞에서 여러 번에 걸쳐 계약이

---

17 *Kant*, Metaphysik der Sitten(hrsg. von Vorländer), 1907, S. 163 이하.

론은 단지 이성적으로 볼 때 의욕하지 않을 수 없는 것을 의욕한 것으로 가정할 따름이라는 점을 강조했다 — 오히려 경험적 개인이 갖추어야만 한다고 요구되는 이성이 곧 계약의 당사자인 셈이다. "내가 형법을 범죄자인 나에게 대항하는 것으로 파악한다면, 형법은 내 속에 있는, 법적으로 입법을 하는 순수한 이성(예지적 인간 homo noumenon)이고, 이 순수한 이성이 범죄를 저지를 수 있는 존재, 즉 다른 인격(현상적 인간 homo phaenomenon)으로서의 나를 다른 시민적 결합의 모든 사람과 마찬가지로 형법에 복종시킨다." 이렇게 해서 경험적 의지가 아니라 "범죄자의 이성에 대해 필연적으로 요구할 수 있는, 범죄자 자신의 판단"이 사형이 집행되는 순간에도 사형에 필연적으로 동의하게 된다고 칸트는 생각한다.

하지만 설령 개인을 경험적 사실성이 아니라 이성의 구체화로 파악할지라도 개인이 사형에 동의한 것으로 생각할 수는 없다. 아무리 궁핍한 형태에 불과할지라도 생명만은 남겨 놓는 형벌에 대해서는 그것이 범죄자 자신의 이성을 통해서든 아니면 자신을 처벌하는 것에 대한 범죄자 본인의 이익을 통해서든 원칙적으로 정당화가 가능하다. 즉 종신형은 이 형벌을 받는 자에게 계속 보호되는 법익(생명과 신체) 또는 그의 처벌이 불러일으키는 타인에 대한 위하(Abschreckung)라는 이익을 여전히 남겨 놓는다. 이에 반해 사형은 어떠한 경우도 범죄자 자신의 이익에 이바지하는 것으로 증명할 수 없다. 사형은 이러한 이익의 주체를 말살하기 때문이다. 따라서 계약이론의 관점에서는 베까리아처럼 사형을 거부해야 마땅하다. 하지만 범죄자가 사형에 동의해서는 안 되기 때문이 아니라 사형에 대한 어떠한 이익도 없어서 이성적으로 볼 때 사형에 동의할 수 없기 때문에 사형을 거부해야 한다. 사형은 국가에 관한 모든 개인주의적 기본사상과 결코 합치할 수 없다. 슈타믈러(「정법론」, 208)는 이 기본사상을 다음과 같이 표현한다. "모든 법적 요구는 이 요구로 인해 의무를 부담하는 자가 여전히 자기 자신이 될 수 있다는 의미에서만 존립할 수 있다." 따라서 모든 국가 활동 하나하나에 대해 개인적 이익에 비추어 정당화를 요구하지 않는 국가사상, 즉 초인격주의만이 사형을 정당화할 수 있을 뿐이다.

그러나 계약이론과 인격주의는 이러한 논증을 통해 국가로부터 삶과 죽음에 대한 권리 전체를 박탈하고, 이 점에서 예컨대 국가 구성원들에게 전쟁에서 목숨을 걸도록 요구할 권리를 박탈하는 것은 아닐까? 전혀 그렇지 않다! 자신의 생명을 투입하는 것, 즉 자신의 생명이 위험에 빠지는 일은 위험에 빠지긴 하지만, 아마도 살아남게 될 사람 자신의 이익에도 얼마든지 부합한다고 증명할 수 있다. 국가는 전쟁에서조차도 생명의 희생, 즉 확실한 죽음을 요구하지 않는다. 이 경우에는 '자원자는 앞으로!'라고 말한다. 왜냐하면 하나의 이념을 위해 생명을 자발적으로 희생하는 것은 인격주의와도 모순되지 않기 때문이다. 즉 인격주의에서도 그러한 희생은 최고로 윤리적인 행위이고, 바로 그 때문에 법의 대상이 될 수 없다. 법이 윤리를 가능하게 만들긴 하지만 윤리를 강제할 수는 없기 때문이다. 만일 생명의 희생이 법의 대상이 되면, ―이 점에서는 초인격주의자인 기르케에 반대할 것이 아니라, 그의 견해에 전적으로 동의한다―"모든 시대에 걸쳐 조국을 위한 죽음으로 칭송되던 숭고한 윤리적 이념의 잔영마저 퇴색하고 말 것이나." 이처럼 우리가 알고 있는 윤리적으로 가장 숭고한 행위, 즉 선한 목적을 위한 자발적 죽음이 지닌 윤리적 가치를 유지하기 위해서라도 — 초인격주의자든 인격주의자든 — 모든 법적 강제를 배제해야 하고, 이런 의미에서 국가로부터 삶과 죽음에 대한 권리를 박탈해야 마땅하다.

앞에서 제시한 두 가지 예를 통해 보여주었듯이, 국가계약이라는 개념을 조심해서 다룬다는 전제하에 이 개념을 다시는 상실해서는 안 될 국가철학적 성취로 평가해야 한다는 사실이 드러난다. 즉 국가계약이라는 개념은 단순히 인격주의적 국가사상이 표방하는 선동적이고 강렬한 표현 방식이 아니라 이 사상이 어떠한 결론에 도달하는지를 찾아내기 위한 소중한 발견술적 원칙으로 보아야 한다. 예컨대 나중에 논의하게 될 비얼링의 승인이론뿐만 아니라, '정당한 법의 모범'으로서의 '특수 공동체'에 관한 슈타믈러의 견해[18] 역시 계약이라는 규제이념(regulative Idee)을 결코 제거할 수 없다는 점을 보여주는 대표적인 예에 속한다. 즉 슈타믈러는 양 당사자 사이의 분쟁 상태를 해결하는 정당한 규율을 확인하기 위해 다음과 같은 지침을 제시한다. "일단 양 당사자의 목적을 공동으로 추구해야 할 목적으로 융합하는 사고를 거친 후 그다음에 이 사고를 거쳐 융합된 공동성을 다시 나누어야 한다." 이는 곧 모든 법적 관계의 정의를 심사할 때도 '국가'라는 특수한 법적 관계의 정당성을 심사할 때 동원되는 절차, 즉 법적 관계를 사회계약의 결과로 사고할 수 있는가를 검토하는 절차와 똑같은 절차를 권장하는 셈이다. 슈타믈러의 이론을 잘 아는 사람만이 이해할 수 있는 이 견해보다는 지금 내가 여기서 펼치고 있는 연구가 계약

---

18 *Stammler*, Die Lehre von dem richtigen Rechte, S. 281 이하, 537.

개념이 가져다주는 성과를 더 잘 증명할 수 있을 것 같다. 나는 여기서 어떠한 개인 개념이 법철학적 개인주의의 토대를 이루고, 인격주의가 어떠한 인격 개념을 전제하는지를 계약이라는 개념의 도움을 빌려 대답하려고 시도하기 때문이다. 다시 말해 국가계약을 체결하는 당사자들을 어떤 식으로 사고해야 하는지가 곧 내가 대답하고자 하는 물음이다.[19]

계약이론의 토대가 되는 공식은 충분할 정도로 반복되었다. 즉 계약은 실재하는 인간의 실제적 의지가 실제로 합치한다는 뜻이 아니라 이성적이라면 누구나 — 그것이 그의 진정한 이익에 부합하기 때문에 — 의욕하지 않을 수 없는 것을 마치 의욕한 것처럼 가정한 결과이다. 그 때문에 계약체결 당사자는 자신의 진정한 이익을 알고 있고 이 진정한 이익을 통해서만 규정되는 순수한 이성적 존재라고 가정한다. 이러한 존재는 매우 계산에 밝고 오로지 자신의 이익만을 추구하는 인간을 전제하는 고전 경제학의 인간관과 비슷하다. 따라서 인격주의가 법을 인격에 봉사하는 수단이라고 말할 때 인격은 실제 의지를 지닌 경험적 개인이 아니고 경험적 개인이 실제로 마음에 품고 있는 이익이 아니다. 신민(sujet)과 시민(citoyen)을 구별(『사회계약론』, I, 6)하고 전체의지와 일반의지를 구별(『사회계약론』, II, 3)하는 루소나 현상적 인간과 예지적 인간을 구별하는 칸트에서도 경험적 인간과 국가계약의 당사자로 가정된 개인 사이의 차이가 너무나도 분명하게 드러나 있다.

---

19 아래에서 서술하는 내용과 관련해서는 여러모로 도움이 되는 언급이 등장하는 *Kaufmann*, Clausula rebus sic standibus, S. 93 이하, 141 이하 참고.

더 나아가 인격주의가 법을 인격에 봉사한다고 말할 때 인격은 완성된 도덕적 인격이 아니다. 법이 윤리에 직접 봉사할 수는 없고 단지 윤리를 가능하게 만들 뿐이라는 점은 앞에서 이미 밝혔다.

그러므로 법이 봉사해야 하고, 따라서 국가계약의 당사자로 여겨지는 인격은 경험적 개인과 윤리적 인격 중간에 자리 잡는다. 이 인격은 윤리적 인격이 될 수 있는 자연적 개인이고, 윤리적 존재가 될 능력의 인격화된 총체, 다시 말해 인격화된 인간의 존엄, 인격화된 자유이다. 이 점을 단계적으로 구체화하면 다음과 같은 테제들이 밝혀진다. 법은 인격에 봉사해야 한다 — 법은 인격의 윤리를 가능하게 만들어야 한다 — 법은 최대한 인격의 자유가 발현되도록 해야 한다. 이때 인격의 자유는 내적 자유가 아니라 내적 자유의 전제가 되는 외적 자유, 즉 사회적 환경이 행사하는, 동기에 대한 강제 — 이러한 강제는 만인의 만인에 대한 투쟁으로 인한 폭력일 수도 있고 사회적 환경에서 비롯된 억압일 수도 있다 — 에서 해방된다는 뜻이다. 이 점에서 인격주의적 견해에 따르면 법이라는 사회현상의 과제는 — 역설적으로 표현하자면 — 사회적인 것, 다시 말해 각자가 다른 모든 사람에 의해 완전히 규정된 상태를 파괴하고, 이 상태를 자유로운 인격들이 서로 건드리지 않고 병존하는 상태로 대체하는 일이다. 조금 덜 역설적으로 표현하자면, 복잡하게 뒤엉킨 사회적 결합들이 아무렇게나 웃자란 상태의 비합리주의를 사회적 관계와 관련된 최소한의 합리적 체계로 대체하는 것이 법의 과제이다. 이 점에서 '신이 원하는 예속'으로부터 차단된 조용한 '뒷간'이 곧 법질서에 대한 인격주의적 목적규정의 상징이다. 우리가 극히 복잡하게 뒤엉킨 인격적 관계에서 법을 마지막 달출구로 여기면서 문제 상황을 '순전히 업무의 관점에서만', 즉 법적으로 고찰할 때 느끼는 해방감을 느끼는 이유도 법이 지닌 이러한 — 조금 과장해서 표현하자면 — 반사회적 기능 때문이다.[20]

그렇지만 법철학적 개인주의에서 의미하는 개인이 인격화된 자유라면, 이러한 개인주의는 모든 개인의 평등까지 함께 전제한다. 다양성, 독특성, '개별성' 등은 자연적 개체와 윤리적 인격 모두에 해당하는 측면 — "누구나 자신이 무엇이 되어야 할 모습을 떠올리기 마련이다" — 에 해당한다. 이에 반해 법철학적 개인은 경험적 개별성이 개인화된 윤리로 향할 수 있는 단순한 능력을 지닌 존재이기 때문에 그 자체로는 인격을 개별화하는 특성이나 질적 종류의 차이 또는 양적 가치의 차이를 전제할 수 없다. 따라서 개인주의에서 인격이 지닌 구체적 독특성은 법의 이념과는 아무런 관계가 없다. 즉 경험적 인격의 구체적 독특성은 — 국가계약에 대한 분석이 보여주듯이 — 추상적 법인격을 위해 어쩔 수 없이 배제되지 않을 수 없으며, 윤리적 인격의 구체적 독특성은 추상적 법인격을 통해 단지 준비될 뿐, 그 자체 법과는 무관하게 실현되어야 할 어떤 것일 따름이다. 이 점에서 인격주의적 법철학이 전제하는 개별성 없는 개인은 인식론에서 말하는 가상적이고 개별성 없는 '의식 일반(Bewußtsein überhaupt)'과 비슷하다. 즉 인식의 체계를 '의식 일반'의 행위라는 발생론적 관점하에 사고하듯이 국가계약이라는 개념에서도 국가는 개별성이 없는 개인, 즉 국민 일반 또는 (칸트가 말하는) '순수한 법적-입법적 이성'으로서의 예지

20 이와 비슷하게 법이 공동체를 파괴하는 방향으로 작용한다는 점을 서술하는 *Tönnies*, Gemeinschaft und Gesllschaft, 2. Aufl., S. 247 참고. 이 밖에도 *Simmel*, Philosophie des Geldes, 2. Aufl., S. 480 이하; *Lask*, Rechtsphilosophie, S. 292 이하도 참고.

적 인간에 의한 발생론적 산물로 가정하며, 따라서 개별성 없는 개인을 법학적 의미의 '의식 일반'으로 지칭할 수 있다. 물론 이러한 비유에도 불구하고 법질서는 인간 상호 간의 관계와 관련된다는 근본적 속성 때문에 인식론적 '의식 일반'과는 달리 단 하나의 의식이 아니라, 수없이 많은 다양성과 무한하고 거의 끔찍할 정도로 많은 의식에 반영된 상태로 생각해야 한다는 점을 잊어서는 안 된다. 즉 법질서가 전제하는 개인은 어떠한 질적 측면도 없이 단순히 양적으로만 측정할 수 있다는 점에서 얼마든지 자연과학적 원자에 비교할 수 있고, 실제로 그렇게 비교하는 경우가 자주 있다. 특히 슈페[21]는 법적 고찰 방식이 지닌 이 특이한 구조를 지나칠 정도로 강조한다. 즉 '의식이 시공간에서 개별적으로 구체화한 것'으로서의 구체적 자아인 개별 인간을 사고의 출발점과 종착점으로 만들고, 개별 인간의 질적 구체성과 개별성에서 완전히 벗어나며 개인을 오로지 숫자로 계산할 수 있는 양적 구체화를 통해서만 고찰하는 것이 법학적 고찰 방식의 특징이라고 한다. 법학적 사고의 특성에 대한 나중의 논의에서도 밝혀지겠지만, 법학적 사고가 구체적인 것을 대상으로 삼긴 하지만 사고의 도구는 잔혹할 정도의 추상화라는 점은 분명하다. "추상적 인간, 즉 모든 기계 가운데 가장 인공적이고 가장 규칙적이며 가장 미세한 기계가 구성되고 발명되며, 이 기계는 마치 밝은 대낮의 냉철한 진리 속에 있는 유령처럼 보인다(퇴니스)."

21 *Wilhelm Schuppe*, Grundzüge der Ethik und Rechtsphilosophie, 1881. 슈페는 많은 법철학적 저작을 남겼는데, 수많은 논문 이외에도 다음과 같은 단행본들이 있다. Der Begriff des subjektiven Rechts, 1887; Das Gewohnheitsrecht, 1890; Das Problem der Verantwortlichkeit(Koblers Sammlung Das Recht, Bd. 13), 1913. 슈페의 저작은 충분히 주목할 가치가 있긴 하지만, 저작의 완성도가 부족한 탓에 아직 주목을 받지 못하고 있다.

이러한 문제점 때문에 상당수의 학자에게 개인주의적 국가사상은 비개인주의적으로 여겨진다. 물론 이때 '비개인주의적'이라는 표현에서 개인은 추상적 개인이 아니라 개별성을 지닌 개인을 뜻한다. 앞으로 자세히 밝히듯이 개별성, 즉 개인적 특성은 법철학적 인격주의와 이 인격주의의 평등 도그마에서보다는 개인의 불평등(같지 않음)을 주장하는 초인격주의적이고 객관적 문화를 지향하는 국가사상에서 훨씬 더 강하게 부각한다.[22] 그러나 인격주의가 개별성을 낮게 평가하기 때문이 아니라 오히려 정반대되는 이유 때문이다. 초인격주의에서 개별성은 최상위 가치가 아니라 공동체에 봉사하는 수단에 불과하기 때문에 개별성은 얼마든지 법의 영역에 포함될 수 있다. 이에 반해 인격주의에서는 개별성이 모든 법질서와 국가질서의 목적이기 때문에 개별성 자체는 법의 영역 바깥에서 실현된다. 윤리적 인격은 오로지 자유의 행위일 수밖에 없기 때문에 법적 강제는 이 윤리적 인격 자체를 대상으로 삼을 수는 없으며, 단지 이 자유를 가능하게 만들도록 의욕할 수 있을 따름이다. 물론 개인주의도 법에 대한 개인주의적 견해 내부에서 이미 개별성이 발현될 수 있도록 노력한다. 이와 관련해서는 두 가지 서로 대립하는 형태가 있다. 첫째, 경찰국가는 윤리적 인격에 봉사하고자 한다. 둘째, 무정부주의는 완전히 구체화한 개별성으로서의 경험적 개인에 봉사하고자 한다.

경찰국가는 — 역설적으로 들릴지 모르지만 — 개인주의의 한 형태이다. 즉 개인주의적 목적규정과 절대주의적 국가 헌법은 서로 배타

---

22 이 점을 탁월하게 밝히는 *Lask*, Fichtes Idealismus und die Geschichte, 1902, S. 13에서는 '추상적 가치도식과 원자주의 사이의 연관성 그리고 가치 개별성이라는 관점과 가치 전체 사이의 연관성'을 지적하고 있다.

적 관계에 있지 않다.[23] 프리드리히 대제가 자신이 영주들에게 첫 번째 공복이고 국가의 첫 번째 공무원이라고 말하거나 이보다 더 분명하게 자신이 지배하는 국민의 첫 번째 시종이라고 말할 것은 곧 그가 국민주권 이론을 신봉한다는 고백인 셈이다.[24] "모든 것은 국민을 위해"가 계몽 전제주의의 모토이다. 물론 "그 어느 것도 국민을 통해서는 아니다"라는 모토도 추가해야 한다. 따라서 경찰국가는 목표의 관점에서가 아니라 오로지 수단의 관점에서만 자유주의와 구별된다. 즉 경찰국가와 자유주의 모두 윤리적 인격에 봉사하고자 한다. 다만 자유주의는 윤리가 오로지 자유의 행위일 수밖에 없으며, 국가가 직접 윤리를 생성하는 것이 아니라 자유를 통해서만 윤리를 가능하게 만든다고 인식하는 반면, 경찰국가는 일종의 교육을 통해 법을 수단으로 삼아 마치 국부國父처럼 윤리를 강제할 수 있다고 생각한다. 그 때문에 경찰국가에서는 "금지되지 않은 것은 곧 명령된 것이고, 그 어느 것도 단순히 허용되지 않는다"라는 원칙이 적용되는 반면, 자유주의에서 법의 과제는 허용된 것의 범위를 분명하게 확정하는 일이다.

무정부주의는 경찰국가와는 정반대로 법이라는 문제를 경험적 개인으로부터 펼치고자 한다. 막스 슈티르너Max Stirner의 유명론은 경험적 개인, 즉 개별적 자아의 유일무이한 현실을 주장하는 데 그치지 않고, 국민 자체, 인간 속에 깃든 인간성, 구체적인 개인이 실제로는 전혀 품지 않는 '의지' 등을 '유령이자 정신병'이라고 조롱하기까지 한

---

23 그 때문에 계약이론이 지닌 완전히 개인주의적인 성격에 대한 나의 견해를 홉스를 지적함으로써 반박하려는 카우프만(*Kaufmann*, Clausula rebus sic standibus, S. 142)의 시도는 타당하지 않다. 실제로 홉스는 개인주의자이고, 다만 내용적 정의에 대한 개인의 이익만을 일방적으로 강조한다는 점에서만 다른 개인주의자와 구별될 따름이다.

24 이에 관해서는 *Jellinek*, Allgemeine Staatslehre, 3. Aufl., S. 674.

다. 이러한 견해를 토대로 삼게 되면 공동체 생활은 오로지 경험적 개인이 실제로 품은 생각과 이익 그리고 실제로 행한 의지만을 기초로 삼을 수 있을 뿐, 가상의 계약이라는 도식과의 일치에 기초할 수는 없고, 만일 계약을 기초로 삼는다면 오로지 실제로 체결한 계약만을 기초로 삼을 수 있을 뿐이다. 오로지 경험적 개인들이 사실상으로 의지가 합치되어 성립한 계약을 통해서만 규율되는 공동체 생활이라는 요구는 다른 무정부주의자들도 제기하는 요구이고, 이를 통해 최소한의 잔재일지라도 법질서의 필요성을 구출할 수 있게 된다. 하지만 슈티르너는 이 요구마저도 — 자신의 논리에 충실하게 — 유지하지 않는다. 슈티르너의 유명론적 사고방식에 따르면, 단순히 내 조상이 의욕했다는 이유만으로 또는 내가 어제 의욕했다는 이유만으로 내가 오늘 무엇인가를 해야만 한다는 생각은 미친 짓이다. 왜냐하면 '나'라는 자아는 수많은 순간적 자아의 연쇄를 총괄적으로 묶은 표현으로 보아야 하기 때문이다. 더욱이 마치 사람들끼리 서로서로 잘 모르듯이 이 순간순간의 자아들 역시 서로 잘 모르고, — 무정부주의의 견해에 따르면 — 한 인간이 다른 인간들에게 자신의 의지를 강요할 수 없듯이 예전의 자아가 나중의 자아에 대해 의지를 강요할 수 없다. 이로써 슈티르너는 어떤 강제나 법과 국가 또는 계약이 아니라 오로지 모든 구성원의 이익을 통해서만 결속력을 갖는 '이기주의자들의 단체'라는 결론에 도달한다. 간단히 말하자면, 슈티르너는 개인들의 공동생활에 관해 무정부주의를 저주하는 자들이 국가를 통한 공동생활을 명시적으로 옹호할 때 내세우는 이유와 똑같은 이유에서 무정부주의를 오히려 옹호한다.[25]

경험적 개인을 목적으로 삼는 무정부주의와 윤리적 인격에 직접 봉사하려는 경찰국가 사이의 중간지점에는 개인주의의 주요 형식인 자유주의(그리고 나중에 자유주의와 구별하게 될 민주주의)가 자리 잡고 있다. 자유주의는 '순수한' 개인, 즉 아무런 질적 요소도 없는 자유의 구체화를 지향한다. 법질서에 대해 자주 요구되곤 하는 '개별화'가 법철학적 출발점으로서의 개별성 없는 개인과 전혀 모순되지 않는다는 점은 별도로 지적할 필요가 없을 것이다. 군인과 민간인의 구별, 상인과 상인 아닌 사람의 구별, 성년과 미성년의 구별, 상습범과 기회범의 구별 등은 여기서 쟁점이 되는 개인이라는 개념의 시각에서 보면 자유의 구체화에 수반될 수 있는 다양한 외적 및 내적 상황을 고려한다는 의미일 뿐, 본질적으로 아무런 차이도 모르는 자유의 구체화 자체를 다룬다는 의미가 아니다. 물론 법질서가 개별적인 자유의 구체화에 봉사하기 위한 수단을 선택하면, 법질서는 이 구체화와 관련된 다양한 상황을 구별해 고려할 수 있다. 어쨌든 법질서가 이 다양한 수단을 동원해 자유를 구체화하는 모든 형태에 대해 아무런 구별도 하지 않은 채 봉사하려는 것은 전혀 아니다. 하지만 법질서의 목적은 경험적 개인이 아니라 모든 개인에서 아무런 차이가 없이 표현되는 자유의 구체화이다. 바로 이 점에서 법철학적 개인주의가 특히 자연적, 역사적, 민족적 차이를 무시하는 이유를 설명할 수 있다.

법철학적 개인주의는 남성과 여성의 자연적 차이 역시 중요하지 않다고 무시하는 경향을 보이게 된다. 즉 여성을 자유의 구체화로 승인

25 이에 관해서는 *Eltzbacher*, Der Anarchismus, 1900, S. 82 이하; *ders.*, in: Berolzheimers Handbuch für Politik, 1912, Bd. 1, S. 168 이하; *Stammler*, Die Theorie des Anarchismus, 1894, S. 13 이하; *Anton Menger*, Neue Staatslehre, 2. Aufl., 1904, S. 6 이하 참고.

하고, 따라서 여성을 그저 아름다우면서도 독을 품고 있고 그러면서도 약이 되는 꽃(예컨대 디기탈리스 꽃)처럼 어떤 미학적 사명만을 지닌 존재로 보는 파렴치한 생각을 단념하고 여성에 대해서도 윤리적 소명을 인정하는 자는 여성 역시 자유의 구체화로 여겨야 한다.

개인주의는 비역사적이라고 말하곤 한다. 물론 개인주의에서도 국가는 단순히 현재 살아 있는 구성원들의 단체가 아니라 지금 살아 있는 자들을 먼 옛날의 조상과 나중에 태어날 자손과 결합하고, 이 점에서 현재, 과거, 미래를 수 세기에 걸쳐 건설한 건축물로 결합한다. 그렇지만 개별성을 국가목적에 봉사하는 존재로 종속하는 초개인주의적 국가관에서만 조상의 개별성과 역사적 특성이 중요한 의미를 지니고, 국가의 과거가 현재에 대해 보이지 않는 정령으로 도움을 주고, 조상에 대한 경건함을 요구하면서 그 대가로 급격한 변화 없이 조용히 한 걸음 한 걸음 앞으로 나아갈 수 있다고 생각한다. 이에 반해 개인주의에서 조상은 현재 살아 있는 자들과 똑같이 개별성이 없는 자유의 구체화에 속하고, 현재의 사람과 과거의 사람 사이에 존재하는 역사적 특성의 차이는 국가의 영역과는 아무런 관계가 없다. 즉 경건함을 통해 과거와 현재를 연결하는 역사적 의미는 국가영역에서는 아무런 의미가 없다. 그리하여 모든 세대는 자신들이 조상과 후대를 아무런 유보조건 없이 완벽한 권한을 행사하는 대리인으로 여겨도 무방하고, 자신들에게 주어진 시간을 현재와 미래에 대한 자신들의 생각에 따라 자기책임에 근거해 당당하게 채워나갈 수 있다.

끝으로 법철학적 개인주의는 민족적 사고를 수용하는 것에 커다란 거부감을 느낀다. 일상의 정치적 경험이 보여주듯이 '민족적 자유주의'는 문제를 보여주는 표현이지 문제를 해결하는 표현이 아니다. 개별성이 없고, 따라서 민족이 없는 개인이라는 개인주의의 출발점에 비추어 볼 때 개인주의적 사고의 종착점 역시 필연적으로 민족이 없는 세계국가일 수밖에 없다. 그 때문에 개인과 세계 사이의 어느 특정한 지점을 개인주의적 사고의 확고한 토대로 삼도록 해주는 법철학적 근거는 있을 수 없다. 그렇지만 두 가지 방식으로 개인주의적-보편주의적 사고가 민족적 사고와 결합할 가능성이 있다. 첫째, 민족국가는 세계국가로 향해가는 과정의 중간 기착지이자 세계국가의 하위부서로 여겨질 수 있고, 이 점에서 민족국가는 코스모폴리타니즘을 향한 변증법적 발전 과정에서 지양되면서 동시에 보존되는 요소로 여겨질 수 있다. 둘째, 개인주의는 민족성에 대해 — 개인성에 대해서와 마찬가지로 — 민족성이 국가를 초월해 실현되는 장소, 즉 문화의 영역에 속하는 장소를 마련해줄 수 있다. 심지어 개인주의는 민족의 문화를 국가의 본래 목적으로 여길 수도 있다. 이처럼 민족국가를 코스모폴리타니즘에 편입시키고 국가민족보다 문화민족을 더 강조하는 일은 잘 알려져 있듯이 우리 고전 시대의 민족 감정에도 부합한다.[26]

이제부터는 국가철학에서 펼쳐지는 근원적 대립을 정당을 구별하는 특성으로 밝히도록 하겠다. 이와 관련해서는 먼저 프리드리히 율리우스 슈타알이 법철학자로서 정당화했고 동시에 정치가로서 거대 정당의 교조로 삼았던 보수주의에서 초인격주의를 재발견할 필요가 있다. 즉 독일 보수당이 발표한 1892년의 「티볼리 강령Tivoli-Programm」을 읽고 있으면 마치 지금도 슈타알의 목소리를 생생하게 듣는 것 같

26 이에 관해서는 *Meinecke*, Weltbürgertum und Nationalstaat, 2. Aufl., 1911 참고.

이 느끼게 된다.[27]

초인격주의에서는 일단 말 그대로 '보수적'인 세계관이 등장한다. 개인주의에서는 개인의 이익을 현존하는 국가제도의 가치 또는 반가치를 판단하는 경험적 기준으로 삼고, 비판과 개혁의 토대 역시 개인의 이익이며, 개인의 이익이 곧 '진보정당'의 토대가 되는 반면, 초개인주의적 기준과 초경험적 척도를 하늘에서 불러올 수도 없고 그렇다고 해서 역사적 기존상태를 유지할 수도 없는 초인격주의는 기존상태의 '유기적' 발전이 세계사의 지혜 — "입법자의 자의가 아니라 내면에 조용히 흐르는 힘(사비니)" — 에 속한다고 보는 경향으로 기운다. 이처럼 세계의 역사 속에서 가치가 실현된다는 믿음은 우리가 앞에서 종교적 태도의 본질로 규정했던, 모든 존재자의 가치성에 대한 믿음으로서만 가능하다. 그 때문에 이러한 믿음이 지닌 보수주의적 의미는 "시간을 관통하고 각 세대가 소명으로 삼아야 할 숭고한 신의 섭리에 대한 헌신, 즉 신의 역사하심에 대한 참여(슈타알)"라고 할 수 있으며, 따라서 보수주의 정당의 강령은 '인간의 삶에 대한 기독교적 관점'을 토대로 삼지 않을 수 없다고 한다(「티볼리 강령」, 1호).

이미 이것만으로 초인격주의의 역사적 세계관을 충분히 파악할 수 있다. 여기서는 앞에서 말한 내용을 다시 한번 상기하는 것으로 충분하다. 즉 국가에 관한 모든 견해에서 국가는 현재 구성원들의 결합일

27 슈타알의 저작(앞의 11면, 각주 5; 102면, 각주 9) 이외에 보수적 국가관의 전형적 특징에 해당하는 서술이 등장하는 문헌으로는 *Treitschke*, Politik, Bd. I, 1897, Bd. II, 1898; *Lagarde*, Deutsche Schriften, 1886 참고. 그리고 다양한 정치적 문제에 대한 보수적 표현을 풍부하게 담고 있는 자료로는 *Stillich*, Die politische Parteien in Deutschland I; Die Konservativen, 1908 참고. '공동사회'에 관한 퇴니스의 서술(*Tönnies*, Gemeinschaft und Gesellschaft, 2. Aufl., 1912)도 보수주의적 국가관의 여러 측면을 제시하고 있다.

뿐만 아니라, 과거와 미래 구성원들의 결합이기도 하며, "세대 사이의 신성한 유대(트라이취케)"이다. 그러나 '인간 속에 깃든 인간성'이라는 완전히 초역사적인 측면을 국가이론의 출발점이자 종착점으로 삼는 개인주의는 현재의 국가생활에서 과거가 차지하는 비중을 전혀 인정하지 않는 반면, 개인의 구체적 개별성 전체를 국가에 편입시키는 초인격주의에서는 과거에 대한 현재의 경건함을 특히 강조한다. 그럴 때만 "민족이 민족 전체의 역사, 즉 현재 속에서 자신의 과거를 온전히 담아내는 활동을 통해 비로소 민족의 상태와 의식에 관한 정체성을 가질 수 있기(슈타알)" 때문이다. 따라서 "역사적으로 주어져 있는 현실적인 토대에 기초한" 진보만이 축복받은 진보라고 한다(「티볼리 강령」, 4호).

모든 개인주의적 국가사상을 단호히 거부하는 보수주의를 슈타알은 "다수가 아니라 권위가!"라는 유명한 슬로건으로 표현한다. 이 슬로건을 통해 국가 구성원 다수의 이익보다 초개인주의적 국가과제 자체가 비교할 수 없을 정도로 더 숭고한 것임을 분명하게 표현한다. '이 정당한 권위의 보존(「티볼리 강령」 마지막 부분)'을 위해서는 필연적으로 권위주의적 사고가 필요하다. 즉 단순히 대내외적으로 국가를 보호한다는 목적 때문이 아니라 국가 자체를 위해 국가의 권력을 집결해야 하고, "민족은 민족의 권력을 통해 영웅으로 확립된다(슈타알)"라고 말한다. "국가의 최상위 윤리적 의무는 국가의 권력을 확대하고 보존하는 일이다(트라이취케)."

이러한 권위적 사상을 주장하는 자들이 특히 형법을 이 사상에 지향하게 만들어 범죄를 권위에 대한 침해, 법의 의지와 국가의지에 대한 저항, (말 그대로의 의미의) 규범위반으로 파악하고, 형벌을 권위의 확립, 범죄자의 고통을 통해 국가의 존엄과 찬란함을 표현하는 응보로 파악하는 것은 당연한 일이다. 형벌을 응보로 파악하는 견해는 오로지 초인격주의적 국가이론을 토대로 삼을 때만 가능하다. 이에 반해 형벌을 포함해 법과 국가를 전적으로 사회에 봉사하는 것으로 파악해야 하는 법철학적 개인주의를 토대로 삼을 때는 형벌을 안전과 보장을 위한 장치로 파악하는 견해만이 가능하다. 따라서 형벌의 목적을 둘러싼 논쟁은 국가목적을 둘러싼 논쟁의 한 부분이고, 이 점에서 형사정책은 곧 정치의 한 부분으로 파악해야 한다.[28]

이처럼 초인격주의적으로 정당화되는 권위는 당연히 국가의 지배조직, 즉 개인으로부터 비로소 파생되는 것이 아니라 근원적이고 이미 주어져 있으며 '만들어지지' 않은 지배권력을 가진 상태에서 개인보다 상위에 있는 기관을 요구한다. 이에 반해 개인주의는 개인들을 위한 일은 당연히 개인들을 **통해**, 즉 개인들이 임명한 기관과 공동체의 조직을 통해 실현하도록 요구한다. 보수주의는 지배권력이 지닌 초개인주의적인 근원적 성격을 — 지배권력의 역사적 뿌리를 강조하는지 아니면 역사 속에서 작용하는 신의 의지를 강조하는지에 따라 — **정통성** 또는 **신의 은총**으로 규정한다. 보수주의를 극단적으로 주장하는 자들에게는 유기체라는 비유마저도 지배권력의 절대적 독립성을 표현하기에는 충분하지 않다고 여겨진다. 왜냐하면 지배자를 머리로, 신민을 사지로 여기는 유기체의 비유를 동원하면 지배자와 신민

28 이러한 서술에 반대하는 입장으로는 *R. Schmid*(앞의 104면, 각주 11), S. 192 이하; *Köhler*, Der Vergeltungsgedanke und seine praktische Bedeutung(*Birkmeyer/Nagler*, Kritische Beiträge zur Strafrechtsreform, Bd. 5), 1909, S. 279 이하 참고.

모두 서로 독립된 상태에서 전체의 실질적 필연성에 구속된다는 식으로 생각할 수 있기 때문이다. 그 때문에 슈타알은 국가를 '윤리적 왕국'으로 지칭하기를 선호하며, 이 왕국에서는 지배자와 신민이 오로지 신의 의지를 통해 지배와 복종의 관계를 맺는다고 한다. 이것이 바로 군주주의 원칙의 세계관적 배경이다.[29] 즉 입헌국가에서도 국가권력은 전혀 분할되지 않은 상태로 군주에게만 귀속되고, 단지 특정한 경우에만 국가권력의 행사가 국민대표의 동의에 구속될 뿐이다. 따라서 군주의 법적 권력이 헌법의 의지에 근거하는 것이 아니라, 거꾸로 헌법의 법적 권력이 군주의 의지에 근거하며, 군주의 의지가 국민대표의 참여에 구속되는 이유는 헌법 때문이 아니라 군주 자신의 자발성 때문이다. 물론 오늘날 독일에서 군주주의 원칙을 주장하는 자들도 군주가 일방적으로 헌법을 철회할 수 있다는, 이 원칙의 논리적 결론을 신봉하지는 않는다. 하지만 최근에는 다른 실천적 목적 때문에 이 결론을 무기고에서 다시 끄집어내기도 한다. 즉 독일 군주의 과세 자유를 정당화하고 바이에른 공국의 통치권을 종결하는 절차를 정당화하기 위해 이 결론을 활용하기도 한다.

군주의 권력을 이처럼 강조하는데도 불구하고 보수주의는 국가생활의 중앙집중화가 아니라 탈중앙화, 즉 '자연적으로 발생한 집단과 국민의 유기적 분할'을 추구한다(「티볼리 강령」, 2호). 개인은 그의 존재와 그가 가진 모든 것을 바쳐 전체에 봉사해야 한다. 하지만 개인을 전체 국가에 직접 귀속시키면, 개인이 단지 부분으로서만, 다시 말해

29 *Erich Kaufmann*, Monarchises Prinzip(앞의 11면, 각주 5); *ders.*, Der Begriff des Organismus(앞의 111면, 각주 14)는 바로 이 점을 밝히고 있다.

국민이라는 극히 추상적인 속성으로서만 포착되는 결과를 낳는다. 그 때문에 개인과 국가 사이에 있는 조직들의 체계를 통해 개인이 지닌 다양한 특성들을 최대한 많이 공동체 생활에 엮어놓아야 한다고 생각한다. 개인은 예컨대 남편으로서, 아버지로서, 가장으로서, 도시인 또는 농민으로서, 귀족 또는 평민으로서, 상인, 건설업자 또는 수공업자로서 공동체 생활에 묶여 있어야 한다. 이러한 좁은 의미의 조직을 통해 구체적 개인의 힘을 최대한 완벽하게 결집해야 하고, 이 조직들이 다시 결집과 결속을 거쳐 마침내는 가장 포괄적인 조직인 국가로 편입되어야 한다. 물론 국가를 이처럼 신분질서에 따라 편제하게 되면 국가권력에 대한 직접적인 관계와 함께 국민의 평등 역시 파괴된다. 이 맥락에서 전적으로 보수주의를 지지하는 트라이취케는 이렇게 말한다. "모든 정치적 사고는 인간의 근원적 불평등이라는 원칙과 함께 시작되어야 한다." 슈타알은 이처럼 다양한 개별성을 여러 가지 신분질서 중심의 구별과 분류를 통해 고려하는 작업을 '국가의 조형적 완성'이라고 표현할 정도로 미학적으로 평가하고, 이러한 평가가 요구하는 '다양한 분류에 기초한 헌법'을 원자주의적 개인주의를 통해 추동되는 '국가의 탈분류화'에 맞서는 대항 수단으로 이해한다. 특히 라가르드Lagarde는 인상 깊을 정도로 개인주의의 '국가기계(état machine)', 즉 "모든 기계는 끔찍하기 때문에 역시 끔찍하게 될 수밖에 없는 괴물과도 같은 수레바퀴"에 대해 경고하면서, 그 대안으로 탈중앙화라는 이상을 제시한다. "한 국민은 오로지 주인들로 구성될 때만 자유롭다. 이 주인들에서 시작해 국민의 최하위 계층에까지 이르는 계급이 생긴다. 가장(가정의 주인), 선생(가르치는 주인), 사용자(일자리를 주는 주인)

가 곧 군주의 육체적 형제이고, 군주의 흥망성쇠는 이들의 흥망성쇠와 함께한다." 라가르드의 이 말은 법과 관습에 관한 서사시인 임머만Karl Immermann의 「오버호프Oberrhof」에서 거의 똑같은 내용으로 재등장한다.

개인과 국가 사이에 있는 이러한 조직들 가운데 가장 밀접한 조직은 혼인이다. 개인주의에서 혼인은 혼인 당사자들의 이익을 위해 체결되는 계약이고, 당사자들의 이익에 봉사하지 못하면 원칙적으로 해소할 수 있다. 이에 반해 보수주의에서 혼인은 배우자들에게 혼인이 가진 가치와는 전혀 관계없이 독자적인 초개인주의적 가치를 지닌 질서이고, 따라서 혼인이 배우자들에게 무가치하고, 더 나아가 가치를 파괴한다는 이유만으로 이혼이 허용될 수는 없다. 보수주의의 견해에 따르면 부인은 남편에게 복종함으로써 곧 초개인주의적 질서에 복종하는 것이다. 왜냐하면 이 질서는 기관을 가져야만 하는데, 이 기관이 곧 남편이기 때문이다. 이로써 부인의 지위는 단순히 계약상의 의무를 인수하는 것과는 구별되는 변화를 겪게 된다. '혼인상태'에 대한 이러한 보수적 견해는 부부 재산법에서 극명하게 드러난다. 즉 재산공동체라는 체계를 통해 여성의 권리를 완전히 박탈하기 때문이다. 이 점은 '남편의 관리와 용익'이라는 독일 민법의 규정도 똑같은 내용을 표현하고 있다.

혼인보다 조금 더 포괄적인 조직은 가족이다. 개인주의에서는 가족구성원들 사이의 가족관계만이 존재할 뿐, 가족이 개인을 넘어 특수한 '가족 전통'이나 '가족의 명예'를 담당한다고 생각하지 않는다. 따라서 개인주의적 의미의 가족은 같은 핏줄을 통해 결합한 사람들의 개인적 관계를 경계로 삼는다. 이에 반해 보수적 견해에 따른 가족은 수 세기에 걸쳐 이어지는 세대와 아주 먼 조상에서부터 줄기차게 번성해 온 긴 연쇄를 하나의 거대한 통일성으로 결집한 것이다. 아주 먼 친척에게도 상속권을 보장하는 독일 민법규정은 이처럼 개인적 관계를 초월하는 포괄적인 가문이라는 사고를 묵시적으로 인정할 때만 정당화할 수 있다. 가족에 대한 초개인주의적 견해는 가족에 대해 가족 구성원인 개별 소유자의 처분과 채무부담과는 무관한 가족재산을 가족관계의 물질적 토대로 보장하도록 규정한 법제도인 종중재산과 신탁유증에서 더욱 분명하게 드러나 있다. 그리고 상속법을 소유자의 생존 시에 잠재적 상태에 있던 가족재산의 표현으로 파악하는 보수주의적 견해는 자녀의 상속에 대한 과세에 맞선 투쟁에 이념적 토대를 제공하기도 했다.[30] 이 모든 측면은 특히 귀족 가문에 해당하는 내용이고, 모든 귀족 가문 자체도 나름의 구성원칙에 기초해 국가 내에 있는 유기체가 되기를 원한다.

독자적인 초개인주의적 목적을 지닌 또 다른 유기체는 가계(Haus)이다. 가계는 가족 이외에 하인들 그리고 과거의 수공업자 가계나 상인 가계에서 일반화되었던 — 슈타알의 표현에 따르면 — '영업 하인들'까지 포함하는 넓은 개념이다. 따라서 '가계'는 노동관계에 관한 보수적 견해가 지향하는 이상형이다. 즉 단순히 노동계약을 통해 노동자가 사용자와 결합하는 것이 아니라, 고용계약이 노동자의 지위를 변경해 가부장적 지배를 통해 조직된 유기체의 구성 부분이 되고 사

30 이에 관해서는 *Altmann*, Das Problem der Gerechtigkeit der Besteuerung, in: Archiv für Sozialwissenschaft und Sozialpolitik, Bd. 33, 1911, S. 90 이하 참고. 알트만의 이 논문은 상대주의적 방법의 한 사례로 활용할 수도 있다.

용자인 가부장의 지배하에 놓이게 되며, 이로써 쌍방적 신뢰관계에 들어서게 된다. 이러한 사고에 따르면 노동자의 보호는 신뢰관계의 한 측면, 즉 사용자(주인)가 행하는 '그리스도인으로서의 실천(「티볼리 강령」, 8호)'을 법률로 정한 것일 따름이다. 다른 한편 사용자와 노동자(하인) 사이의 신뢰관계는 노동자에게 그 자신이 속한 계급보다 주인에 대해 더 강한 정신적 유대감을 느끼라고 명령한다. 그 때문에 노동자 단체의 결성은 신뢰의 파기로 여겨지고, 당연히 억압의 대상이 되며, 직종이 아니라 사업장 중심으로 조직되고 '가계'라는 유기체에 편입된 '황색 노동조합(gelbe Gewerkschaften)'의 형태로만 장려 대상이 된다.[31] 그러나 영업의 영역에서는 신분체계가 완전히 파괴되고 계약체계로 전환하는 것을 더는 저지할 수 없는 상황이기 때문에 보수주의는 최소한 임금노동자와 농업노동자의 법적 관계만이라도 임금노동자에 대한 특별규정과 단결권의 제한을 통해 '자유로운 계약'의 파괴적 작용을 저지하려고 한다. 그러면서 이렇게 외친다. "하인이 없이는 문화도 없다(트라이취케)."

이와는 반대로 보수주의는 수공업 단체를 수공업 조합으로 격상시켜 공법상의 단체로 인정하려고 한다(「티볼리 강령」, 12호). 물론 이 조합이 조합원들의 공동이익에 이바지하게 만들려는 것이 아니라 공동의 초인격적 과제에 이바지하게 만들려는 것이 보수주의의 의도이다. 즉 수공업 조합의 모든 직업 활동은 공동체 생활 전체에 협력하는 것이 되어야 하고, 바로 이 점에서만 수공업 조합이 공법상의 단체로 형

31 황색 노동조합에 관해서는 *Alfred Weber*, Die Bureaukratisierung und die gelbe Arbeiterbewegung, in: Archiv für Sozialwissenschaft und Sozialpolitik, Bd. 37, 1913, Heft 2, S. 361 이하 참고.

성될 수 있다고 생각한다. 하지만 초인격적 견해는 이와 같은 공법적 단체뿐만 아니라 사적인 단체에까지 자신들의 생각을 확장하려고 한다. 즉 사적인 단체에 대해 이 단체가 구성원들에게 가져다주는 모든 효용과는 별개로 특수한 초개인주의적 고유가치를 부여한다. 이에 반해 개인주의적 견해에 따르면 단체의 이익은 구성원들의 이익으로 남김없이 해소될 수 있다. 이 점에서 단체의 독자적인 권리 배후에 자리 잡은 것이 단체의 독자적인 이익인지 아니면 전적으로 단체 구성원들의 이익일 뿐인지, 법인이 법 이전에 독자적인 기반을 갖는지, 법인의 배후에 '실제적인 단체 인격'이 있는지 아니면 단지 '의제(Fiktion)'에 불과한 것인지 등의 물음을 둘러싼 유명한 논쟁은 초인격주의와 개인주의 사이에 벌어진 힘겨운 투쟁에서 등장한 에피소드들이다.

개인을 최대한 남김없이 국가의 공동체 생활에 편입시키고, 이를 위해 일단 더 좁은 범위에서 시작해 점차 확대되는 범위의 공동체 생활에 편입시킨다는 관점에서 볼 때 보수주의는 궁극적으로 지방과 지역의 자치행정에 유리하게 작용하고, 특히 보수주의의 개별화 경향에 비추어 볼 때 도시와 농촌의 차이를 강조한다. 1808년에 제정된 프로이센 도시법도 '공동체 감각의 촉진과 유지'라는 자치의 초개인주의적 사명을 명시적으로 표현하고 있다. 국민대표를 자치단체를 기초로 삼고 입헌국가를 아래로부터 구축하고자 했던 로렌츠 폰 슈타인Lorenz von Stein의 구상 역시 보수주의적 사고의 전형이다. 슈타알 역시 입헌주의 사상에 결코 적대적이지 않다. 즉 슈타알이 표방하는 '다양한 분류에 기초한 헌법'이라는 관점은 '혼합 국가형태'를 뜻한다고 보아야 한다. 그 때문에 슈타알은, 국민대표는 원자화를 불러일으키는 보편

선거를 통해서가 아니라 자연적인 집단과 국민의 유기체적 분류에 기초해 성립해야 한다고 생각한다. 따라서 '제4신분(노동자)'은 신분으로서의 성질을 갖지 않고, 실질적 이익과 직업분류의 유기체에서 확고한 지위를 차지하지 않기 때문에 의회를 통해 대표되어야 할 신분이 아니라고 한다.

그렇지만 가장 작은 단위의 유기체로부터 갈수록 더 넓고 포괄적인 유기체로 진행되는 사고의 과정, 즉 혼인에서 시작해 궁극적으로는 국가로 상승해 가는 사고 과정은 필연적으로 모든 유기체 가운데 가장 거대한 유기체인 인류 전체를 편입시키는 결론에 도달해야 하는 것이 아닐까? 여기서 인류는 두 가지 의미로 이해할 수 있다. 하나는 추상적 보편성으로서의 인류(인간성)이고, 다른 하나는 구체적 총체로서의 인류이다. 전자의 추상적 의미의 인류는 개인주의적 사고가 도달하는 결론이다. 즉 개인주의는 국가의 기초는 오로지 인간에 깃든 인간성일 뿐이라고 생각하며, 따라서 일관되게 인류 전체를 하나의 국가로 결집하고자 한다. 이 점에서 개인주의적 사고의 중력은 개인으로부터 인간으로 끝없이 움직이고, 이 과정에서 민족을 마주치는 일은 없다. 민족은 기껏해야 상위에 있는 인류의 필요 때문에 뒷걸음치면서 마주치게 되는 행정 기술적인 하급부서로 취급될 따름이다. 물론 체계적 관점에서 볼 때 그렇다는 것이지 인류가 먼저 있고 나중에 민족이 존재하게 되었다는 식으로 시간적 관점에서 그렇다는 것은 아니다. 바로 이 점 때문에 라가르드는 개인주의를 '잔혹한 국제주의'라고 부르고, 트라이취케는 '역사의 아름다움'이 몰락해 버린 '세계제국의 황폐하기 짝이 없는 지루함'이라고 부른다. 초인격주의는 인격을 단순히 인간이라는 추상적 성질이 아니라 극히 구체적이고 풍부한 개별성을 지닌 개인으로서 공동체에 봉사하는 존재로 만들고자 한다. 그 때문에 초인격주의는 개인에게 친숙한 공동체 그리고 특히 극도로 다양한 개별성을 수용할 수 있는 민족공동체의 가치를 박탈하려는 어떠한 시도도 완강히 거부한다. 하지만 초인격주의도 두 번째 의미의 인류, 즉 구체적 총체로서의 인류라는 이념은 얼마든지 받아들일 수 있지 않을까? 다시 말해 초인격주의도 개별 인간의 총합으로서의 인류가 아니라 개별 인간보다 상위에 있는 초인격적 역량으로서의 인류는 받아들일 수 있지 않을까? 앞에서 보았듯이 초인격주의는 풍부한 개별성을 담은 개인을 초인격적 역량을 위해 봉사하는 존재로 만들려고 하고, 이러한 목적을 위해 갈수록 더 좁아지는 유기체들의 체계를 통해 개인을 최대한 남김없이 활용해야만 한다. 그러므로 개인이 오로지 국가와 개인 사이의 중간에 있는 유기체적 구성 단계를 통해서만 국가에 편입되듯이 개인은 직접적이 아니라 오로지 국가 속에서 그리고 국가를 통해서만 간접적으로 인류 전체에 편입될 수 있다. 이와 똑같은 이유에서 국가들 역시 각각의 개별성을 완벽하게 유지하는 상태로 인류로 수용될 수 있다. 이는 사실상 국가들이 서로 같지 않은 상태(불평등)에서 인류로 수용된다는 뜻이다. 그러나 이러한 불평등을 측정하고 각 국가가 인류 전체에서 지닌 가치, 세계사에서 수행하는 사명을 규정하는 일은 국가들이 공동으로 창설한 기관의 과제가 될 수는 없다. 이러한 조직의 형성 자체가 이미 각 국가의 가치와 사명에 대한 물음을 처리했음을 전제하기 때문이다. 이러한 평가와 규정은 국가들을 지배하도록 정립된 기관의 과제가 될 수 있을 뿐이다. 따라서 이 기관이 최상위의 세속권력인 국가들에 의해 임명될 수는 없기 때문에 이 기관은 오로지 신이 임명한 관리인 또는 신 자신에 의해 수행될 수 있을 뿐이다. 그러므로 초인격주의적 견해는 필연적으로 국가들의 상위에 있는 조직이 아니라 세계사에 대한 신의 심판, 즉 전쟁이라는 심판만을 인정하는 결론에 도달하지 않을 수 없다. 다시 말해 초인격주의는 국제법 공동체의 무정부 상태를 영속화하고, 이로부터 무정부주의가 개인들 사이의 무정부 상태로부터 도출하는 것과 똑같은 결론을 도출하지 않을 수 없다. 즉 개인의 구체적 개별성(이때 '신이 원하는 예속'에 대한 믿음은 없다)으로부터 법질서에 도달하는 길이 없듯이 국가의 구체적 개별성으로부터 법질서에 도달할 수는 없다. 그러므로 국제'법'을 부정하는 것은 초인격주의의 당연한 결론이다. 단호한 형태의 무정부주의가 계약의 구속력을 부정하는 것과 마찬가지로 초인격주의 역시 최소한 사정변경의 원칙을 인정함으로써 국제법적 조약에 따른 의무를 상당 부분 무력화할 수 있다. 국가들 사이의 평화 공동체는 슈티르너가 말하는 의미의 '이기주의자들의 단체'로서 오로지 상호 간의 이익을 통해서만 구속되고, 이 이익이 사라지면 곧장 해체된다. 이에 따라 전쟁 역시 '신의 세계질서를 구성하는 부분(몰트케)', '국가의 개념에 본질로 내재하는 것(라쏭)', '순수한 형태의 정치(트라이취케)'이며, 승리한 전쟁 자체는 전체 국가생활이 목표로 삼아야 할 사회적 이상(카우프만)이다.[32]

보수주의에 관한 이상의 서술은 이미 보수주의의 반대편인 개인주

32 이에 관해서는 *Erich Kaufmann*, Clausula rebus sic standibus, 1911; *Lasson*, Das Kulturideal und der Krieg, 1868; *Lourié*, Staat und Krieg, in: Logos, Bd. 3, 1912, S. 344 이하 참고.

의에 관한 서술도 상당 부분 포함했다. 따라서 이제부터는 개인주의가 다시 자유주의와 민주주의라는 두 가지 방향으로 구별되는 현상 및 이 구별의 기준에 관해서만 탐구하기로 한다. 자유주의와 민주주의의 구별은 오늘날 독일의 정당 시스템에서는 예컨대 민족자유당(Nationalliberale Partei)과 진보민중정당(Fortschrittliche Volkspartei) 사이의 구별에 해당한다. 이와 관련해서는 앞에서 보수주의에 관한 서술과는 거꾸로 이 두 개인주의적 집단이 다양한 정치적 요구로부터 시작해 각 집단의 세계관적 출발점으로 거슬러 올라가는 서술 방식을 취하겠다.[33]

민주주의는 다수 의지의 무조건적 지배를 원하고, 자유주의는 개인의 의지가 상황에 따라서는 다수 의지에 맞서 관철될 수 있어야 한다고 요구한다. 자유주의의 국가철학적 출발점은 인권, 기본권, 개인의 자유권이다. 이러한 권리들은 국가 이전의 자연적 자유의 표현으로서 국가 역시 절대적으로 존중되어야 한다고 본다. 왜냐하면 국가의 과제는 이러한 자유를 보호하는 것이고, 그런 한에서만 정당화될 수 있기 때문이다. "모든 정치공동체의 최종목적은 자연적이고 영원한 인권의 보존이다(1789년 프랑스 인권선언)." 그 때문에 1789년에든 1848년에든 모두 자유권의 확립이 헌법의 확인에 앞서 이루어졌다. 이에 반해 민주주의적 견해에 따르면 개인은 자신의 국가 이전의 자

33 이에 관해서는 *Stillich*, Die politischen Parteien in Deutschland II: Der Liberalismus, 1911; *Nelson*, Die philosophische Grundlagen des Liberalismus, in: Was ist liberal?, 1910; *Koigen*, Die Kultur der Demokratie, 1912; *Hasbach*, Die moderne Demokratie, 1912 참고. 이 밖에 민주주의와 자유주의에 대한 찬반 논거를 제시하는 정치적 저작인 *Schücking*, Neue Ziele der staatlichen Entwicklung, 1913; *Delbrück*, Regierung und Volkswille, 1914도 참고.

유 전체를 국가의지, 즉 다수 의지의 처분에 맡기고, 그 대가로 다수 의지의 형성에 참여할 가능성을 얻는다. 바로 이 점에서 옐리네크는 1789년의 인권선언이 루소의 민주주의 이론과 합치하지 않는다는 점을 분명하게 밝히고 있다.[34] 자유주의적 자유는 기본적으로 국가로부터의 자유이고, 민주주의적 자유는 기본적으로 국가에 대한 참여의 자유이다. 자유주의에서 국가로부터의 자유는 국가 이전의 불가침의 자유이고, 민주주의에서 자유는 국가가 부여하는 자유이다. 자유주의에서는 자유권의 형태로 국가활동에 외적 한계가 설정되고, 민주주의의 다수 절대주의에서는 국가 자신만이 이러한 한계를 설정할 수 있다. 하지만 다음과 같은 점에 주의해야 한다. 즉 자유주의와 민주주의에 관한 이 모든 문장은 자유권에 대한 이성적 정당화를 연구하는 법철학적 고찰에서만 타당할 뿐, 자유권의 실정법적 효력을 묻는 법학적 고찰에서는 타당하지 않다. 법학적 고찰에서 모든 법의 효력 근거는 곧 국가의지이고, 따라서 국가권력만이 자기 자신에 대해 한계를 설정할 수 있으며, 국가로부터의 자유는 오로지 국가에 의해 보장된 자유일 뿐 국가 이전에 이미 존재하는 자유일 수 없다.

자유주의와 민주주의는 이러한 기본적 관점의 차이로 인해 정치적 조직의 원칙 역시 완전히 다른 관점에서 출발한다. 이 점은 프랑스 혁명 자체와 그 이후의 시대가 제대로 이해하지 못한, 몽테스키외와 루소의 대립이라고 말할 수 있다. 즉 자유주의는 몽테스키외의 권력분립을 신봉한다. 권력분립의 의미는 절대주의의 두 후보자인 군주와

34 *Jellinek*, Die Erklärung der Menschen- und Bürgerrechte, 2. Aufl., 1904. 또한 *ders.*, Schriften und Reden II, 1911, S. 64 이하도 참고.

다수가 이들 사이에서 웃고 있는 제3자인 개인의 온전한 자유권을 위해 서로 대립하게 만든다는 데 있다. 이에 반해 루소의 민주주의는 권력분립을 배척한다. 왜냐하면 민주주의는 권력분립이 투쟁 대상으로 삼는 다수의 절대주의를 오히려 목표로 삼고 있기 때문이다. 심지어 '의회의 지배'에 대한 민주주의적 요구는 의회의 다수가 자신들의 손에 있는 입법권은 물론이고 행정까지 장악해 행정부처 역시 다수의 지휘에 따르도록 한다는 뜻이다. 그러나 의회의 다수가 국민 다수의 의지에서 멀어지는 상태가 발생할 수 있고, 이는 국민투표라는 민주적 제도를 통해 예방해야 한다.

자유주의와 민주주의의 차이가 특히 뚜렷하게 드러나는 측면은 자치행정에 대한 태도이다. 앞에서 보았듯이 보수주의는 개인을 지역 공동체 전체에 편입시켜, 간접적으로는 국가 전체에 편입시키기 때문에 자치행정을 높이 평가한다. 이와는 거꾸로 자유주의는 자치행정을 통해 지역 공동체의 활동 일부가 전체 국가에서 벗어나고, 이로써 자유주의가 개인과 관련해 추구하는 국가로부터의 자유가 개인들이 결합한 삶의 영역에서도 더욱 폭넓게 실현될 수 있도록 노력해야만 하기에 자치행정을 우호적으로 평가한다. 이에 반해 자치행정이라는 사고는 민주주의의 이념 세계와는 근본적으로 합치할 수 없다. 다수의 무제한적 지배를 국가의 본질로 여기는 민주주의의 관점에서 볼 때 지역 공동체의 행정을 지역의 다수에게 맡긴다는 것은 결국 국가의 다수 의지에서 벗어날 가능성을 인정하는 셈이기 때문이다. 따라서 예컨대 프랑스처럼 민주주의가 국가에서 다수의 절대주의를 관철한 곳에서 민주주의는 지방자치를 많든 적든 억압하게 된다. 물론 지역 공동체를 소규모 민주공화국으로 만드는 독일과 같이 민주주의가 아닌 국가에서는 지역 공동체를 소규모 민주주의 공화국으로 만드는 지방자치가 민주주의를 실현하기 위한 실마리로서 적극적으로 촉진되기도 한다.

이러한 정치적 차이의 배후에 어떠한 세계관적 대립이 감추어져 있는 것일까? 민주주의를 '좌파 자유주의'라고 지칭하게 되면 마치 좁은 의미의 자유주의와 정도의 차이가 있을 뿐이라는 잘못된 인상을 불러일으킬 수 있다. 극단적 형태의 민주주의인 사회주의와 극단으로 치달은 자유주의인 무정부주의 사이의 세계관적 대립을 상기한다면, 자유주의와 민주주의의 차이를 정도의 차이로 파악하는 것은 명백한 오류이다. 실제로 민주주의와 자유주의 사이에는 단순히 부르주아 민주주의와 사회주의적 민주주의 사이의 간격보다 훨씬 더 뿌리 깊은 세계관적 간격이 존재한다. 물론 자유주의와 민주주의는 모두 개인주의적 형태로서 개인을 전체 공동체 생활의 출발점이자 목적 주체로 삼는다는 공통점이 있다. 하지만 양자는 개인을 완전히 다른 방식으로 평가한다. 대수학(Algebra)적으로 표현한다면, 민주주의는 개인에게 유한한 가치를 부여하고, 자유주의는 개인에게 무한한 가치를 부여한다. 다시 말해 민주주의에서 개인의 가치는 얼마든지 산술적으로 계산할 수 있고, 이에 따라 다수에 속하는 개인들의 가치가 소수에 속하는 개인들의 가치보다 더 높은 반면, 자유주의가 전제하는 개인의 무한한 가치는 개념 필연적으로 설령 압도적으로 많은 다수의 가치 내용일지라도 개인의 가치를 압도할 수 없다. 이처럼 개인이 갖는 가치가 서로 다른 이유는 아마도 민주주의와 자유주의가 전제하는 윤리적 가치개념의 구조가 다르기 때문인 것 같다. 자유주의에서 윤리적 가치는 그것이 '성자'이든 '초인'이든 모든 사람에게 똑같이 타당하고, 특정한 내용을 지닌 모범으로 여겨진다. 마치 이론적 영역에서 다수의 견해가 존재한다는 것은 곧 다수의 착오가 존재한다는 뜻이고, 진리는 언제나 단 하나만이 존재하는 것과 마찬가지로 윤리의 영역에서도 다수의 개별성이 존재한다는 것은 곧 다수의 윤리적 오류가 존재한다는 뜻이고, 다수의 오류는 윤리적 완벽성을 통해 불식되지 않을 수 없다. 바로 그 때문에 모두에게 똑같이 타당한 이러한 윤리적 완벽성이 원칙적으로 개별적인 개인을 통해 완전히 충족될 수 있고, 각 개인은 완벽하고 더 이상 능가할 수 없으며, 그 때문에 무한한 윤리적 가치를 실현할 소명을 지니고 있다. 이에 반해 민주주의에서 윤리적 가치는 이 가치가 극도로 다양한 개인들에게 적용됨으로써 비로소 내용을 얻게 되고, 각각의 개인마다 다른 내용을 갖게 된다.

> 그 누구도 다른 사람과 똑같지 않지만, 누구나 최상의 상태에 도달할 수 있다! 어떻게 도달할 수 있단 말인가? 각자가 자신을 완성함으로써!

이 말은 결코 윤리의 보편적 타당성을 포기하고, 개인만큼이나 많은 숫자의 윤리가 존재한다는 주장이 아니다. 다시 말해 각 개인이 특수한 규범 원천이라는 뜻이 아니라 단지 보편타당한 윤리에 포섭되는 특수한 사례라는 뜻이다. 따라서 똑같은 윤리적 규범이 모든 사람의 양심에 말을 걸고, 단지 이 윤리적 규범이 적용되어야 할 각자의 양심에서 다른 성격의 사안으로 등장할 따름이다. 그러므로 윤리적 규범을 각자에게 적용하면 각자마다 다른 요구를 낳긴 하지만, 언제나 똑같은 필연성을 갖고 요구가 제기되며, 이러한 필연성에 힘입어 똑같은 대전제로부터 다양한 소전제를 거쳐 극히 다양한 결론들이 도출되는 것이다. 물론 인간이 근본적으로 선하다고 믿으면서 "너 자신이 되어라!"라는 윤리적 규범을 표명할 수도 있고, 인간의 원죄를 믿으면서 "너 자신이 되지 말라!"라는 윤리적 규범을 표명할 수도 있다. 하지만 어느 경우든 똑같은 윤리적 규범으로 도출되는 규범적 요구가 이 규범이 지향하는 다양한 심리적 존재를 통해 극히 다양하게 규정되는 과정을 거친다. 예컨대 강자에게는 관대함을 명령하고, 유약한 자에게는 단호함을 명령한다. 이러한 견해에 따른다면, 개인의 개별성은 결코 부정적으로 평가되지 않으며, 오히려 윤리적 세계가 끝없이 번성할 수 있게 만드는 요인으로 평가된다. 즉 윤리적 규범이 최대한 충족되기 위해서는 최대한 많은 숫자의 개인이 필요하고, 수많은 개인의 다양성 속에서만 윤리적 규범이 충족될 수 있는 무한한 다양성이 확보될 수 있으며, 소수의 개인보다는 다수의 개인에 의해 비로소 윤리적 규범이 충족되는 다양한 형태가 발산할 수 있다.

서로 다른 목소리들이 더 많이 울려 퍼질 수 있을수록 노래도 그만큼 더 아름답게 들리기 마련이다.

노래가 더 아름답게 들리는 것일까? 가치는 개개의 목소리가 아니라 이 목소리들이 결합해 함께 어울리는 전체 속에 깃든 것이 아닐까? 독자들은 앞으로 내가 민주주의를 개인주의적 국가관으로부터 온근

슬쩍 초인격주의적 국가관으로 바꾸어 민주주의를 신비화하는 잘못을 범하는 것을 용서해 주기 바란다. 하지만 이렇게 해야만 민주주의가 개인주의와 초인격주의를 가르는 날카로운 칼끝 위에 서 있다는 사실을 가장 잘 보여줄 수 있다고 생각한다. 윤리적 가치가 개별적 개인에서 완전히 발현되는 것이 아니라 수많은 개인성을 통해 비로소 충족될 수 있다고 말한다면, 이는 이미 윤리적-개인적 가치의 바탕에는 초개인적 전체가 기반으로 삼는 가치, 즉 초인격주의적 가치가 어떤 식으로든 자리 잡고 있다는 뜻이다. 물론 민주주의적 고찰 방식에서도 어떤 조화에 대해서는 묻지 않은 채, 단순히 다수의 윤리적 개별성이 공존한다는 식으로 개인주의적 사고를 펼치는 것도 가능하다. 앞의 예를 유지하자면, 불협화음을 의식하지 않은 채 목소리의 차이를 그대로 인정하는 것도 얼마든지 가능하다. 이러한 태도가 오늘날의 문화에 어떠한 문화적 결과를 낳는지를 분명히 보여준다는 의미에서는 이런 예를 들 수도 있다. 즉 매우 현대적인 빌라 건축이 들어선 도시지역에는 건물 하나하나가 독특한 아름다움을 간직하고 있지만, 그렇다고 해서 도시 전체의 모습을 파괴하는지는 크게 신경 쓰지 않는다. 그러나 민주주의에 대한 이러한 개인주의적 해석과는 반대로 민주주의는 예컨대 민족주의와 같은 초인격주의적 평가와도 얼마든지 결합할 수 있다. 라마르세예즈를 합창하며 진군하는 혁명군, 바울교회의 민주주의자들, 가리발디와 라쌀레 그리고 무엇보다 그리스의 폴리스를 생각해 보라. 이 점에서 민주주의가 추구하는 초인격주의적 가치는 보수주의가 지향하는 초인격주의적 가치와는 다른 것일 수밖에 없다. 민주주의가 추구하는 초인격적 가치는 사회적 권력가치가 아니라 — 이제 남아 있는 것은 이것밖에 없다 — 작품가치, 즉 문화가치이다.

이로써 우리는 지금까지 뒤로 미루어 놓았던 세 번째 견해를 논의해야 할 지점에 도달했다. 즉 법과 국가에 관한 세 번째 견해는 객관적 문화를 지향하고, 이 점에서 역시 초인격주의를 지향하는 견해로서 앞에서 설명한 두 가지 견해의 중간에 위치한다고 평가할 수 있다. 물론 오늘날 객관적 문화를 최고 목적으로 삼는 국가는 없으며, 이러한 견해를 국가에 강요하려고 노력하는 정당도 존재하지 않는다. 그 때문에 이 견해가 조직적 차원에서 어떠한 결과를 낳는지는 예컨대 대학의 조직과 같이 국가 내에서 문화를 생산하는 공동체들의 조직이나 군대나 관료제처럼 객관화할 수 있는 성과를 목적으로 창설된 사회적 구성체에 비추어서만 연구할 수 있다.

모든 초인격적 목적설정은 개인의 존재 자체와 개인이 가진 모든 것, 즉 독특한 구체적 개별성까지도 이 목적설정에 봉사하도록 만든다는 점은 앞에서 이미 충분히 밝혔다. 하지만 이 초인격적 목적이 권력 목적인지 문화 목적인지에 따라 커다란 차이가 있다. 즉 개인의 개별성이 국가의 권력이라는 목적에 참여하는 경우와는 달리 민족의 문화에 참여할 때는 완전히 다른 측면의 개인적 특성과 훨씬 더 많은 속성이 민족문화에 봉사하게 된다. 따라서 이 세 번째 국가관에 따를 때 비로소 구체적 개인의 개별성이 공동체의 목적에 완벽하게 봉사하도록 만들 수 있다.

이 밖에도 구체적 개별성에 초점을 맞춘 모든 견해는 개인을 같지 않게(불평등하게) 취급해야만 한다는 점도 앞에서 이미 밝혔다. 즉 구체적 개별성을 착취하면 할수록 더욱더 같지 않게 취급하지 않을 수 없다. 따라서 민족의 문화라는 기준에 따른다면 국가의 권력이라는 관점에 따를 때보다 개인들이 지닌 가치의 차이가 훨씬 더 뚜렷하게 드러난다. 예컨대 귀족과 부르주아, 부자와 가난한 자 사이에는 분명 천재와 바보 사이처럼 중간에 다시 여러 단계가 자리 잡지는 않는다. 그리고 정신의 귀족주의는 출생의 귀족주의보다 훨씬 더 많은 단계로 구성되어 있다. 그러므로 작품에 초점을 맞추는 조직은 언제나 귀족주의적이었으며, 예컨대 도제-장인-명장과 같은 등급은 이러한 조직의 전형적 특성에 속하고, 학위의 등급이나 군대의 계급 또는 공무원의 위계질서도 여기에 속한다.

공동체가 귀족주의적 계층화로 구성된 곳에서 계층들 상호 간의 관계는 지배-피지배 구조를 갖는다. 상위계층은 하위계층의 대표자가 아니고, 하위계층은 상위계층의 충원이 이루어지는 일종의 저장고이며, 상위계층으로 상승하기 위해서는 당사자의 의지가 아니라 상위계층의 의지가 중요하다. 예컨대 이미 명장인 자만이 누가 명장이 될 자격이 있는지를 평가할 수 있다. 이 점에서도 문화 목적을 지향하는 국가관과 권력 목적을 지향하는 국가관은 커다란 차이가 있다. 이 차이는 정신의 귀족주의와 출생의 귀족주의 사이의 차이처럼 분명하게 드러난다. 즉 국가의 권력 목적을 위해서는 다른 모든 속성에 앞서 개인이 아니라 오랜 세월에 걸쳐 세대에서 세대로 이어지는 가족이 획득할 수 있는 속성이 훨씬 더 중요하다. 예컨대 전통적인 애국심과 부의 상속과 같이 조상과 후손을 잇는 국가생활의 연속성을 보장하고, 이로써 격변이 발생할지라도 힘을 상실하지 않도록 예방해 주는 장치가 중요하다. 그 때문에 권력국가에서는 신분질서가 폐쇄성을 갖고, 하위계층으로부터의 충원을 꺼린다. 이에 반해 정신의 귀족주의는 벼락부자와 같은 개념을 알지 못하고, 어떤 측면에서는 진정한 의미에서 '출생의 귀족주의'이다. 물론 여기서 '출생'이라는 단어는 '우리 인간과 함께 태어난 권리', 천재와 재능 있는 자의 권리를 염두에 둔 것이지, 단순히 세습된 권리를 염두에 둔 것이 아니다. 따라서 문화공동체는 개인을 단순히 공동체, 가족, 신분의 구성원이 아니라 독립된 개인으로 여기고, 개인들의 위계질서는 오로지 순수한 개인적 속성을 기준으로 언제든지 새롭게 형성될 수 있다. 이와 같은 비역사적이고 원자주의적인 출발점을 통해 우리의 논의는 이제 문화에 대한 견해가 권력사상으로부터 가장 멀리 떨어져 단호하게 개인주의적 사고로 넘어가는 지점에 도달하게 된다. 물론 문화 중심의 견해는 개인의 개별성과 불평등성(같지 않음)을 강조하고, 이 점에서 귀족주의적 성격을 지니고 있으므로 완벽한 의미의 개인주의적 사고에 도달할 수는 없다.

역사에서 객관화한 문화가 생성한 최상의 성과에 도달했던 곳에서는 언제나 앞에서 서술한 의미의 귀족주의적 개인주의를 찾아볼 수 있다. 노예제도를 토대로 삼은 그리스 폴리스와 적어도 플라톤의 사고를 통해 완성된 철학자의 지배, 즉 정신의 귀족주의가 그러한 예에 속한다. 그 때문에 트라이취케는 그리스 국가를 의식하면서 국가에 대한 문화적 사고의 필연적 결론을 "수천 명이 연구하고 그림을 그리며 시를 지을 수 있으려면 수백만 명이 밭을 갈고 쇠를 녹이고 대패질을 해야 한다"라고 말하거나 더 극단적으로는 "페이디아스의 조각상 하나는 수백만의 고대 노예들이 겪은 고통보다 훨씬 더 높은 가치가 있다"라고 말하기도 한다. 고대 이후 중세의 도시에서는 동업자조합이 결성되었고, 이 조합의 구조 역시 귀족주의적 개인주의의 전형에 해당한다. 하지만 이 귀족주의적 개인주의의 맥락에서 가장 거대하고 찬란한 사례는 가톨릭교회 자체와 가톨릭교회가 주장했던 중세적 세계의 조직이다.[35]

보수주의 국가관과 자유주의 국가관을 구별하는 특성은 가톨릭 교회관과 프로테스탄트 교회관을 구별하는 특성이기도 하다. 즉 프로테스탄티즘에서 교회는 단지 종교적으로 가치를 지닌 유일한 측면이 개인의 영혼을 구원하기 위한 수단일 따름인 반면, 가톨릭에서 교회는 그 자체 성스러운 것이고, 초인격주의적인 종교적 고유가치를 담고 있다. 그리고 프로테스탄티즘에서 교회는 신이 개인에게 부여한 종교적 목표에 도달하기 위해 인간이 만든 합목적성 제도인 반면, 가톨릭에서 교회는 종교적 필연성이다. 즉 신은 개별 그리스도인의 삶을 위해 규범을 제정하는 데 그치지 않고 그리스도인 공동체에 대해서도 하나의 질서를 지시해 놓았고, 이 질서는 개인이 종교적 소명을 다하도록 교육하고 지원할 뿐만 아니라 개인이 수행하는 모든 것과는 무관하게 종교적 고유가치를 지니고 종교적 자기목적을 갖는다고 한다. 더 나아가 가톨릭교회를 그리스도의 육신으로 파악하는 견해에서는 초인격주의적 국가관에서 흔히 등장하는 유기체의 비유까지 재등장하기도 한다. 이와는 반대로 프로테스탄트 공동체에서는 청교도의 계

---

35 이하의 서술에 관해서는 *Gierke*, Genossenschaftsrecht III, 1881, S. 510 이하(중세의 공적 질서에 관한 이론); *van Eicken*, System der mittelalterlichen Weltanschauung, 1887; *Tröltsch*, Die Soziallehren der christlichen Kirchen und Gruppen(Gesammelte Schriften I), 1912; *Voßler*, Die göttliche Komödie I, 2: Ethischpolitische Entwicklungsgeschichte, 1907 참고.

약론을 통해 사회계약과 관련된 개인주의적 사고가 정치적으로 커다란 영향력을 발휘하기도 했다.[36]

가톨릭교회와 보수주의 국가관의 유사성 그리고 프로테스탄트 교회와 자유주의 국가관의 유사성은 이 서로 대립하는 관점으로부터 도출되는 결론에서도 계속 이어진다. 가톨릭의 교회관은 말 그대로 '보수적'이다. 즉 신이 명령한 교회법은 불변의 것으로 남아 있어야 하고, 새로운 교리는 새로운 확정이 아니라 대다수 사람이 의식하지 못하거나 잘 알지 못했을 뿐 처음부터 타당했던 종교적 진리를 새롭게 확인한 것일 따름이다. 이에 반해 프로테스탄트 교회관은 '진보적'이다. 즉 이 교회관은 신의 명령을 통해 확정된 것이 아니라, 인간의 목적설정에서 비롯된 조직원칙으로서 시대의 변화에 얼마든지 적응할 수 있다. 더 나아가 국가의 영역에서와 마찬가지로 교회의 영역에서도 개인주의적 견해는 공동체적 조직을, 초개인주의적 견해는 지배조직을 강화하는 방향으로 작용한다. 즉 프로테스탄트 교회에서는 신도들이 장로나 신도회 중심으로 교회의 조직과 운영에 민주적으로 참여하는 것이 가능한 반면, 가톨릭교회는 엄격한 신정주의적 구조, 즉 신도들의 참여가 없이 이들을 지배하는 위계질서가 확립된다. 이 점에서 프로테스탄티즘은 자유주의와 똑같이 추상적 개인 개념을 전제하고, 이에 반해 가톨릭은 보수주의와 마찬가지로 개인의 구체적 개별성을 전제한다. "누구나 사제가 될 수 있다"라는 프로테스탄트 사상, 즉 성직자와 평신도의 차이는 단지 인간의 합목적성 고려에 따라 이루어진 분업일 뿐 성령과 관련된 종교적 차이가 아니라는 교리는 신의 축복

36 이에 관해서는 *Jellinek*, Allgemeine Staatslehre, 3. Aufl., S. 149, 510 이하 참고.

을 받을 수 있는 인격화된 능력을 전체 교회구조의 출발점과 목적 주체로 삼는다. 이는 자유주의가 국민을 단순히 윤리를 실현할 수 있는 인격화된 능력, 즉 인격화된 자유로 파악하는 것과 똑같다. 두 경우 모두 개인을 구체적인 개별성을 고려하지 않고 개인이 될 수 있는 추상적 능력으로 파악하기 때문에 모든 개인의 평등을 요구하지 않을 수 없다. 이에 반해 가톨릭은 보수주의와 마찬가지로 온갖 특성을 가진 구체적 개인을 전체에 봉사하게 만들고, 각자에게 각각의 방식에 따라 각자의 특수한 지위를 부여한다. 두 경우 모두 구체적 개별성을 고려함으로써 개인의 불평등에 기초해 사회질서 전체를 신분질서 중심으로 계층화하도록 유발한다. 이 계층화는 가톨릭교회에 너무나도 깊이 뿌리박고 있어서 중세에는 계층화를 전제하지 않고서는 천국을 생각조차 할 수 없을 정도였고, 천사들 나라의 신분질서 구조를 너무나도 섬세하게 상상해 이를 지상의 기독교인들이 만들어야 할 신분질서의 모범으로 삼을 정도였다.[37] 하지만 바로 이 지점에서 가톨릭 교회관과 보수주의 국가관 사이의 차이점이 드러난다. 즉 역사상 존재한 국가의 권력과 영광 이외에는 다른 척도를 알지 못하는 보수주의 국가관에서는 역사적으로 전승된 출생 신분의 불평등을 '신이 원하는 예속'으로 절대화하는 방법밖에 없는 반면, 가톨릭교회는 초역사적인 종교적 척도를 사용하기 때문에 출생 신분의 우연성과는 극단적으로 다른 신분질서의 기준을 제시할 수 있다. 즉 타고난 신분과 선택한 신분을 엄격히 구별한다. 따라서 출생 신분이 낮더라도 평신도에서 성

---

37 이에 관해서는 *Vallentin*, Der Engelstaat, Grundrisse und Baustein zu Ehren G. Schmollers, 1908, S. 41 이하 참고.

직자가 되는 데는 아무런 장애가 되지 않으며, 교회에서 봉직하는 성직자가 수도원의 성직자가 되어 현세에서 신 앞에 가장 가까이 다가가는 것도 얼마든지 가능하며, 성직자들의 위계질서 내에서도 어떠한 단계에나 도달할 수 있는 개방성을 드러낸다. 이렇게 해서 모든 법적 구조 가운데 가장 경탄을 자아내는 법적 구조인 가톨릭교회는 극히 절대주의적임에도 불구하고 이와 동시에 민주주의적 성격을 간직하고 있다. 더 나아가 개인들은 국가의 권력 목적과는 극히 단조로운 관계만을 맺는 반면, 교회의 종교적 목적과는 매우 다양한 방식으로 관계를 맺을 수 있다. 그 때문에 가톨릭교회에서는 개인의 개별성이 남김없이 고려되지만, 국가에서는 그렇지 않다. 적어도 중세 가톨릭교회의 종교적 목표에서는 문화 전체가 이 목표를 실현하기 위해 극도로 다양한 과제를 담당했다. 즉 예술과 학문 모두 똑같이 종교를 지향했고, 그 자체 신에 대한 경배와 기독교적 삶의 작품으로 여겨졌다. 그 때문에 노발리스가 그의 단편『유럽 또는 기독교』에서 그랬던 것처럼 최근에는 클로델Paul Claudel이 신비주의 저작『신의 말씀』에서 중세 가톨릭의 '사회적 사상'을 놀라울 정도로 분명하게 확인하고 있다. "기독교 국가는 결코 예속적 공포로 가득 찬 국가가 아니라 누구나 자신의 권리가 있고 놀라운 다양성 속에서 자신을 발현해 사람의 작품이 완성되게 만드는 국가이다." 따라서 중세의 기독교 조직은 — 이상형적으로 고찰하면 — 문화에 지향된 사회적 사상이라는 우리가 다루는 세 번째 견해를 실현한 가장 위대한 조직이라는 점을 의심할 이유가 없다. 이 점은 가톨릭과 프로테스탄트의 대립을 순전히 종교적 관점에서만 서술해도 분명히 드러난다. 즉 종교적 가치를 '신법의 작품'으로 객관화할 수 있는지 아니면 '오로지 믿음을 통해서만' 인격화할 수 있는지의 물음만으로도 이미 가톨릭의 교회조직이 초인격적 작품가치를 지향하고 있음을 분명히 확인할 수 있다.

중앙당(Zentrumspartei)을—당 자체는 이를 부정하지만—가톨릭교회의 정치조직으로 고찰해도 좋다면, 중앙당은 작품문화에 지향된 국가 및 법의 이상을 표방하는 정당으로 볼 수 있다.[38] 그러나 작품문화의 직접적 실현은 교회가 담당하기 때문에 중앙당은 국가와 교회의 관계에 비추어 다시 국가를 평가해야 한다. 오늘날까지도 가톨릭교회와 국가의 관계는 '경멸, 존중, 상대적 승인이 뒤섞인 상태'이고, 가톨릭교회가 바라보는 국가는 세속 자체와 마찬가지로 선이자 동시에 악이다. 즉 때로는 국가를 원죄의 산물로 보기도 하고, 때로는 원죄를 치유하기 위한 수단으로 보기도 하며, 원죄의 치유 수단으로서 그 자체 다시 죄악의 영역에 깊이 발을 들이는 존재로 여겨진다(트뢸치). 가톨릭교회는 선한 심정을 지닌 국가를 '신의 관헌'으로 여기면서 국가가 봉사하는 교회의 초인격적 존엄을 나누어 갖는 것을 기꺼이 허용한다. 다른 한편 가톨릭 국가철학에서는 아우구스티누스의 시대 이후 교회에 적대적인 국가를 윤리적 가치로 충만한 신의 제국과는 어떠한 연관성도 없이 개인주의적 행복이라는 목적을 위한 단순한 도구, 즉 필요악, 단순한 인간의 작품 또는 심지어 사탄의 작품으로 지칭하는 확고한 전통이 존재한다. 이 점에서 보수주의 진영에서 사회주의 진영에 이르기까지 어떠한 정당도 변화무쌍한 정치의 무대에서 중

38 중앙당의 국가사상에 관해서는 *Freiherr von Hertling*, Recht, Staat und Gesellschaft (Sammlung Kösel); *Julius Bachem*(Hrsg.), Staatslexikon 참고.

앙당과 연합하지 않는 이유는 바로 이러한 측면에서 설명할 수 있을 것이다.

그렇지만 작품가치에 지향된 국가사상이 오늘날에는 왜 오로지 아무런 동경도 불러일으킬 수 없는 중세의 가톨릭 문화를 그저 회고적으로 사고할 능력밖에 없는 정당에 의해서만 표방될 뿐인지의 물음이 남는다. 이 물음에 대한 대답은 어렵지 않게 찾을 수 있다. 즉 가톨릭 문화가 작품문화에서 차지하는 의미를 판단하는 척도는 다른 어떤 불평등보다 인간의 불평등을 단호하게 부각하기 때문이다. 활동하는 인간의 사회적 가치와 세속의 운명에 관해 결정을 내리는 데는 학문과 예술이 절대적으로 중요한 것은 아니기 때문에 앞에서 "페이디아스의 조각상 하나는 수백만의 고대 노예들이 겪은 모든 고통보다 더 높은 가치가 있다"라는 트라이취케가 써놓은 문장을 읽으면 누구나 흥분을 감추지 못할 것이다. 이 점에서 작품문화는 종교적 세계상과 결합할 때만 인간 가치의 척도가 될 수 있다. 이는 두 가지 이유 때문이다. 첫째, 학문과 예술은 이를 — 이미 우리가 알고 있듯이 두 가지 가치 속성의 옷을 입힘으로써 — 동시에 종교적 가치, 즉 신에 대한 경배로 파악하면 더 높은 존엄성과 품위를 얻게 된다. 이때는 세속적 기준이 결정적인 의미를 지니는 것이 아니라 신 자신이 인간의 능력을 가늠하는 저울을 손에 쥐고 있다. 둘째, 종교적 세계상에서는 인간이 지닌 가치의 이러한 차이가 결코 종국적인 차이가 아니다. 종교적 태도가 모든 가치의 차이를 극복하고, 가치와 반가치의 대립을 폐기하며 모든 존재자를 똑같이 긍정하는 데 있다는 점은 앞에서 이미 밝혔다. 실제로 중세의 세계관에서는 극히 역설적이게도 신분의 차이를 피안의 세계까지 확장하면서도, 다른 한편으로는 모든 인간의 현세적 평등을 종국적으로 강조하는 것을 찾아볼 수 있다. 죽음의 무도(Totentanz)와 세계법정에 대한 묘사에서 드러나듯이 인간의 삶에 대한 이러한 감정은 중세의 세계관을 예술적으로 표현한 것이다. 중세가 모든 잔혹성에도 불구하고 원죄를 지은 인간들에게 사회에서의 적극적 지위도 인정함으로써 보여주었던 아름다운 인간성 역시 이러한 세계관의 사회적 표현이다. 예컨대 하녀들은 한편으로는 사회에서 배척되면서도, 다른 한편으로는 조합조직을 통해 다시 사회와 결합하고, 이들을 '가난하고 남루하며 유약하고 시류에 휩쓸리는 여인들'로 지칭하면서 깊은 연민을 드러내기도 한다. 잔인하기 그지없는 카롤리나 형법전도 처형될 범죄자를 '불쌍한 자'라는 용어로 표현하는 연민을 드러낸다. 죄인에 대한 이러한 연민이 회개한 죄인에 대한 극적인 사랑으로 전환될 수 있다는 점은 1842년에 교회국가에서 행해진 처형에 관한 서술이 잘 보여주고 있다.[39] 그 자체 저주받아 마땅한 욕망을 카니발 기간에는 어느 정도 용인하는 교회력의 제도 역시 사회적 영역에서 표현된 인간에 대한 연민에 해당한다. 그리고 형이상학적 영역에서는 사탄이 기이할 정도로 이중적 지위를 갖는다는 점도 확인할 수 있다. 즉 사탄은 세속적 세계의 군주로서 신의 끔찍한 적대자인데도 신의 왕국에서 완전히 배제되는 것이 아니라, 이 왕국에서 언제나 무언가 농담과 같은 역할, 즉 결과적으로 보면 언제나 엉뚱한 역할을 한다.

39 *Krauß*, Im Kerker vor und nach Christus, 1895, S. 195 이하. 하녀들에 관해서는 *Bücher*, Die Frauenfrage im Mittelalter, 1882, S. 44 이하 참고.

우리 시대에는 작품가치에 존엄성과 품위를 부여하고, 이를 인간 가치의 척도로 삼으며, 인간 가치의 차이를 궁극적으로 폐기하는 종교적 세계상이 붕괴했다. 그리하여 우리는 작품문화를 지향하는 사회적 이상을 가지고 있지 않고, 통일적인 작품문화 자체도 가지고 있지 않다. 하지만 앞으로도 영원히 이 상태가 계속되지는 않을 것이다. 개인주의 시대가 점차 종말을 향해가고 있고, 개인주의 시대가 교만하게도 단순히 '중세'로 지칭하는 시대만이 아니라 개인주의 시대 자체도 과도기에 해당하며, 이 점에서 개인주의 시대는 과거의 초인격주의적 작품문화의 시대에서 새로운 초인격주의적 작품문화의 시대로 전환하는 과도기라는 사실을 보여주는 세 가지 징후를 언급할 수 있다. 첫 번째 징후는 미학적 열망이다. 즉 아무런 독특한 양식도 보여주지 못하는 우리 시대의 인격주의에서 벗어나 개인의 자의를 억제하는 새로운 엄격성이 탄생하고 있다. 둘째, 프롤레타리아 대중운동은 강력한 공동체 감정을 지니고 있어서 언젠가는 초인격주의적 문화이념이 발산하게 될 것이다. 셋째, 우리의 기술과 경제가 겪은 비약적인 발전과 특히 프롤레타리아 대중운동에서 이미 잠재적으로 작용하는 종교적 감정 — 이는 극단적으로 현세적인 종교이다 — 을 더욱 분명하게 드러내려는 수줍은 시도(특히 에밀 페어헤렌Emile Verhaeren의 시도)가 있다. 물론 이 세 가지 추동력이 서로 맞물려 작품을 완성할 때까지는 사회적 삶을 문화작품에 지향하게 만들려는 모든 시도는 가망이 없는 시도가 될 것이다.[40]

40 개인주의에서 벗어나려는 오늘날의 경향에 관련된 예로는 *Staubinger*, Individuum und Gemeinschaft in der Kulturorganisation des Vereins, 1913와 *Alfred Weber*가 쓴 이 책의 서문; *Chatterton-Hill*, Individuum und Staat, 1913 그리고 — 나의 이 책이 마감된 이

사회주의가 법철학적 정당이론의 도식에서 어디에 위치하는지를 확인하는 데는 상당한 어려움이 따른다. 더욱이 사회주의 내에서도 개량주의와 극단주의 사이의 대립이 존재하기 때문에 어려움이 배가 한다. 사회주의가 주어진 상황에서 실천적으로 작용하고자 한다면, 사회주의 스스로 자신을 정당의 도식에 편입시켜야 한다. 물론 이 도식의 분류와 관련된 기본원칙이 잘못이라고 보는 것 역시 사회주의의 본질에 속한다. 그렇지만 개량주의는 개인주의와 초개인주의의 대립에서 전자를 더 강조하고, 극단주의는 후자를 더 강조한다. 개량주의의 견해에 따르면 사회'민주주의'는 민주주의의 일종으로 국가의 목적이라는 문제와 관련해서는 부르주아 민주주의와 의견이 일치한다. 즉 개량주의는 '사회주의'라는 명칭을 달고 있긴 하지만 그 출발점은 개인주의이고, 다만 초인격주의로 전환될 성향이 내재해 있다. 다시 말해 개인주의적 목적에 도달하는 데 필요한 경제정책적 수단의 종류와 기준의 측면에서만 초인격주의와 합치하지 않을 뿐이고, 그 때문에 부르주아적 요소와 사회주의적 요소를 동시에 포함하는 포괄적인 민주주의와 이보다 더 포괄적인 '거대 블록'에 편입되는 것에 딱히 거부감을 보이지 않는다. 이에 반해 극단주의적 견해에 따르면 사회주의는 다른 모든 부르주아 정당에 대해서와 마찬가지로 부르주아적 민주주의에 대해서도 적대감을 보인다. 즉 모든 부르주아 정당은 극단주의적 사회주의에서는 거대한 반동 집단일 따름이다. 따라서 이 견해에 따르면 사회주의에 대해 전통적인 정당 도식에서 한 자리를 차

후에 출간된 — *Carl Schmitt*, Der Wert des Staates und die Bedeutung des Einzelnen, 1914 참고.

지하게 만드는 것은 마치 악보에서 색감과 냄새를 찾는 것처럼 불가능한 일이다. 각각의 기본원칙이 완전히 다르기 때문이다. 즉 전통적인 정당 도식은 법철학적 기준에 기초하지만, 사회주의는 학문적 가치와 정당을 형성하는 법철학적 능력 자체를 부정한다. 그 때문에 극단주의적 사회주의에서는 법철학이 존재하지 않으며 오로지 경제철학만이 존재한다.

물질주의적 역사관(유물사관) — 이 견해의 방법론에 대해서는 이미 다른 맥락에서 다루었고(16면 이하), 따라서 여기서는 이 견해의 내용에 비추어서만 논의한다 — 은 법과 국가가 그때그때 존재하는 경제구조의 상부구조일 뿐이라고 가르친다. 따라서 법과 국가는 각각의 경제구조에 순응할 가능성과 과제만을 가질 뿐이다. 그리하여 자본주의적 법질서나 사회주의적 법질서와 같이 극히 다른 법질서도 각각의 경제구조에 부합하는 이상 모두 좋은 법질서이고, 따라서 정의라는 가치의 대상은 언제나 특정한 경제구조와의 관계에서만 평가할 수 있는 법질서가 아니라 바로 이 경제구조 자체이다. 이 점에서 오늘날 법철학이라는 이름을 달고 수행되는 이론들은 자본주의적 경제질서의 이데올로기적 허상에 불과하고, 그 때문에 현재의 법철학에 대한 극단적 비판은 법철학이 아니라 오로지 경제철학으로서만 이루어질 수 있다. 이로써 이 극단적 비판은 부르주아 법철학의 배후에 감추어진 경제적 이상을 폭로하고, 이 이상에 맞서 다른 경제적 이상을 제기한다.

흥미롭게도 물질주의적 법사상과 여기에 반대하는 법사상 모두 법과 경제의 관계와 관련해서는 똑같은 용어를 사용한다. 즉 양자 모두 법을 경제의 형식으로 지칭한다. 하지만 그 의미는 완전히 다르고, 어쩌면 극단적으로 대립한다고 말해야 옳다. 그 때문에 양자의 법사상을 둘러싼 논쟁에서 많은 혼란과 착오가 발생하는 경우가 많다.[41] 형식은 형태화하는 형식으로 이해할 수도 있고 형태화된 형식으로도 이해할 수 있다. 다시 말해 소재를 압박하는 형식일 수도 있고, 소재가 수용하는 형식일 수도 있으며, 가장 근본적인 본질일 수도 있고 단순히 외적 현상일 수도 있다. 테오도르 스톰Theodor Storm은 형식을 둘러싼 이러한 대립과 모순을 다음과 같이 간결하게 표현한다. "형식은 황금이라는 내용물을 쏟아붓는 황금 조각상이다." "형식은 생생한 몸뚱이를 감싸고 있는 윤곽일 따름이다." 두 번째 의미의 형식, 즉 우리의 육신의 형식이라는 의미의 형식이 곧 물질주의적 역사관에서 법을 경제의 '단순한 형식'으로 규정할 때의 형식이다. 이에 반해 물질주의에 반대하는 이론에서 형식은 첫 번째 의미의 형식, 즉 조각상이라는 의미의 형식이다. 이 정도의 설명만으로 전통적인 법철학적 견해에서도 법이 경제를 아무렇게나 무시하거나 제멋대로 취급하지는 않으며, 어디에서나 소재가 형식에 영향을 미치고, 형식은 언제나 특정한 소재를 위한 형식이라는 점을 충분히 알 수 있다. 마치 예술가의 똑같은 생각도 소재가 대리석인지 청동인지에 따라 '소재에 걸맞게' 다른 형상으로 구현되듯이 똑같은 법이념을 서로 다른 경제구조에 적용하면 완전히 다른 법질서가 형성된다.[42] 하지만 그렇더라도 지배적인 법철학

---

41 이에 관해서는 *Max Weber*, Rudolf Stammlers 'Überwindung' der materialistischen Geschichtsauffassung, in: Archiv für Sozialwissenschaft und Sozialpolitik, Bd. 6, 1907, S. 116, 117 참고. 이 논문은 *Stammler*, Wirtschaft und Recht nach der materialisitschen Geschichtsauffassung, 2. Aufl., 1906에 대한 자세한 논박을 여기서 수행할 필요가 없게 만든다. 슈타믈러에 대한 또 다른 반론으로는 *Max Adler*, Marxistische Probleme, 1912, S. 214 이하도 참고.

42 이에 관한 섬세한 설명으로는 *Eugen Huber*, Über die Realien der Gesetzgebung, in:

적 이론은 법이 경제를 지배한다고 주장하고, 이에 반해 물질주의적 역사관은 법은 오로지 경제에 봉사할 뿐이라고 주장한다는 사실에는 아무런 변화가 없다. 법이 경제를 규정하는지 아니면 경제가 법을 규정하는지, 정의라는 가치가 법을 직접적 기반으로 삼는지 아니면 경제를 직접적 기반으로 삼는지, 사회철학의 일차적 대상은 법인지 아니면 경제인지 등의 물음은 명백히 법이 격변을 겪는 원인에 대한 경험적-역사적 연구에 비추어 대답해야 하지만, 이러한 연구 역시 아직껏 명확한 결론에 도달하지 못하고 있다.[43] 그러나 우리가 지금 여기서 전개하는 것과 같은 개인, 사회 그리고 문화의 관계에 대한 논의의 타당성 자체가 그러한 연구 결과의 영향을 받지는 않을 것이다. 왜냐하면 이 논의는 특별히 법철학적이거나 특별히 경제철학적인 논의가 아니라 매우 일반적인 사회철학적 성격을 지니고 있어서, 모든 법철학과 경제철학의 서론 격에 해당하기 때문이다.

Zeitschrift für Rechtsphilosophie in Lehre und Praxis, Bd. 1, 1913, S. 39 이하 참고.

43 하지만 이 물음과 관련된 탁월한 논문인 *Josef Karner*(필명은 Karl Renner), Die soziale Funktion der Rechtsinstitute, in: Marx-Studien, Bd.1, 1904, S. 65 이하 참고.

제4장
법의 효력

법의 효력, 즉 법의 복종 요구와 법의 의무구속력에 대한 물음은 너무나도 다양한 의미를 지닌 채로 제기하고 대답한 나머지 서로 다른 문제 제기에 상응해 서로 모순되는 대답이 등장하는 현상은 문제 제기 자체를 충분할 정도로 섬세하게 구별하지 않았기 때문이라고 말할 수 있을 정도이다. 법효력의 문제가 등장하는 사고의 맥락은 법학, 법사회학, 법철학이라는 세 가지 맥락이라 할 수 있다.

1. 법학적 관점에서 법효력의 문제는 법의 효력을 법의 영역을 뛰어넘지 않고, 법규범의 효력을 언제나 다른 법규범에 기초하게 만들어야 할 과제를 제기한다. 따라서 법학은 행정명령의 효력을 법률에 비추어, 그리고 법률의 효력을 헌법에 비추어 판단해야 한다. 그렇다면 법학이 헌법의 효력까지 밝혀야만 하는 것일까? 이 경우 법학은 헌법의 효력을 국가의지에 기초한다고 말할 수 있지만, 이 국가의지의 효력은 법학이 법의 영역에만 머물러야 한다는 프로그램에 따라 다시 헌법에 기초한다고 말할 수밖에 없다. 바로 이 지점에서 법학적 고찰은 자신이 해결할 수 없는 문제에 봉착한다. 즉 국가가 법에 기초하는지 아니면 법이 국가에 기초하는지는 법학의 한계에 해당하는 물음이다. 이는 마치 성서의 효력이 신의 의지에 비롯된 것인지 아니면 신의

의지가 성서로부터 도출되어야 하는지의 물음의 거대한 순환에 봉착하는 신학의 한계 문제와 같다. 이미 앞에서(89면 이하) 밝혔듯이 법학적 고찰 방식은 법과 국가를 언제나 같은 실체의 두 가지 양태로, 다시 말해 규율하는 질서와 규율된 질서로서 서로서로 조건이 되고 반드시 함께해야 하는 것으로 파악하는 데 머물러야 한다. 즉 법과 국가는 자유롭게 떠다니면서도 오로지 자기 자신에만 기초하는 우주로서 자기 자신을 통해서만 정립되고 그 자체 근원적이고 주권적이며 절대적인 우주라고 생각해야 한다. 이 점에서 법과 국가의 성립과 존속 자체는 법적으로 구성할 수 없는, 법학을 초월하는 문제이다. 이는 마치 생명체의 최초 발생이 생물학을 초월하는 문제인 것과 마찬가지다. 따라서 법학은 어떤 법규범의 효력을 다른 법규범을 통해 설명함으로써 효력의 근거에 대한 물음에 대답할 수는 있지만, 법질서 전체의 효력에 대한 물음을 이런 식으로 대답할 수는 없다. 그 때문에 법질서 전체는 그 자체로 이미 효력을 갖는 것으로 인정해야만 한다. 하나의 목적을 위해 제정된 법은 단순히 이 목적의 타당성을 주장하는 데 그치지 않고 그 자체 무조건 적용되어야 한다고 주장한다. 즉 법은 자기 자신을 절대화한다. 법을 제정할 의무가 있는 입법자에게는 법의 수정이 적절할 수 있다. 이 점에서 입법자에게 해당하는 명령은 "하늘이 무너지지 않게 정의를 세우라!"이다. 이에 반해 제정된 법을 해석하고 적용하는 법률가에게 해당하는 명령은 "하늘이 무너져도 정의를 세우라!"라는 오래된 명령이다. 다시 말해 완성된 법질서의 의미를 밝히는 데 그쳐야 하는 법률가에게는 법질서의 절대적 효력 주장이 실정법적 진리의 기준이 된다. 철학자이든 사회학자이든 법을 하나의 사실로 외부에서 관찰하는 자에게 법은 명령의 총체, 즉 다른 모든 사실과 마찬가지로 사실을 뛰어넘고 법학을 초월하는 규범을 통해 효력의 심사를 받아야만 하는 사실성의 총체이다. 그러나 법률가는 법질서의 사실성이 아니라 법질서의 의미를 다루고, 따라서 무언가가 의욕과 명령의 대상이 되었다는 사실이 아니라 의욕과 명령의 의미가 무엇인지를 다룬다. 의욕을 의욕이 이루어진 심리적-사실적 주체와 완전히 분리하면, 의욕의 의미는 곧 당위이고, 명령이 지시하는 내용을 — 메르켈의 표현에 따르면 — 이 내용이 지닌 권력적 내용과 완전히 분리하면 명령의 의미는 곧 규범이다. 따라서 명령의 내용을 명령이 이루어졌다는 사실에 관련시키지 않고 서술할 방법은 "그렇게 당위되었다"라고 서술하는 것 말고는 다른 방법이 없다. 그리고 명령된 내용이 명령을 받는 자에게 규범이 된다는 의지가 없이는 명령할 수 없다. 이렇게 역설적이면서도 도저히 피할 수 없는 사실을 어떤 다른 언어로 표현할지라도 그것은 앞에서 말한 내용을 반복하는 것에 불과하다. 따라서 독자 스스로 사고의 실험을 통해 직접 확인해 보기 바란다. 즉 명령의 의미를 명령적 형식과 말끔히 분리하면 남아 있는 것은 오로지 규범일 뿐이다.[1] 이러한 확인에 따른 가장 중요한 결론은 다음 장의 방법론적 논의에서 비로소 도출할 것이기에 여기서는 다음과 같은 점만을 지적하기로 한다. 즉 사실적인 법적 명령을 다루는 법학은 그 대상의 측면에서는 사실과학이지만, 법학이 이 사실적인 명령의 의미를 밝히는 과제만을 수행하기 때문에 그 방법의 측면에서는 규범과학

1 이에 관해서는 *Salomon*, Das Problem der Rechtsbegriffe, 1907, S. 46 이하 참고. 물론 살로몬은 곧장 우리와는 다른 방향으로 향한다.

과 조금도 차이가 없다. 다시 말해 법학은 우리의 법철학적 고찰 방식이 섬세한 주의를 기울여 규범과 구별하고자 노력했던(앞의 67면 이하) 법의 명령을 얼마든지 규범으로 지칭해도 무방하고, 규범이라는 개념과 함께 철학적 고찰 방식이 법의 영역에서 추방하지 않을 수 없었던 승계개념들, 특히 의무 개념을 딱히 복잡하게 걱정할 필요 없이 곧장 수용해도 좋다.[2]

이상의 서술은 법학적 효력이론이 영향을 미칠 수 있는 범위가 극히 제한되어 있다는 점을 보여주기도 한다. 즉 법학적 효력이론은 효력을 둘러싼 일련의 문제를 해결할 수 없고 동시에 해결하려고 하지도 않는다. 순수하게 체계 내재적이고 특정한 법질서에 사로잡힌 상태에서 법질서의 의미를 확인하는 것을 유일한 과제로 삼는 법학은 법규범의 효력을 언제나 그 법질서에 속하는 다른 법규범에 따라서만 가늠할 수 있고, 전체 법질서의 효력은 이 질서 자체가 제기하는 효력 주장에 따라서만 가늠할 수 있을 뿐, 이 전체 법질서가 다른 질서와의 관계에서 제기하는 효력 주장에 대해서는 공정하게 결정을 내릴 수 없다. 그러므로 법학적 효력이론은 수없이 많은 형태로 등장하는 '규범충돌(Normenkollision)'을 전혀 해소하지 못한 상태에 머물러 있을 뿐이다. 즉 법학적 효력이론은 관습, 도덕 그리고 법 사이의 다툼에서 언제나 자신의 대상으로 이미 주어져 있는 법의 편을 드는 당파적 태도를 견지할 뿐, 결코 다툼의 당사자들에 대한 공정한 심판관이 될 수 없다. 이러한 효력이론은 국내법과 외국법 사이의 경쟁을 공평하게

---

2 그렇지만 우리가 앞에서 규범이론과 응보이론에 대해 행한 비판은 계속 타당하다. 왜냐하면 이 비판은 오로지 법철학적으로만 대답할 수 있는 물음에 대답하려는 것이기 때문이다.

결정할 수 없고, 단지 국내법의 효력 주장 또는 국내법질서의 한 구성 부분인 '국제사법' 또는 '국제형법'을 기준으로 삼아 결정을 내릴 수 있을 뿐이다. 그리고 제정법과 관습법, 국제법과 국내법, 국가와 교회, 왕정을 지지하는 정통성과 혁명 사이의 투쟁과 '구법이 신법과 벌이고 있는 투쟁'[3]에서 분쟁 당사자들 가운데 자신이 봉사하는 어느 한 쪽의 주장만을 서술하는 관리인에 불과할 뿐, 결코 객관적으로 심판하는 자가 될 수 없다. 심지어 자신을 왕이라고 착각하는 정신병자의 명령으로부터 효력을 박탈해야 할 필연적 근거를 제시할 능력도 갖추고 있지 못하다. 법학적 효력이론은 언제나 한 법질서의 관점에서 다른 법질서의 효력 주장을 비판할 수 있을 따름—이런 의미에서 법학은 쇠사슬에 묶인 채 논증한다(베이컨)—이고, 자신이 도대체 왜 특정한 법질서의 관점을 취하는지를 자신의 힘으로 정당화하지 못한다. 심지어 자신이 연구할 영역의 선택마저도 자신의 힘으로 정당화할 능력이 없다. 그 때문에 법학에 대해 법을 벗어난 고찰 방식을 통해 법학의 연구 대상이 무엇인지를 알려주어야만 한다.

2. 이렇게 볼 때 앞에서 말한 모든 규범충돌에 대한 공정한 결정을 위해서는 다른 영역으로의 전환, 즉 법학을 초월하고, 어쩌면 규범 자체를 초월한 고찰 방식으로의 전환이 불가피하다. 다시 말해 어떤 종류이든 존재로부터 법적 당위를 도출하고, 어떤 형태이든 '사실적인 것의 규범력(normative Kraft des Faktischen)'[4]을 전제하는 것을 피할 수 없다.

---

3 이에 관해서는 *Jellinek*, Der Kampf des alten mit dem neuen Recht, 1907, in: *ders.*, Schriften und Reden, Bd. I, 1911, S. 392 이하 참고.

4 이에 관해서는 *Jellinek*, Allgemeine Staatslehre, 3. Aufl., S. 337 이하 참고.

법학은 법질서의 효력에 관해 결정을 내릴 수 없다. 이 결정은 세계사를 통해 내려진다. 즉 경쟁하는 법질서들과의 투쟁에서 승리해 사실적인 실효성을 창출할 능력이 있는 법질서만이 — 그것이 장기간에 걸친 확신 또는 습관적인 작용을 통해 법복종자들의 심정을 사로잡은 것이든 아니면 강제와 형벌을 통해 법복종자들에게 폭력적으로 강요된 것이든 — 효력을 갖는다. 이처럼 사실에 지향된 효력이론의 극단적 표현이 곧 권력이론(Machttheorie)이다.[5] **권력이론**에 따르면 법은 법을 관철할 수 있는 권력에 의해 명령되기 때문에 효력을 갖는다고 한다. 하지만 명령과 권력은 단지 의욕과 능력을 의미할 뿐이고 수범자 측에 기껏해야 필연을 유발할 수 있을 뿐, 당위를 유발하지는 못하며, 아마도 복종을 불러일으킬 수 있을지는 모르지만, 결코 복종해야 할 의무를 불러일으키지는 못한다. (메르켈의 적절한 비유에 따르면) 누군가가 권총을 들고 아무 가치도 없는 종이를 지불수단으로 삼으라고 해서 이 종이가 화폐로서의 가치를 갖게 되지 않는 것과 마찬가지로 강요를 당한 나머지 이를 갈면서 어쩔 수 없이 복종하는 자에게 명령이 구속력을 갖게 되지는 않으며, 당연히 명령을 박장대소하며 무시해 버리는 사람에게 그 명령은 아무런 효력도 갖지 못한다. 왜냐하면 법은 오로지 법의 배후에 권력이 자리 잡고 있을 때만 효력을 갖기 때문이며, 이러한 권력이 제대로 행사되지 못하는 이상 법도 효력을 갖

5 권력이론에 대한 비판으로는 *Jellinek*, Allgemeine Staatslehre, 3. Aufl., S. 192 이하, 360 이하; *von Wieser*, Recht und Macht, 1910; *Adolf Merkel*, Recht und Macht, in: *ders.*, Gesammelte Abhandlungen, Bd. I, S. 400 이하; *Gierke*, Johannes Althusius und die Entwicklung der naturrechtlichen Staatstheorien, 2. Aufl., 1902, S. 317 이하; 특히 *Iljin*, Der Begriff von Recht und Macht, in: Archiv für systematische Philosophie, Bd.18, 1912, S. 63 이하, 125 이하 참고.

지 못하기 때문이다. 그리하여 — 스파르타인의 도덕에 따라 — 붙잡히지 않은 자가 곧 실패하지 않은 자가 되고, 공소시효가 지나면 행위의 가벌성뿐만 아니라 행위의 위법성도 사라지고 말 것이다. 물론 이와 같은 반론에 대해 권력이론은 법질서의 효력이 모든 사례에서 법질서가 관철되는 데 의존하는 것이 아니라 단지 일반적으로 관철되는 데 의존한다는 식으로 반론을 펼치곤 한다. 하지만 법질서가 특정한 사람에 대해 복종을 요구하면서 그 근거는 이 법질서가 다른 사람들에 대해 실효성을 갖기 때문이라고 말할 수는 없다. 법질서는 모든 개인에 대해 자신의 효력을 정당화할 수 있어야 한다. 권력이론을 다른 각도에서 접근하는 고찰 방식, 즉 극소수의 예외적 사례를 무시하고 평균적인 사례에 초점을 맞추는 고찰 방식은 권력이론이 우리가 제기하는 법효력의 문제와는 완전히 다른 문제에 대답하려는 이론이라는 사실이 분명히 드러난다. 평균적인 사례에 초점을 맞추어 유형화하는 고찰 방식은 사회학자와 역사학자의 고찰 방식에 속한다. 이들은 법의 효력을 사회에서 평균적으로 나타나는 법의 실효성과 동일시해도 무방하다. 그러나 법률가와 법철학자는 모든 개별사례와 관련해 법의 효력에 대한 증명을 요구해야 하고, 이 이유만으로 이미 효력을 실효성이나 권력과 동일시할 수 없게 된다. 실효성이나 권력은 모든 개별사례에서 법과 함께 하는 요소가 아니기 때문이다. 그 때문에 현란한 언어로 권력이론을 주장하는 라쌀레Lassalle마저도 헌법제도에 관한 그의 유명한 강연집의 후기에서 자신이 "윤리적 연구가 아니라 역사학적 연구를" 제시했을 뿐이며, "법이 권력에 우선해야 한다는 점은 분명하지만, 현실에서는 언제나 권력이 법에 우선하고, 더욱이 법이 불법의 권력을 파괴할 정도의 권력을 쌓기 전까지는 권력이 법에 우선한다는 사실을" 보여주려고 했을 뿐이라고 적고 있다.

이처럼 권력이론을 수정하지 않을 수 없다는 사정으로 인해 법효력에 관한 또 다른 이론으로 넘어가게 된다. 이 이론은 권력이론과 마찬가지로 사회학적 이론구성에 해당하지만, 철학적 효력이론으로 전환하는 사전단계를 뜻하기도 한다. 이 이론은 무엇보다 두 가지 서로 밀접한 관련이 있는 물음에 대답해야 한다. 하나는 "권력이 어떻게 법복종자를 장악하는가?"라는 물음이고, 다른 하나는 "도대체 정치적 권력이란 무엇인가?"라는 물음이다. 예링[6]은 권력이론에 "법은 폭력의 정치이다"라는 슬로건을 입혀놓았다. 하지만 정치 스스로 자신의 한계를 설정해 이 한계에 힘입어 폭력이 폭력에 복종하는 자들로부터 정당한 폭력으로 승인을 받을 수 있도록 현명함을 발휘하는 것 말고 달리 정치를 설명할 방법이 있을까? 그리고 폭력 자체는 폭력에 복종하는 자들의 승인이 아니라면 도대체 무엇으로 설명할 수 있을까? 즉 정치권력의 핵심은 물리력, 무기, 화폐의 보유가 아니라 무기를 사용하고 지불수단을 받아들이는 사람들의 복종이다. 이 점에서 어떠한 권력일지라도 권력에 복종하는 자들의 복종 거부를 통해 종식될 수 있다. 그 때문에 어떠한 정부일지라도 궁극적으로 국민의 의지에 기초하지 않은 정부는 없고, 어떠한 국민일지라도 자신들에게 걸맞지 않은 정부를 갖지 않는 국민은 없으며, 어떠한 국가일지라도 국민주권이 사회학적 사실이 되지 않은 국가는 없다. 자신들의 자유를 위해 투쟁하는 모든 국민에게 이중적 의미에서 '분노를 불러일으키는' 바

---

6 *Jhering*, Der Zweck im Recht I, 4. Aufl., S. 193.

로 앞의 문장이 필연적인 내용을 담고 있는데도 불구하고 왜 역설적으로 들리는 것일까? 그 이유는 이 문장이 훨씬 더 강한 권력적 수단인 조직을 고려하지 않기 때문이다. 모든 개인 한명 한명이 아니라 국민이 마치 '한 사람'처럼, 다시 말해 어떤 식으로든 조직화한 국민으로서 폭력에 대한 복종을 거부할 때만 폭력을 청산할 수 있다. 하지만 기존의 정치적 조직은 저항을 일단 조직화하지 않은 개인들의 총합으로 여기면서, "분할하고 통치하라(divide et impera)!"라는 전제주의의 기본원칙에 따라 개인들끼리 서로 싸우게 만들어 개인들의 조직화를 저지할 수 있다. 심지어 기존 조직의 절대다수가 복종을 거부하는 세력과 똑같은 요소들로 구성되어 있는데도 불구하고 저항세력을 억압하는 데 이 조직을 이용하는 상황도 얼마든지 생각할 수 있다. 왜냐하면 모든 조직은 특수한 조직목적에 봉사하는 범위 내에서만 개인들을 조직화하기 때문이다. 그래서도 저항세력과 같은 처지에 있는 사람들로 구성된 군대가 저항세력의 군대가 되지는 않는다. 군대는 저항정신이 아니라, 저항세력의 퇴치와 같은 군사적 목적을 위해 조직되었기 때문이다. 물론 조직 자체는 궁극적으로 조직된 사람들의 의지에 기초하지만, 조직된 각 개인의 의지가 아니라 조직구성원으로서의 각 개인의 의지에 기초한다. 그리고 조직 자체가 조직에 필요한, 조직된 자들의 의지를 끊임없이 생산한다. 개인으로서의 인간은 공동체 구성원으로서 그 자신이 일조해 만들어진 쇠사슬에 묶여 극심한 고통을 겪는다는 사실은 대중심리학에서 익히 알려진 현상이다. 그러므로 모든 국민은 자신들의 모습에 걸맞은 정부를 갖는다는 문장을 국민 개개인 또는 국민의 다수가 더 좋은 정부를 가질 가치가 없다는 식으로 오해해서는 안 된다. 이 문장에 담긴 판단은 개별 국민의 조직된 의지에 관한 판단일 뿐, 개별 국민의 독립된 의지에 관한 판단이 아니다. 다시 말해 도덕적 존재로서의 개인이 아니라 정치적 존재로서의 개인에 관한 판단인 셈이다.

이렇게 해서 권력이론은 우리의 관점에서는 승인이론(Anerkennungstheorie)으로 변화하게 된다. 승인이론은 특히 비얼링을 통해 이른바 통설의 지위에 올라서게 되었다.[7] 법의 효력을 법복종자의 승인에 기초하게 만들려는 이론에 대해서는 이 이론이 법적 구속을 구속되어야 할 사람들의 자의에 의존하게 만드는 무정부주의이고, 이로써 법적 구속을 파괴한다는 반론을 제기한다. "'내가 원한다면'이라는 조건에서는 어떠한 의무도 성립하지 않는다(『로마법대전』, 1.8 D. 44, 7)." 즉 승인이론은 법이 진정으로 확립되어야 할 바로 그곳에서 법이 실패하지 않을 수 없게 만든다고 한다. 예컨대 법률을 위반함으로써 법에 대해 너무나도 분명하게 동의를 거부한 범죄자에 대해서는 법을 관철하지 못하게 된다는 것이다. 그러나 이 반론은 승인이 의지에 의존하는 것이 아니라 감정에 의존한다는 사실을 간과하고 있다. 다시 말해 승인이론에서 말하는 승인은 정신적 자발성의 영역이 아니라 정

7 이에 관해서는 *Bierling*, Zur Kritik der juristischen Grundbegriffe I, 1877(이 책은 여전히 효력 문제에 관한 최고의 저작이다); *ders.*, Kritik der juristischen Grundbegriffe II, S. 351 이하; *ders.*, Juristische Prinzipienlehre I, 1894, S. 41 이하, 107 이하 참고. 승인이론을 변용하고 있는 섬세한 저작으로는 *M. E. Meyer*, Rechtsnorm und Kulturnorm, 1903, S. 14 이하 참고. 이 책에서 마이어는 승인이 직접 법규범에 대해 이루어지는 것이 아니라 법규범과 일치하거나 일치해야 하는 문화규범(종교, 윤리, 관습 등의 규범)에 대해 이루어진다고 한다. 비얼링과 마이어에 대한 비판으로는 *Kelsen*, Hauptprobleme der Staatsrechtslehre, 1911, S. 346 이하 참고. 승인의 사회학에 관해서는 *Franz Klein*, Die psychischen Quellen des Rechtsgehorsams und der Rechtsgeltung, 1912 참고. 승인이론 전반에 관해서는 *Gutherz*, Studien zur Gesetzestechnik I, 1908, S. 48 이하도 참고.

신적 소극성의 영역에 속하고, 무엇인가를 정당 또는 부당, 아름다움 또는 추함, 선 또는 악, 참 또는 거짓으로 여기는 일은 취향, 양심, 이성을 마음대로 배제할 수 없는 것과 마찬가지로 결코 우리의 자의에 속하지 않는다는 점을 간과하고 있다. 따라서 범죄자마저도 그를 규범에 구속하는 법감정을 지니고 있고, 그가 규범을 위반했다는 사실을 부정하지 못한다. 따라서 법에 대한 기존의 승인으로부터 제멋대로 벗어날 수는 없으며, 다른 한편 승인이 도저히 피할 수 없을 정도의 필연성을 지니고 존재하는 것도 아니다. 그 때문에 승인이론에서는 이처럼 승인이 존재하지 않는 예외적인 사례에 대해서도 법의 효력을 정당화할 수 있는 두 가지 가능성만이 남아 있을 뿐이다. 첫째, 법공동체 구성원의 압도적 다수가 법을 승인했다는 사실만으로 이미 법의 효력이 정당화된다고 생각할 수 있다. 하지만 이렇게 되면 다시 유형화를 시도하는 사회학적 효력이론을 제기하는 셈이 된다. 둘째, 법효력을 실제로 존재하는 승인이 아니라 단지 '승인해야 마땅하다(Anerkennsollen)'라는 점에 기초하게 만들 수 있다. 하지만 이렇게 되면 승인이론은 철학적 효력이론이 되고 만다. 비얼링의 승인이론은 두 번째 길을 걷는다. 그는 승인이 무의식적이고 간접적으로 이루어질 수 있다고 보고, 따라서 승인하는 주체가 오로지 전제만을 의식하고 있을지라도, 그에 따른 필연적 결론을 무의식적이고 간접적으로 승인한 것이라고 한다. 이렇게 승인이론을 변용하지 않고 국민의 승인과 법의 효력이라는 법학이 찾아내야 할 해석 가능성을 어떻게 증명할 수 있겠는가? 비얼링 자신도 '이념적' 승인이라고 지칭하는 이 '무의식적'이고 '간접적인 승인'은 분명 심리학적 사실이 아니라 '정상적으로 생각하는 모든 사람'에게 너무나도 자명하지만, 현실의 승인 주체는 전혀 의식하지 못할 수도 있는 전제로부터 도출되는 '필연적인 논리적 결론'일 따름이다. 이 점에서 필연적인 논리적 결론에 대한 승인은 '이념적 의식'이라는 사실일 뿐, 개별적인 경험적 의식이 아니다. 간단히 말하자면, 이성적으로 승인되지 않을 수 없는 것을 무의식적이고 간접적으로 승인된 것으로 가정하는 셈이다. 따라서 심리적인 승인은 단지 법을 승인해야 마땅하다는 규범을 묘사한 그림일 뿐이다. 이는 국가계약론에서 국가가 모든 사람의 당위에 부합한다는 사실을 마치 모든 사람의 의욕을 통해 성립한 것처럼 묘사하는 것과 똑같은 방식이다. 실제로 승인이론은 이 이론의 대표적 학자가 이를 부정하는데도 불구하고 계약이론의 신판이고, 계약이론과 마찬가지로 법의 효력을 법복종자의 동의라는 정신적 사실 — 이는 우연히 존재할 수도 있고, 존재하지 않을 수도 있다 — 에 기초하게 만드는 심리학적 이론이 아니라, 법복종자의 동의라는 단순한 가정을 통해 법질서에 대해 법복종자가 갖는 윤리적 이익을 표현하는 철학적 이론이다. 다시 말해 승인이론은 계약이론과 마찬가지로 법질서를 개인주의적 목적으로부터 정당화하고자 한다.

3. 하지만 법의 효력을 법의 합목적성을 토대로 정당화하는 이러한 철학적 이론, 즉 효력이 있는 법과 정당한 법을 동일시하고 효력을 타당성과 동일시하는 이론은 실정법의 효력을 엄청나게 위협하는 것이 아닐까? 다시 말해 합목적성이 없는 실정법의 효력은 부정해야만 하는 것일까? 특정한 합목적성을 지닌 실정법의 효력은 법의 목적에 관해 다른 견해를 주장하는 자들에게는 증명 불가능한 것일까? 예컨대

초인격적 구상에 기초한 법의 효력은 개인주의자들에 대해 증명하는 것은 불가능한 것일까? 이 점에서 여기서 전제해야 할 철학적 효력이론은 자연법의 시대가 보여주었던 극도로 반실증주의적인 자의가 다시 부상하게 만드는 것이 아닐까?

만일 법의 목적과 이 목적을 달성하기 위해 꼭 필요한 수단을 학문적으로 명확하게 인식할 수만 있다면, 학문에 의해 승인된 자연법 앞에서 이 자연법에서 벗어난 실정법의 효력은 마치 만천하에 드러난 진리 앞에서 진상이 폭로된 착오와 마찬가지로 소멸하지 않을 수 없을 것이다. 다시 말해 부정당하다고 증명된 법의 효력을 정당화할 수 있는 어떠한 방법도 생각해 낼 수 없다. 이렇게 되면 어떤 법규범이 부정당한 것으로 밝혀지는지에 관한 결정은 — 인식의 영역에서는 어떠한 권위도 효력을 가질 수 없기 때문에 — 개개의 법공동체 구성원의 학문적 확신에 맡기지 않을 수 없고, 자연법을 승인하면 필연적으로 모든 권위적 법제정을 부정하는 무정부주의로 흐르지 않을 수 없다.[8]

그러나 우리는 앞에서 법의 목적에 대한 물음은 다양한 정파적 견해를 열거함으로써 대답하는 것 말고는 달리 대답할 수 없다는 사실을 분명하게 밝혔다. 그리고 자연법이 불가능하다는 사실에서 출발할 때만 비로소 실정법의 효력을 정당화할 수 있다. 바로 이 지점에서 지금까지는 우리의 고찰 방법일 뿐이었던 상대주의가 우리의 체계를 구

8 따라서 명백히 정당한 사회적 이상을 믿는 슈타믈러가 무정부주의자들에 맞서 법의 당당함을 정당화하는 내용이 극히 제한적일 수밖에 없었던 것은 결코 우연이 아니다. 이에 관해서는 *Stammler*, Wirtschaft und Recht, 2. Aufl., S. 541 이하 참고. 슈타믈러에 대한 반론으로는 *Jellinek*, Allgemeine Staatslehre, 3. Aufl., S. 351; *Kantorowicz*, Zur Lehre vom richtigen Recht, 1909, S. 13 이하 그리고 슈타믈러가 자신의 이론을 변경했음을 보여주는 *ders.*, Theorie der Rechtswissenschaft, S. 501 이하 참고.

성하는 한 부분으로 편입된다. 공동생활의 질서는 공동생활을 하는 개인들이 법에 대해 갖는 견해에 맡길 수 없다. 왜냐하면 서로 다른 인간들이 아마도 서로 대립하는 지시를 내릴 것이기 때문이다. 따라서 공동생활의 질서는 초개인적 지위를 통해 명확하게 규율되어야 한다. 그렇지만 상대주의의 견해에 따른다면, 이성과 학문이 이와 같은 과제를 수행할 수는 없으므로 의지와 권력이 이 과제를 떠맡아야 한다. 누구도 무엇이 정의인지를 확인할 수 없다면, 누군가 무엇이 법적으로 옳은 것인지를 확정해야 한다. 법은 정의에 봉사하는 공동체의 규율이지만, 정의는 법의 먼 목적이고 가까운 목적은 법적 안정성이다. 따라서 법의 과제는 어떤 종류이든 초개인적 질서를 마련하고, 이를 통해 정의에 관한 개별적인 견해들 사이의 다툼을 진정한 의미의 결정을 통해 실천적으로 불식시키는 일이다. 물론 실정법은 오로지 그 내용이 정당한 경우에만 실정법의 먼 과제로서의 정의를 충족하게 되고, 이에 반해 가까운 과제인 법적 안정성은 바로 법의 실정성(Positivität des Rechts)을 통해 충족하게 된다. 이 점에서 법의 실정성은 극히 기이한 방식으로 법의 정당성을 위한 전제조건이 된다. 즉 실정성은 정당한 법의 개념에 속하고 동시에 내용적 정당성은 실정법의 과제에 속한다. 심지어 일련의 법규범은 실정성, 즉 단순히 존재한다는 사실만으로 내용이 특정한 목적의 지배 아래 있다는 속성과는 전혀 관계없이 이미 목적을 완벽하게 충족하기도 한다. 이러한 법규범은 설령 이와 정반대되는 내용을 담고 있을지라도 정의가 아니라 통일적인 규율, 즉 법적 안정성을 보장한다는 이유만으로 이미 정의로운 법규범이 된다. 예컨대 '우측통행!'이라는 경찰명령은 이와 반대되는 명령인 '좌측통행!'과 똑같이 충돌의 방지라는 목적을 충족할 수 있다. 정의의 의무를 남김없이 알고 있고, 이를 완전히 충족하는 완벽한 존재들의 공동체에서도 이와 같은 법규범은 필요하다. 그 때문에 법을 단순히 인간의 원죄 때문에 어쩔 수 없이 필요한 보조적 장치로 설명하면서 인류가 원죄에서 벗어난 윤리성으로 상승할 때는 법이 틀림없이 사라질 것이라는 생각은 옳지 않다. '천상의 군사들'도 훈육지침에서 벗어날 수는 없다.

이로써 법적 안정성이라는 관점은 법의 실정성 자체를 정당화하는 데 유용할 뿐만 아니라 경쟁하는 실정법 질서들 사이의 — 앞에서(169면 이하) 언급한 — '규범충돌'에 관해 결정을 내리는 데도 유용하다는 사실이 밝혀졌다. 제정법이 서로 대립하는 법적 견해들 사이의 투쟁을 권위적인 결단을 통해 종식하는 과제를 이행해야 한다면, 법의 제정은 모든 저항하는 법적 견해에 대항해 자기 자신을 관철할 수 있는 의지가 담당해야만 한다. 이로써 앞에서 사회학적 사실로 확인한 권력과 법의 연결, 법파괴를 통한 법의 성립, 완결된 사실에 관한 국제법적 이론, 사실적인 것의 규범성은 이제 철학적 정당성을 확보한다. 법적 안정성을 통해 이제 법철학은 마치 신과 마찬가지로 더 강한 군대를 이끌고 진격하게 된다. 이 점에서 얼마 전 세상을 떠난 베를린의 언론인 휘블러Hübler는 특유의 강렬한 어조로 이렇게 말한 적이 있다. "권력은 법에 앞서지 않는다. 하지만 성공한 권력은 법이 작용하게 만든다." 가장 강한 권력에 축복을 내리는 법적 안정성은 무엇보다 하나의 권력이 곧 가장 강한 권력일 것을 요구한다. 그래서도 '국가권력의 통일성'이라는 요청의 뿌리는 법적 안정성이고, 신분국가의 이중적 지배라는 무정부상태를 절대주의로 극복한 역사적 사실을 정당화하는 것도 법적 안정성이며, 이러한 절대주의를 정당화하는 법철학인 홉스 이론의 추동력 역시 법적 안정성이다. 그 때문에 홉스의 이론은 왕권과 의회 사이의 타협에 기초한 입헌국가에 머물러 있을 수 없었고, '군주주의 원칙'과 '의회의 통치' 가운데 어느 하나를 선택하도록 끝없이 강요했다.

배후에 있는 권력이 사라지고, 규범이 그저 '종이 위에만' 있을 뿐이며, 그로 인해 효력이 부여되는 이유인 법적 안정성을 더는 보장할 수 없게 되면, 법제정 권력뿐만 아니라 모든 개별 법규범도 효력을 잃는다. 제정법을 파기하는 관습법뿐만 아니라 소멸시효와 취득시효도 이러한 관점에서 설명할 수 있다. 이 세 가지 법제도가 똑같은 기본사상에 기초한다는 사실은 다음과 같은 생각의 설득력을 높여준다. 즉 법규범들을 그저 결집 상태, 다시 말해 법률에 고정된 일반화 단계로만 파악해야 할 이유가 없다. 예컨대 유추를 통해 획득한 법률규정의 일반화 역시 법규범으로 부르기를 주저할 필요가 없다. 역으로 법률을 개별사례에 적용하는 것처럼 법률규정을 특수화한 내용에 법규범이라는 명칭을 부여하는 것 또한 주저할 이유도 없다. '계약법률(lex contractus)'이라는 용어에는 이미 이러한 생각의 실마리가 들어 있다. 특수한 주관적 권리도 다른 관점에서 파악해 보면 객관적 법의 특수한 규범을 뜻하고, 이 특수한 규범은 일반 법규범과 똑같이 장기간에 걸쳐 적용되지 않을 때는 파기될 수 있는 규범으로 보아야 한다. 이 밖에도 법은 법적 안정성이라는 이유에서 관습을 통해 확립된 지위뿐만 아니라, 순간적인 권력적 지위에도 적응하게 된다는 점은 사법상의 점유보호에서 시작해 기존상태(status quo)가 지닌 국제법적 의미에 이르기까지 일련의 법제도가 잘 보여주고 있다.[9]

법적 안정성이 정의에 우선한다는 사고는 실정법과 정당한 법의 관계뿐만 아니라 실정법 내부에서 실체법과 절차법의 관계에도 영향을 미친다. 실정법은 정의를 목적으로 제정되지만, 정의에 부합하기 때문에 효력을 갖는 것이 아니라, 무조건 효력을 갖고자 하는 것과 마찬가지로 절차법은 실체법에 봉사해야 하는데도 불구하고 설령 절차법이 실체법의 실현에 장애가 될지라도 그 자체 무조건적 복종을 요구한다. 어느 경우에나 근거는 법적 안정성이다. 그 때문에 변호인은 실체법의 관리자일 뿐만 아니라, 절차법의 관리자이기도 하며, 따라서 예컨대 피고인의 유죄 사실을 개인적으로 잘 알고 있는 변호인이 증거조사 이후에도 여전히 유죄가 밝혀지지 않은 자신의 의뢰인을 위해 무죄를 주장하는 쪽으로 변론해야 할 의무가 있다는 사실은 변호인이 심지어 실체법에 대항해서라도 절차법의 관리자이어야 한다는 것을 잘 보여준다. 이처럼 법적 안정성을 위해 정의가 희생되는 현상은 확정력이라는 사고에서 더욱 강력하게 드러난다. 즉 실체법적으로 오류인 판결뿐만 아니라 절차법적으로 부당하게 성립한 판결도 확정력을 갖는 데 아무런 장애가 되지 않는다. 이 점에서 형식적으로 확정력을 갖는 판결이 특별히 중대한 법률위반을 이유로 '절대적 무효'가 될 수 있는지를 둘러싼 논쟁은 부정당한 실정법의 타당성에 관련된 법철학적 문제와 같은 선상에 있는 실정법적 문제에 해당한다.

왜냐하면 이 법철학적 문제가 지금까지의 서술을 통해 '치욕스러

9 이와 관련된 사례에 관해서는 *Jellinek*, Allgemeine Staatslehre, 3. Aufl., S. 340 이하 참고.

운 법률(Schandgesetz)', 즉 너무나도 부정당한 실정법도 효력을 갖는다는 식으로 이미 해결된 것처럼 생각해서는 안 되기 때문이다. 그런 식으로 어떤 실정적 형상이 무제한적 타당성을 갖는다거나 경험적 존재사실을 완전히 절대화하고 인간작품의 완벽성을 찬양하는 일은 전체 가치철학에서 유례가 없는 일이다. 물론 지금까지의 서술을 통해 모든 실정법은 이 실정성만으로 그 내용이 정의로운가를 고려하지 않고 그 자체 이미 가치를 갖는다는 점을 밝혔다. 그것은 바로 실정성을 통해 작용하는 법적 안정성이다. 그러나 법률의 존재 자체만으로 확보되는 법적 안정성이 이로 인해 발생할 수 있는 부정의보다 더 중요한 문제인지 아니면 거꾸로 이 부정의가 법적 안정성보다 더 중요한 문제인지에 대해서는 지금까지의 논의에서 확실하게 대답하지 않았다. 이와 관련해 오로지 가톨릭교회의 법철학만이 개별사례에 비추어 실정법의 무효를 확정할 용기를 보여주고 있고, 권력정치와 국가절대주의 그리고 법실증주의의 시대에도 가톨릭교회만이 잔혹한 사실성 앞에 굴복하지 않고 있다.[10]

정의가 우선인지 아니면 법적 안정성이 우선인지의 물음은 분명 보편적으로 결정할 수 있는 물음이 아니다. 법적 안정성이 정의에 절대적으로 복종할 수는 없다는 점은 앞에서 충분할 정도로 밝혔다. 하지만 정의가 법적 안정성을 위해 언제나 희생될 수도 없다. 특히 법적 안정성은 법률의 존재를 요구하고, 정의는 법률의 본질만을 요구한다는

10 이에 관해서는 *Mausbach*, Art. Gehorsam, staatsbürgerlicher, in: *Bachem*(Hrsg.), Staatslexikon, 4. Aufl.; *von Hertling*, Recht, Staat und Gesellschaft(Sammlung Kösel), S. 58 이하; *Cathrein*, Recht, Naturrecht und positives Recht, 1909, 특히 S. 60 이하, 257 이하 참고.

점을 근거로 법적 안정성이 정의보다 절대적으로 우선한다는 식으로 정당화할 수는 없다. 정의의 관점을 주장하는 사람도 전혀 모순을 드러내지 않고 법률의 본질이 법률의 존재보다 더 중요하다고 밝힐 수 있기 때문이다. "존재자는 존재하는 것이거나 아무것도 아니다(sint ut sunt aut non sint)!" 따라서 정의라는 가치와 법적 안정성이라는 가치는 일반적으로 볼 때 서로 조율될 수 있을 뿐이다. 이 점에서 법적 안정성을 하인으로 삼아 정의라는 숭고한 사회에서 정의를 진, 선, 미와 똑같이 최고가치로 여기면서 살고자 하는 사람에게는 법적 안정성이 지닌 열정을 강조하기에 적합한 몇 가지 서술만으로 충분히 대꾸할 수 있다. 즉 정의의 내용은 각각의 세계관적 관점에 따라 권력, 자유 또는 문화이고, 법적 안정성의 핵심은 질서와 평화이다. 법을 평화질서로 규정하게 되면, 질서와 평화라는 법의 두 가지 과제에 비추어 무엇보다 법적 안정성을 강조하게 된다. 법의 이 두 가지 과제는 얼마든지 윤리적 가치와 윤리적 선으로 표현될 수도 있다. 즉 법률의 본질, 내용, 정의를 위해 법률의 준수를 명령하는 윤리적 의무는 곧 (주관적 의미의) 정의를 뜻하고, 이에 반해 법률의 존재, 실정성 및 실정성을 통해 작용하는 법적 안정성을 위해 법률에 복종하라고 명령하는 윤리적 의무는 법에 대한 충실(Rechtlichkeit)을 뜻한다. 오로지 법관에 대해서만은 이러한 용어상의 구별을 적용하지 않는다. 즉 '현명한' 법관이라는 표현은 있지만, '법에 충실한 법관'이라는 표현은 아예 없다. 더욱이 그저 법률에만 충실한 법관을 '정의로운' 법관이라고 부른다. 왜 그러는지는 나중에 밝히도록 한다.

하지만 정의와 법적 안정성을 서로 아무런 관계가 없이 완전히 별개인 법의 과제들로 생각하는 것은 불가능하다. 법의 개념에 관한 앞의 서술에서 우리는 법개념이 오로지 법의 목적으로부터만 도출될 수 있다는 점을 밝혔다. 즉 법은 법의 목적을 지닌 것이고 법개념의 통일성 원칙은 법의 목적이며, 법에 대해 두 가지 완전히 별개의 독자적 목적을 부여하게 되면 법의 개념도 파괴되고 만다. 그러므로 법적 안정성을 다시 정의와 관련을 맺게 만들고, 법적 안정성을 포괄적인 정의 이념에 편입시켜야 하며 법적 안정성 자체를 넓은 의미의 정의 요청으로 파악해야 한다.[11] 이 과제를 해결하는 유일한 방법은 법적 안정성, 질서, 평화를 좁은 의미의 정의와 함께 각각의 세계관적 관점에 따라 권력의 수단, 자유의 수단 또는 문화의 수단으로 파악하는 것이다. 이처럼 포괄적인 정의 개념을 취하는 경우에도 법적 안정성은 좁은 의미의 정의에 대해 매우 흥미로운 독특성을 유지한다. 즉 각각의 세계관적 출발점에 따라 좁은 의미의 정의 이념의 내용이 달라지는 데 반해, 법적 안정성, 평화, 질서는 법의 목적에 관해 생각할 수 있는 모든 관점에서 똑같은 정도와 방식으로 필수적인 요소이다. 예컨대 형벌의 목적이 국가를 범죄자로부터 보호하기 위한 것인지의 문제를 둘러싸고 격렬한 세계관적 투쟁이 벌어지지만, 형법의 과제가 범죄자를 국가로부터 보호하는 것 또는—덜 역설적으로 표현하자면—국민을 검찰로부터 보호하는 것이라는 사실은 누구도 부정하지 않는다.

11 비록 여기서 우리가 시도하는 방식과 다르긴 하지만 실정성에서 정의를 발견하는 방향으로 문제를 논의하게 만든 것은 예링의 공적이다. 그는 정의가 타인에 대한 침해를 피하라고 요청한다면, 이를 위해서는 실정법의 구속력이 필요하다고 한다. 기존의 관습에서 벗어나는 일은 이 관습을 토대로 삼는 인격에 대한 침해를 수반하기 때문이라고 한다. 이 점에서 효력이 있다고 승인된 모든 법은 정당한 법이다. 이에 관해서는 *Jung*, Das Problem des natürlichen Rechts, 1912, S. 100 이하; *ders.*, 'Positives' Recht, in: Gießener Festschrift, 1907; *Münch*, in: Zeitschrift für Rechtsphilosophie I, 1914, S. 111 이하 참고.

그 때문에 법의 목적에 관한 세계관적-정치적 논쟁으로 전혀 영향을 받지 않고, 오히려 모든 세계관에서 똑같이 중요한 법적 안정성이라는 관점에 비추어 명확하게 결정할 수 있는 일련의 법철학적 문제가 분명히 존재한다. 예컨대 앞에서 다룬 소멸시효, 점유보호, 확정력 등의 법제도는 얼마든지 세계관적 상대주의와는 아무 관계 없이 법적 안정성의 관점에서 평가할 수 있다.

권력, 자유, 문화 등 어떠한 이상을 법의 이상으로 전제하든 관계없이 법적 안정성과 정의를 공통의 법적 이상으로 파악함으로써 우리가 여기서 논의하고 있는 문제, 즉 정의가 법적 안정성에 우선하는가 아니면 법적 안정성이 정의에 우선하는가의 문제에 대한 해결도 가능하게 되었다. 즉 이 문제에 대한 보편적인 대답은 없고, 단지 개별사례에 따라 때로는 정의가 우선하고, 때로는 법적 안정성이 우선한다는 결정을 내릴 수밖에 없다는 점을 밝혔다. 이 결정은 정의와 법적 안정성에 공통된 목적으로부터 얻어진다. 다시 말해 구체적 사례에서 법규범의 실정성을 무시하는 것이 법의 목적에 더 많은 손상을 가하는지 아니면 법규범의 부정의를 무시하는 것이 법의 목적에 더 많은 손상을 가하는지를 면밀하게 탐구함으로써 결정을 내리게 된다.

따라서 법철학적 효력이론은 상황에 따라서는 부정의한 실정법으로부터 효력을 박탈하고, 이에 반해 법학적 효력이론은 어떠한 경우도 실정법으로부터 효력을 박탈할 수 없다. 얼핏 보기에 서로 모순되는 이 두 가지 이론이 서로 어떠한 관계에 있고, 더 나아가 이 두 이론이 제3의 이론인 사회학적 효력이론과는 어떠한 관계에 있는 것일까? 후자의 물음에서 시작해 먼저 이 물음에 대답함으로써 실정성이라는 개념과 효력이라는 개념 사이의 관계를 확인하는 것이 우리의 목적에 비추어 더 적절한 방법이다. 지금까지 우리의 서술과 지배적인 언어 사용에 따르면 법의 실정성은 통상 사회에서 법이 발휘하는 실효성, 즉 — 정도의 차이가 있겠지만 — 수범자들의 복종을 확보하는 법의 능력으로 이해되었다. 따라서 법의 실정성은 사회학적 의미의 법효력과 일치한다.[12·13] 하지만 우리가 앞에서 논의했던 효력의 문제는 법의 실효성이 아니라 법의 구속력에 관련된 문제였다. 우리가 여기서 묻고자 하는 이 규범적 효력개념은 사회학의 서술적 효력개념과는 완전히 다른 구조를 지닌다. 사회적 실효성과 사회학적으로 이해되는 법의 효력은 등급화가 가능하다. 이에 반해 구속력이라는 의미의 효력은 어떤 법규범에 귀속시키거나 귀속시키지 않을 수 있을 뿐, 정도의 차이에 따라 귀속시킬 수 없다. 더 나아가 사회적 실효성, 실정성,

12 사회학적 효력개념에 관해서는 *Max Weber*, Über einige Kategorien der verstehenden Soziologie, in: Logos IV, 1914, S. 253 이하 참고.

13 여기서 우리는 슈타믈러처럼 '실정법'이라는 표현의 의미를 바꾸어 '자연법'과 대립하는 의미의 실정법이라는 전통적인 관점을 파괴하는 이론(*Stammler*, Theorie der Rechtswissenschaft, S. 119 이하)을 따르지 않는다. 우리가 말하는 실정성 또는 사회학적 의미의 효력은 슈타믈러의 이론에서는 효력(= 관철 가능성; Theorie der Rechtswissenschaft, S. 117) 그 자체이고, 우리가 여기서 법학적 의미의 효력이라고 파악하는 내용은 슈타믈러에서는 그가 말하는 의미의 법의 당당함일 따름이다(Theorie der Rechtswissenschaft, S. 95 이하). 그리고 우리가 법철학적 의미의 효력이라고 부르는 것을 슈타믈러는 때때로 '타당성(Gültigkeit)'이라고 부른다. 우리는 여기서 분명한 의도를 가진 상태에서 효력이라는 단어를 법학적 의미의 효력과 철학적 의미의 효력 모두를 포함한다고 이해한다. 왜냐하면 실정법이 주장하고 법률가들이 실정법에 부여해야만 하는 효력은 사실상 철학적 의미의 효력과 완전히 같은 종류의 것이기 때문이다. 즉 모든 법질서는 묵시적으로나마 효력을 주장한다. 이 점은 심지어 러시아 헌법에도 나타나 있다. "러시아 황제는 존엄하고 당당한 권력을 지닌다. 단순히 공포 때문에 그의 권력에 복종하는 것뿐만 아니라 양심적으로 그의 권력에 복종하는 것도 신의 명령이다." 모든 법질서가 이러한 주장을 제기한다는 사실은 설령 이 주장을 찬탈이라고 비난할지라도 인정하지 않을 수 없다.

사회학적 의미의 효력은 서로 투쟁하는 두 개의 법질서에 동시에 귀속시킬 수 있다. 이에 반해 구속력이라는 의미의 효력은 언제나 경쟁하는 법질서들 가운데 하나의 법질서에만 부여될 수 있다. 이 점에서 법학적 효력이론과 법철학적 효력이론 모두 실정법의 구속력에 대한 물음에 대답하고자 한다. 법철학적 효력이론은 경쟁하는 법질서들 가운데 어느 하나의 편을 들지 않는 공정한 입장에서 때로는 사실적 권력을 기준으로 때로는 내용적 정의를 기준으로 삼아 각 법질서의 구속력을 인정하거나 부정한다. 이에 반해 법학은 언제나 하나의 특정한 법질서의 토대 위에서 움직여야만 하고, 이 특정한 법질서의 의미를 밝히는 것이 법학의 유일한 과제이다. 그리고 모든 법질서는 그 자신의 의미에 따라 구속력을 갖기 때문에 법학은 자신이 다루는 법질서에 대해 필연적이고 무제한적인 효력을 인정해야만 한다. 실정법이 지닌 이 단순한 효력은 실정법적 진리이고 실정법의 진정한 의미이지만, 그렇다고 해서 진리 그 자체인 것은 아니다. 예컨대 해석자가 마녀사냥법의 진정한 의미로 인정해야만 하는 잔혹한 광기가 해석자의 진리로 여겨져야만 하는 것은 아니다. 실정법의 진정한 의미를 통한 구속은 언제나 이론적 구속, 하나의 표현에 대한 해석을 과제로 삼는 인식에 대한 구속일 뿐, 행위에 대한 실천적 구속이 아니다. 모든 법질서에 대해 의미상 귀속되지 않을 수 없는 효력은 지성을 활용해 법질서의 의미를 이론적으로 파악하기 위해 노력하는 법률가만이 승인해야 할 뿐, 자신의 양심을 통해 법질서의 구속력에 대해 실천적 물음을 제기하는 법공동체 구성원은 법질서라는 이유만으로 법질서의 구속력을 승인해야만 히는 것은 아니다. 따라서 법학적 효력이론은 우리가 여기서 논의하는 물음에 대해 대답할 수 없다. 단순히 법질서 스스로 제기한 구속력에 그치지 않는, 진정한 구속력은 오로지 법철학적 효력이론만이 다룰 수 있다. 그런데도 오늘날 법학적 효력이론이 마치 효력 문제에 대한 마지막 말인 것처럼 주장하는 일은 예컨대 아리스토텔레스나 성서의 '진정한 의미'를 진리로 실체화하는 성향을 보였던 스콜라철학적 사고방식과 똑같은 사고방식에 해당한다. 즉 그런 식의 주장은 법률의 효력을 은근슬쩍 진정한 효력으로 둔갑시키는 기만일 따름이다.

그러나 직업적 행위에 비추어 볼 때 실제로 법률의 효력 의지를 무조건 존중해야만 하는 직종이 있다. 바로 법관직이다. 하지만 법관에 대한 이러한 구속력도 법학적 효력이론이 생각하듯이 법률에 기초할 수 있는 것이 아니라 오로지 선서라는 행위를 통한 윤리에만 기초할 수 있다. 즉 법관은 선서를 통해 법률의 효력 의지를 관철하고 자신의 개인적 법감정을 권위적인 법적 명령을 위해 희생하며 법적으로 무엇이 옳은 것인지만을 물을 뿐 그것이 과연 정의로운 것인지를 묻지 않겠다는 것을 무조건적으로 맹세한다. 물론 법관의 이러한 의무 자체, 즉 지성의 희생(sacrificium intellectus) 그리고 장래에 어떻게 변화할지를 전혀 알 수 없는 법질서를 위해 자신의 인격을 맹목적으로 복종시키는 것, 즉 (우리 형법전의 익숙한 표현을 원용하자면) "모르는 상관에 복종하거나" "잘 아는 상관에게 무조건적 복종을 약속하는" 선서가 과연 윤리적으로 가능한 것인지 의문을 제기할 수도 있다. 이러한 의문에 대해서는 이렇게 대꾸할 수 있다. 즉 법이 그 내용에 비추어 볼 때 아무리 부정의한 모습을 갖추고 있을지라도, 법이 존재한다는 사실 자체만으로 이미 하나의 목적, 즉 법적 안정성이라는 목적은 충족된다. 법관이 자신의 개인적 정의를 전혀 고려하지 않고 법률에만 봉사한다면, 법관은 결코 자의에 따른 우연적인 목적에 봉사하는 것이 아니다. 이 법관이 비록 법률이 의욕하는 대로 행동하면 더는 정의의 봉사자가 될 수는 없다고 할지라도 그는 여전히 법적 안정성의 봉사자로 남아 있게 된다. 우리는 자신의 확신에 반해 설교하는 목사는 경멸하지만, 자신의 반대되는 법감정에도 불구하고 법률에 대한 충실에 아무런 혼란도 겪지 않는 법관은 존경한다. 왜냐하면 교리는 신앙의 표현으로서만 가치를 갖는 반면, 법률은 단순히 정의의 소산으로서만 가치를 갖는 것이 아니라 법적 안정성의 보장으로서도 가치를 갖기 때문이며, 특히 법률 자체의 실현이 법관의 손에 달려 있기 때문이다. 따라서 투철한 희생정신으로 무장한 채 법관이 정의의 봉사자가 아니라 오로지 법적 안정성의 봉사자일 뿐이라는 사실을 분명하게 의식하고, 아주 사소한 과제 앞에서도 이러한 열정을 생생하게 유지하는 자만이 법관직에 종사할 자격이 있다. 다시 말해 법관직에 종사하고자 하는 자는 분쟁 자체가 종식된다는 사실이 분쟁이 정의롭게 종식되는 것보다 더 중요하고, 법질서의 존재 자체가 법질서의 정의보다 더 중요할 수 있으며, 정의는 법의 두 번째 중요한 과제일 뿐 가장 중요한 과제는 법적 안정성, 평화, 질서라는 것을 확신해야 한다. 정의로운 사람은 분명 단순히 법을 따르는 사람 이상의 어떤 속성을 가진 사람이라고 여겨진다. 이에 반해 법을 따르는 법관은 이미 그것만으로(그리고 그럴 때만) 정의로운 법관이 된다.

제5장
법학의 본질

이 책에서는 제2장에서 제4장까지 세 가지 좁은 의미의 법철학적 문제에 대한 논의가 중심을 이룬다. 이에 반해 제1장과 지금 여기의 제5장은 엄격하게 보면 철학이 아니라 학문의 철학에 속한다. 하지만 이 두 장은 특히 법에 관한 학문의 철학을 대상으로 삼기 때문에 한편으로는 좁은 의미의 법철학의 토대가 되기도 하고, 다른 한편으로는 좁은 의미의 법철학을 전제로 삼기도 한다. 이 맥락에서 이 책의 첫 장이 법철학의 본질에 관한 서술로 시작했다면, 마지막 장에서는 법학의 본질에 관한 서술로 마감하기로 한다.[1]

법학의 본질은 법개념의 구조로부터 도출된다. 따라서 사고의 세계 전체에서 법개념이 차지하는 위치에 관한 제2장의 논의를 여기서 다시 끌어들이지 않을 수 없다. 즉 가치맹목적, 가치평가적 및 가치초월적 고찰 방식으로는 존재사실로부터 법을 포착해 낼 수는 없으며, 오로지 가치관련적 고찰 방식으로만 법을 포착해 낼 수 있다. 다시 말해 법은 자연의 왕국도, 가치의 왕국도, 신앙의 왕국도 아닌 문화의 왕

---

1 법학의 방법에 관한 최상의 서술은 오늘날에도 여전히 *Jhering*, Geist des römischen Rechts, Bd. II, Abt. 2, §§ 37-41이다. 이 이론적 소재를 가장 탁월하게 논리적으로 밝히는 문헌으로는 *Lask*, Rechtsphilosophie, in: *Windelband*(Hrsg.), Philosophie im Beginn des 20. Jahrhunderts, 2. Aufl., 1907, S. 297 이하 참고. 이 밖에도 특히 *Stammler*, Theorie der Rechtswissenschaft, 1911도 참고.

국에 속한다. 이 점에서 법학은 문화과학이다. 그런데도 법학을 왜 규범과학으로 파악하는 오류를 범하는지는 곧장 밝히도록 하겠다.[2]

법은 다시 두 가지 고찰 방식의 대상이 될 수 있다. 즉 사실상의 상태에 따라 고찰될 수도 있고 의미 내용에 따라 고찰될 수도 있다. 다시 말해 법의 존재에 따라 고찰될 수도 있고, 법의 의미에 따라 고찰될 수도 있으며, 실제로 작용한다는 의미에서 효력을 갖는 것으로 고찰될 수도 있고 구속력을 갖는다는 의미에서 효력을 갖는 것으로 고찰될 수도 있다. 법은 사회이론적 고찰의 대상이 되기도 하고 법학적-도그마틱적 고찰(좁은 의미의 법학적 고찰)의 대상이 되기도 하는데, 이 두 가지 고찰은 충분할 정도로 엄격히 구별되지 않는다.[3]

법에 관한 사회이론은 법을 존재하는 것, 사실상으로 작용하고 계속 작용하는 것 그리고 이 의미에서 효력을 갖는 것으로 고찰한다. 이때 존재하고 효력을 갖는 것은 일회적으로 진행된 사건일 수도 있고 유형적 연관성을 갖는 체계일 수도 있다. 이 점에서 전자와 관련된 법

2 법학을 규범과학으로 파악하는 견해로는 *Jellinek*, Allgemeine Staatslehre, 3. Aufl., S. 20 이하; *Kantorowicz*, Rechtswissenschaft und Soziologie, 1911, S. 23 참고. 이를 단호하게 거부하는 견해로는 *Lask*, Rechtsphilosophie, S. 304 이하 참고. 법학을 문화과학으로 파악하는 견해로는 *Rumpf*, Die Methode der Rechtswissenschaft, in: Recht und Wirtschaft, Jg. II, 1913, S. 87 이하 참고. 이 밖에도 *Rickert*, Die Grenzen der naturrechtswissenschaftlichen Begriffsbildung, 2. Aufl., 1913, S. 529의 언급도 참고.

3 이에 관해서는 *Jellinek*, System der subjektiven öffentlichen Rechte, 2. Aufl., 1905, S. 12 이하; *Pachmann*, Über die gegenwärtige Bewegung in der Rechtswissenschaft, 1882; *Kistiakowski*, Gesellschaft und Einzelwesen, 1899, S. 58 이하; *Karl Renner*, Die soziale Funktion der Rechtsinstitute, in: Marxstudien I, 1904, S. 68 이하; *Max Weber*, Stammlers 'Überwindung' der materialistischen Geschichtsauffassung, in: Archiv für Sozialwissenschaft und Sozialpolitik, Bd. 6, S. 120 이하, 139 이하; *Kantorowicz*, Rechtswissenschaft und Soziologie, 1911, S. 23 이하; *Iljin*, Der Begriff von Recht und Macht, in: Archiv für systematische Philosophie, Bd.18, 1912, S. 63 이하; *Lask*, Rechtsphilosophie, S. 302 이하; *Ehrlich*, Grundlegung der Soziologie des Rechts, 1911 참고.

사학과 후자와 관련된 법사회학 및 특히 비교법학은 법에 관한 사회이론적 고찰 방식에 해당하는 활동이다.

따라서 법에 관한 사회적 이론에서는 법의 사실상의 존재와 실효성이 중요하다. 이에 반해 법도그마틱에서는 법적 명령의 의미와 의의가 중요하다. 하지만 앞 장에서 서술했듯이 의미상으로만 보면 명령은 규범과 구별되지 않는다. 명령이라는 개념은 당위를 내용으로 삼는 의욕으로 정의하지 않을 수 없고, 명령에서 사실성에 속하는 측면, 즉 명령이 의욕되었다는 사실을 배제하면 명령에서는 바로 당위 이외에는 남아 있는 것이 없다. 그 때문에 방법론적으로 볼 때는 법학은 규범과학과 구별되지 않는다. 이 점에서 법학의 대상은 경험과학, 즉 문화과학에 속하지만, 법학의 방법은 규범과학에 속한다. 다시 말해 법학은 실정법률과 관습이라는 존재형상에서 출발하지만, 더는 경험적 성격을 지니지 않는 결론에 도달한다. 예컨대 법률의 문구를 작성한 사람의 의식에서는 흔적조차 찾을 수 없는 내용을 법률규정의 필연적 결론으로 발견하게 되는 현상을 생각해 보면 이 점을 어렵지 않게 이해할 수 있다.

법에 대한 도그마틱적 태도를 순수한 경험주의적 태도와 구분하는 이러한 차이는 해석이라는 과제에 비추어 보면 가장 분명하게 드러난다. 해석은 경험주의자든 법도그마틱 학자든 모두 봉착하지 않을 수 없는 과제이지만, 양자가 이 과제를 다루는 방식은 완전히 다르다.

사회이론가는 법을 문헌학적 의미로 해석한다. 문헌학적 해석의 과제는 분명히 인식할 수 있는 기호로부터 이 기호를 통해 저자가 표현하고자 했던 사고를 밝혀내는 일이다. 이 점에서 문헌학적 해석은 생각된 것을 나중에 다시 생각하는 것이고, 뵈크Boeckh의 유명한 개념 정의에 따르면 '인식된 것에 대한 인식'이다. 따라서 문헌학적 해석은 경험적 사실, 다시 말해 실제 인간이 실제로 사고한 것이라는 역사적 사실을 확인하기 위해 노력한다. 이렇게 사고한 것을 밝히는 작업으로 문헌학적 해석의 과제는 끝이 나고, 사고한 것이 올바른지 올바르지 않은지, 논리적 일관성이 있는지 많은 모순이 있는지, 완벽한지 흠결이 있는지, 명료한지 그렇지 않은지는 중요하지 않다. 그 때문에 사고한 것을 반박, 수정, 보충 또는 해명하는 일은 문헌학적 해석의 과제가 아니다.

물론 법률도 이와 같은 문헌학적 해석의 대상이 될 수 있다. 그러나 법률에 대한 문헌학적 해석은 역사가나 비교법 연구자와 같이 단지 이론적 관심 때문에 해석을 수행하는 사회이론가의 필요를 충족시킬 수는 있지만, 법률을 적용해야 하는 법률가에게는 충분한 해석일 수 없다. 법관이 판결을 구하는 당사자들에게 이들이 다투고 있는 법적 문제와 관련된 법률이 흠결 또는 모순이 있다거나 불명확하다는 이유로 이 문제에 대해 대답할 수 없다는 식으로 선고할 수는 없는 일이다. 어떠한 경우든 유죄판결을 내리거나 소의 기각 또는 무죄를 선고해야 하고, 법률효과를 긍정 또는 부정해야 한다. 즉 법관은 명확한 주장을 담은 판결을 선고해야 하지, 문제를 제기하는 판결을 선고하거나 '재판 불가(non liquet)'를 선언해서는 안 된다. 그 때문에 프랑스 민법전에는 "법률이 사례와 관련이 없다거나 법률이 막연하고 불충분하다는 구실로 결정을 거부하는 법관은 재판거부로 처벌될 수 있다"라는 명문의 규정이 있다. 이 규정을 통해 프랑스 민법전은 단순한 '구실'

만으로는 재판을 거부할 근거로 불충분하다는 전제를 선언하고, 흠결과 모순이 없는 명확한 법률임을 주장하며, 따라서 '법질서의 완결성이라는 도그마'[4]를 신봉한다. 이 도그마는 단순히 프랑스 민법전 그리고 법적 문제의 불명확성을 인정하지 않는 모든 법질서의 실정법적 특성에 그치는 것이 아니라 모든 법적 규율과 질서의 선험적 필연성에 해당한다. 즉 모든 법적 명령이 규범성을 주장하는 것이고, 모든 법질서가 그 고유한 의미에 비추어 볼 때 당당한 법질서이듯이 법은 생각할 수 있는 모든 사실에 대해 자신의 효력을 주장해야만 한다. 제한된 효력 범위에 대한 절대적 효력 주장은 형용의 모순이다. 법의 절대성, 즉 주권이 특정한 영역에 국한될 수 없다는 사실은 연방국가의 주권 분할에 관한 이론에 대항하면서 명확히 의식하게 되었다. 만일 어떤 영역이 자신의 힘으로 법에서 벗어날 수 있다면 법 스스로 설정하지 않은 한계가 설정되는 셈이고, 이렇게 되면 이 영역의 경계를 설정하는 규범이 법보다 더 강한 효력을 발휘하는 것이기에 그 법은 더는 주권적이라 할 수 없다. 그러므로 '법이 없는 영역(rechtsleerer Raum)'은 오로지 법질서 자체의 의지에 힘입어서만 법이 없는 영역이 되며, 엄밀한 의미에서는 법이 없는, 즉 법으로 전혀 규율되지 않은 사실적 영역이 아니라 소극적인 의미에서 법으로 규율된, 즉 어떠한 법적 결과도 부정하도록 규율되어 있는 사실적 영역이다. 법이 없는 영

4 이 도그마 그리고 나중에 반박하게 될 '법으로부터 자유로운 영역'에 관해서는 *Bergbohm*, Jurisprudenz und Rechtsphilosophie, 1892, S. 372 이하 참고. 완결성 도그마를 비판하는 대다수 '자유법운동'의 대표자들 가운데 특히 *Jung*, Die logische Geschlossenheit des Rechts, 1900 참고. 이 도그마를 옹호하는 견해로는 특히 *Donati*, Il Problema delle Lacune dell' Ordinamento giuridico, 1910(이 책에 대한 서평은 Archiv des öffentlichen Rechts, 1910, S. 125 이하에 실려 있다) 참고.

역에서는 흔히 생각하는 것과는 달리 법질서가 '무(Nichts)'를 의욕했지, 의욕을 의욕하지 않는 것이 아니다. 의욕을 의욕하지 않았다는 말은 그 자체 모순이다. 그 때문에 모든 개별 법질서의 의지는 지구 전체를 포괄한다. 즉 '국제사법과 국제형법'이 한 국가 법질서의 구성 부분이라는 사실은 국제법이 국내에서 법적 결과를 갖는 것을 부정함으로써 — 따라서 대부분 단지 소극적으로만 — 외국에서 발생한 모든 사실에 대해서도 처분권을 주장하고 있음을 분명하게 보여준다. 공간적 효력 범위에 관한 이상의 설명은 시간적 효력 범위에도 그대로 적용된다. 즉 시간적 '소급효'의 배제는 전적으로 법질서의 자기제한에 기초한다. 내용적 효력 범위 역시 마찬가지다. 즉 법과는 무관한 사실은 존재하지 않고, 법적으로 규율되지 않은 사실도 존재하지 않으며, 단지 소극적으로 규율된 사실만이 존재할 뿐이다. 그러므로 어떠한 사실도 법질서가 법적 결과의 발생을 부정했다는 이유 이외의 다른 이유로 법적 결과가 발생하지 않는 경우란 없다. 이처럼 다른 모든 학문과 마찬가지로 실정법에 관한 학문인 법학도 특수한 관점에서 바라본 세계 전체를 대상으로 삼는다.

모든 법질서의 공간적 효력 범위가 세계 전체라는 점이 옳긴 하지만, 다른 한편 법질서의 창조자가 전체 세계와 자신의 법이 영향을 미치는 범위의 개별적인 구성 부분을 낱낱이 명확하고 아무런 모순 없이 의식한다는 것은 애당초 불가능하다. 과연 누가 법률 문구를 표현하면서 도저히 개관할 수 없을 정도로 많은 과거의 법규범들 가운데 어느 한 법규범과 모순되는 상황을 완벽하게 피할 수 있단 말인가? 도대체 누가 무한대로 다양한 삶이 변화무쌍하게 만들어내는 그 모든 사실을 어떻게 사전에 완벽하게 예상할 수 있단 말인가? 그 때문에 흠결, 모순, 불명확성은 법률을 제정하는 자의 의식 속에서 별다른 의문이 없이 발생한다. 그런데도 법률가들은 해석을 통해 생각할 수 있는 모든 사실에 대해 명확하고 모순이 없는 결정을 법률로부터 끄집어낸다. 그렇다면 법학적 해석은 문헌학적 해석, 즉 이미 사고된 것을 나중에 사고하는 것이 아니고 심리학적 현실이라는 존재사실의 확인도 아니다. 오히려 법학적 해석은 현실이 아닌 것, 존재하지 않는 것 또는 — 앞으로 설명하게 될 의미에서 — '타당한 것'의 확인이다. 문헌학적 해석은 해석의 대상으로부터 이 대상의 저자가 집어넣은 것을 끄집어낼 뿐인 데 반해, 법학적 해석은 — 일단 이런 식의 표현이 허용된다는 전제하에 — "저자 자신보다 저자를 더 잘 이해하는" 결과에 도달하는 일련의 해석 방식에 속한다.[5]

법과 마찬가지로 예술에 대해서도 두 가지 해석 방식을 활용할 수 있다. 즉 문헌학적 해석은 예술작품이 이 작품의 창작자에게 무엇을 의미하는지를 확인하고, 미학적 해석은 예술작품을 향유하는 우리에게 작품이 무엇을 의미할 수 있는지를 확인한다. 그 때문에 문헌학적 해석은 일기, 서신, 보고서 등 입수할 수 있는 온갖 자료를 자신의 과제를 수행하는 데 이용하는 반면, 미학적 해석은 엄격한 자기절제를 통해 예술작품을 최대한 작품 자체로부터 이해하려고 한다. 문헌학적 의미의 예술작품은 영원히 고정된 역사적 사실이고, 미학적 의미의 예술작품은 예술을 향유하는 세대가 거듭되는 가운데 끝없이 새롭게

5 이러한 '가치해석'을 문헌학적 해석과 엄격히 구별하는 것에 관해서는 *Max Weber*, Kritische Studien auf dem Gebiet der kulturwissenschaftlichen Logik, in: Archiv für Sozialwissenschaft und Sozialpolitik, Bd. 4, 1906, S. 165 이하, 특히 168 이하 참고.

창조된다. 따라서 어떤 예술작품이 더는 예술적 향유의 대상이 되지 않고 예술사의 대상으로 전락할 때 비로소 그 예술작품은 영원히 고정된 상태로 경직된다. 예술작품의 배후에 있는 예술가의 인격은 문헌학에서는 창작자라는 경험적, 역사적, 개인사적 인격이지만, 미학에서 예술가 인격은 "오로지 작품 자체에서만 살아 있는 순수한 이념적 인격이고, 작품의 부분들 사이의 실질적이고 내적인 연관성을 보여주는 표현 또는 상징"[6]이다. 작품이 삶의 풍요로움이자 개인적 믿음의 연장선을 뜻하는 다작의 예술가에서 이념적 인격은 개인사적 인격이라는 특성을 갖는다. 이에 반해 자신을 뛰어넘어 더 고차원의 자아를 추구하면서도 이 추구가 삶에서는 결국 실현되지 못하리라는 회의로 인해 고통받는 열망과 동경의 작가에서 이념적 인격은 개인사적 인격과는 완전히 다르다. 이러한 예술가의 삶이 지닌 의미는 부질없는 몸뚱이로서의 경험적 존재는 사라지게 만드는 것이다. 그런데도 만일 예술사藝術史가 예술가적 인격의 배후에 있는 개인사적 인격을 더 부각한다면, 이는 미학적으로는 파괴적인 행동을 일삼는 짓이다.

미학적 해석의 이러한 특징은 놀랍게도 법학적 해석에서도 정확히 반복된다. 법률가들이 법률의 연원으로 여기는 입법자는 법률을 제정한 경험적 존재가 아니라 미학적 의미의 예술가와 똑같이 "오로지 작품 자체에서만 살아 있는 순수한 이념적 인격"이다. 따라서 입법자의 의지는 오로지 그의 작품, 즉 법률 자체로부터만 도출할 수 있을 뿐, 창작자의 사전작업에 해당하는 '자료들'로부터 도출할 수 없다. 그러므로 자료들은 결정적인 의미를 지닌 해석 수단이 되지 못하고, 그저

---

6 *Georg Simmel*, Kant, 1904, S. 3. V.

임의의 제3자가 행한 해석과 마찬가지로 아무런 구속력도 없는 해석 시도에 해당할 따름이다. 그리고 법률을 제정한 자의 의지는 완결된 역사적 사실이 아니라 지속적인 발전 속에서 변화하는 시대 상황에 따라 새로운 법적 필요와 새로운 법적 문제에 대해 제정한 자는 전혀 알 수 없었던 새로운 의미를 담은 대답이다.

법학적 해석과 미학적 해석 이외에도 초역사적 해석 방식을 적용하는 사례가 있다. 예컨대 철학사에서는 위대한 철학자가 실제로 사고한 내용과 관련된 역사적 연관성을 개인사적으로 탐구하는 연구 이외에 사상가가 실제로 사고한 내용과의 관계를 고려하지 않은 채 철학적 체계의 의미 자체를 해석하고, 아마도 사상가 자신은 전혀 수행하지 않았을 사고의 전개 과정을 마치 사고의 독자적인 운동처럼 구성하는 연구도 있다. 이처럼 이념의 역사가 마치 단 하나의 의식에서 수행되는 것처럼 사고하는 작업은 모든 역사적 도그마틱이 취하는 방법이고, 이 점에서 특히 법도그마틱은 방법론적으로 볼 때 문헌학적 해석만을 중시하는 법사학과는 근본적으로 다르다.

그렇지만 법학적 해석과 가장 유사한 분과는 신학적 해석이다. 두 가지 해석 모두 해석의 목표는 의미의 확인이고, 이 의미는 의미를 담은 형식(예컨대 텍스트) 바깥에 있는 욕구를 충족하기 위한 것이며, 해석을 통해 이 의미 자체로부터 도출되는 물음이 아니라 바깥에서 이 의미에 다가가 제기하는 물음에 대답하기 위한 것이다.[7] 이와 같은 방

7 이 측면에서 획기적인 논문인 *Schleiermacher*, Über den Begriff der Hermeneutik, in: *ders.*, Sämtliche Werke, Abt. III, Bd. 3, S. 347에서도 법학적 해석과 문헌학적 해석의 차이를 언급하고 있다. "법학적 해석은 대부분 법률의 범위에 대한 확정, 다시 말해 일반적 명제와 이 명제에 이미 규정되어 있지 않다고 생각되는 내용 사이의 관계를 다룬다."

식으로 성경의 의미를 캐묻는 가장 단순한 방식은 아마도 괴테가 그의 작품 디반Divan과 관련해 써놓은 메모를 통해 알려졌듯이 괴테의 어머니가 성경을 아무렇게나 넘겨 그 페이지의 내용을 마치 신의 계시인 것처럼 받아들이는 방식일 것이다. 이처럼 성경이 모든 문제에 대한 대답을 담고 있다는 사고는 초기 프로테스탄트의 신스콜라주의를 통해 학문적 방법으로 확대되었다. 즉 성서의 속성(affectiones scriptae sacrae)에 관한 이 신스콜라주의의 이론은 성서의 완벽성, 충분성, 충만성, 명백성과 '자기 자신을 해석하는 힘(semet ipsam interpretandi facultas scripturae)'을 전제하는데, 이는 법학적 해석의 토대가 되는 법질서의 완결성, 명백성, 무흠결성, 무모순성 도그마와 완벽히 일치한다. 완결성 도그마, 즉 해석이 정신적 산물로부터 제작자가 집어넣은 것보다 더 많은 것을 끌어내야 한다는 이론은 어디에나 있고, 더욱이 의미가 이에 대한 이론적 포착만으로는 과제를 모두 충족하지 못하고 삶의 규율이라는 실천적 목표에까지 봉사해야 하는 곳에서는 불가피한 현상이다. 하지만 법이 실천적 적용이라는 목적을 위해서가 아니라 입법적 개선이나 단순한 이론적 의도에서 탐구 대상이 되면, 완결성 도그마와 이 도그마에 지향된 도그마틱적 해석 방식은 의미를 상실한다. 따라서 과거의 법이나 외국법과 같이 적용하기에 부적합한 법을 대상으로 삼는 법사학과 비교법학 그리고 법률의 완결성을 심사해야 하는 법정책적 비판에서는 흠결, 모순, 불명확성을 확인하는 데 그치거나 문헌학적 해석의 결론에 머물러 있어야 할 이유가 없다. 즉 과거의 법원法源(Rechtsquelle)을 마치 현행법인 것처럼 해석하는 일은 — 역사학자들이 이미 자주 거부했듯이 — 도그마틱적 사고가 역사의 영역에 침투하는 잘못된 일이다.[8] 그 때문에 법률가들이 법률이라는 옷을 몸에 걸치고 있을 때는 왕의 외투이지만, 이 옷을 벗어버렸거나 벗어버리려고 할 때는 여기저기 구멍이 난 남루한 거지의 옷이 되고 마는 연극이 우리 눈 앞에 펼쳐지는 셈이다.

아마도 누군가는 초역사적 해석 방식에 어떤 형이상학적 토대를 마련해주고, 이를 위해 '무의식적 창조에 관한 이론',[9] 인간의 활동이 자아내는 무의식적 생산성에 관한 이론, 창조적 정신이 발휘하는 신비한 힘에 관한 이론을 통해 정신의 창조에 대해 정신 스스로 의식한 것보다 더 심오한 의미를 부여하려는 유혹을 느낄 것이다. 무의식적인 자연의 과정을 거쳐 의미를 지니게 된 형상 — 오랜 시간에 걸쳐 물방울이 떨어져 형성된 동굴, 수도사와 수녀를 뜻한다는 두 개의 큰 바위 등 — 을 언급하기 시작하면 모든 인간작품 역시 대부분 자연의 작품이라고 말해야만 할 것이다. 하지만 그런 식으로 인간작품을 인간의 작품이 아닌 자연의 작품으로 해석하게 된다면, 당연히 전혀 인간작품이 아닌 대상도 해석할 수 있다는 결론을 피하기 어렵다. 이렇게 되면 결국 세계 전체를 인식할 뿐만 아니라 이해하기를 원하게 될 것이고, 세계를 마치 비밀스러운 의미를 해독해야 할 카발라의 책이나 나중에야 의미를 체험할 수 있는 상징적인 시로 여기게 될 것이며, 세계를 마치 초경험적 의식의 변증법적 과정처럼 파악할 것이다. 이는 바

8 이와는 반대로 *Walter Jellinek*, Gesetz, Gesetzesanwendung und Zweckmäßigkeitserwägung, 1913, S. 163 이하에서는 법률가의 해석 방식이 역사가의 해석 방식과 본질적으로 같다는 점을 증명하려고 한다. 하지만 옐리네크의 이 탁월한 서술은 나의 테제를 반박하기보다는 오히려 더 강화해 주는 것 같다. 나와 같은 방향으로 서술하는 견해로는 *Salomon*, Das Problem des Rechtsbegriffs, 1907, S. 53 이하 참고.

9 이에 관해서는 *Dilthey*, Die Entstehung der Hermeneutik, Philosophische Abhandlungen, Sigwart gewidmet, 1909, S. 185 이하 참고.

로 호프만슈타알이 그의 『바보와 죽음』의 마지막 구절을 통해 표현하고자 했던, 인간의 충족될 수 없는 동경과 갈망이다.

> 인간이란 참 경이로운 존재야
> 밝힐 수 없는 것을 밝히고
> 한 번도 글로 쓰인 적이 없는 것을 읽고
> 뒤엉킨 것을 풀어서 다시 묶고
> 마침내는 영원한 어둠 속에서 길을 찾아낸단 말이야.

비판철학은 이러한 노력에 맞서 신랄하면서도 자부심에 찬 겸손함을 내비친다. 즉 세계는 그 자체 목적을 갖지 않고, 우리가 세계에 목적을 설정하며, 우리가 세계에 흘러 들어갈 수 있게 만드는 만큼의 이성만이 세계에 존재한다고 보는 것이 비판철학이다. 따라서 비판철학은, 작품의 창조자가 작품에 집어넣지 않았는데도 작품에 내재하는 의미가 있고, 이 의미는 어떤 식으로든 하나의 현실이자 존재자라고 생각하는 형이상학적 견해를 거부한다. 그리하여 비판철학은 작품에서 오로지 어떤 타당한 것만을 찾아낼 수 있을 뿐이고, 의미를 확인하는 해석을 오로지 규범적 고찰 방식으로만 파악할 뿐 결코 서술적 고찰 방식으로 파악할 수 없다. 이 점에서 법학적 해석이 법률로부터 법률 제정자가 전혀 의식하지 못한 명제를 도출할 때 제기하는 물음은 "이 법률이 어떻게 가능한가?", 즉 "입법자가 명시적으로 명령한 내용을 타당하게 사고할 수 있으려면 입법자는 자신이 명령한 내용의 전제 또는 결론으로 무엇을 더 생각해야만 했는가?"이다. 다시 말해 법학적 해석은 법률 제정자나 다른 사람이 생각하지 못했지만, 마땅히 생각해야만 했던 내용을 법률의 의미로 확인할 수 있다. 따라서 법학적 해석의 종국적 목적과 결론을 '입법자의 의지'라고 부른다면, 이 의지는 심리적 사실이 아니라 단지 전적으로 규범적인 형상을 묘사하는 구체적 표현일 따름이다. 이 점은 계약당사자의 의지에는 당사자가 이성적이라면 의욕해야만 했던 결론에 해당하는 내용도 귀속되는 것과 마찬가지이고, 국가계약을 체결하는 당사자들의 의지 역시 마찬가지다.[10] 이 모든 경우 누군가에게 귀속되는 의지의 내용은 마치 실제로 존재하는 의지의 내용이 구체적으로 존재하는 것처럼 상상할 수 있으며, 그 때문에 단순히 '상상한 의미'를 실제적인 심리적 사실로 여길 위험이 있고, 이에 따라 법학적 해석을 문헌학적 해석으로 여길 위험도 있다. 국가철학적 계약이론, 민법상의 계약이론 그리고 입법자의 의지에 관한 이론에서는 이러한 위험이 더욱 커진다. 왜냐하면 민법상의 계약이론과 입법자의 의지에 관한 이론에서는 문헌학적 해석과 법학적 해석이 밀접하게 결합한 상태로 등장하기 때문이다. 즉 일단 입법자가 실제로 법률에 집어넣은 의지를 문헌학적으로 확인하고, 그 이후에 비로소 이렇게 확인된 의지를 법학적 해석의 출발점으로 삼아, 이 경험적 의지가 어떻게 정당화될 수 있는지를 확인해야 하기 때문이다. 그러나 '문법적 해석'과 '논리적 해석'을 구별하는 오래된 이론은 함께 작용하는 두 가지 절차의 방법론적 차이를 강조하기보다는 오히려 이 차이를 은폐하는 경향을 드러낸다. 그 때문에 문헌

10 이에 관해서는 *Kelsen*, Über Grenzen zwischen juristischer und soziologischer Methoden, 1911, S. 14 이하; *Lask*, Rechtsphilosophie, S. 310 이하 참고.

학적 해석과 규범적 해석 사이에 이루어지는 복잡한 상호작용 그리고 두 요소 가운데 어느 한 요소를 강조하는 경향의 변화에 비추어 볼 때 법학의 역사에서 때로는 법사학적 지향성을 가진 학파가, 때로는 법철학적 지향성을 가진 학파가 주도권을 쥐는 주기적 변화는 충분히 설명할 수 있는 현상이다.

왜냐하면 규범적 해석 방식은 법철학과 법학이 밀접한 관련을 맺도록 만들기 때문이다. 즉 입법자의 특정한 요구가 어떻게 타당할 수 있는가라는 물음은 곧 실정법의 근거를 다루는 법철학이고, 따라서 이 물음은 정확히 보면 입법자의 요구가 법철학적으로 어떻게 가능한가라는 물음이다. 다시 말해 이 물음은 입법자의 요구가 입법자가 규율한 법제도에 관한 여러 가지 가능한 법철학적 견해들 가운데 어떠한 견해에 기초하고, 입법자의 요구를 어떠한 법이념, 어떠한 법의 목적으로 귀착시킬 수 있는가라는 물음이다. 이 점에서 우리는 법제도에 관한 실정법규정을 목적이념(법률의 취지)에 비추어 사후적으로 더 완벽하게 만드는 작업을 법학적 구성이라고 부르며, 따라서 법학적 체계는 곧 전체 법질서에 대한 통일적 구성, 즉 법의 목적이념(법의 취지)으로부터 실정법규범 전체를 사후적으로 더 완벽하게 만드는 작업이다. 물론 법학적 체계는 끝나지 않는 과제이다. 단순히 모든 법질서가 법질서의 목적을 달성하지 못하고, 그로 인해 목적이념에 목적론적으로 편입되지 못하는 규정을 담고 있기 때문이 아니라 특히 정당이 미치는 영향과 시대조류의 변화로 말미암아 법질서의 서로 다른 부분이 서로 다른 법적 견해를 통해 지배되곤 하는 경향이 있고, 그 때문에 이 부분들을 단 하나의 법이념에 목적론적으로 편입시키는 것이 불가능하기 때문이다. '구법과 신법의 투쟁'은 서로 다른 법질서들 사이에서 벌어질 뿐만 아니라 같은 법질서 내에서도 서로 모순되고 대립하는 법이념 사이에서도 벌어지며, 따라서 법질서가 서로 투쟁하는 법이념들 가운데 어느 하나의 편을 들지 않을 때는 법률을 다루는 법률가로서는 다른 방식으로는 개별사례를 결정할 수 없는 경우 그 자신이 이 투쟁에서 개인적으로 확신하는 내용에 따른 자신의 태도를 정립하는 것 말고는 달리 방법이 없다.[11]

법학적 구성과 체계가 목적이념으로부터 법규범을 사후적으로 생성하는 것이라는 점이 옳다면 법학적 개념구성은 목적론적 개념구성이다. 앞의 제2장에서 서술했듯이 법개념이 법이념을 지향하는 것과 마찬가지로 모든 개별 법제도의 개념도 특수한 이념과의 관련성을 통해 획득할 수 있다. 하지만 좁은 의미의 법적 개념, 즉 주관적 권리, 법적 관계, 법제도 등과 같이 법학을 통해 구성되는 법 특유의 개념들뿐만 아니라 단지 법적으로 중요한 개념들, 즉 특히 법적 명령에 관련된

---

11 판결과 법학에서는 규범적 색채 그리고 궁극적으로 개인적 색채가 드리워진다는 사실을 강조하는 것은 자유법운동의 본질이다. '자유법운동'이라는 명칭은 강령적 저작인 *Gnaeus Flavius*(*Hermann U. Kantorowicz*의 필명), Der Kampf um die Rechtswissenschaft, 1906, S. 13에서 처음 등장했다. 이 운동에 대해서는 여기서 자세히 논의하지 않겠다. 다만 이 기회를 빌려 *Kantorowicz*, Die Contra-Legem-Fabel, in: Deutsche Richter-Zeitung, Bd. 3, S. 256에 나와 있듯이 다음과 같은 점을 더 이상 강조할 필요가 없다는 점을 지적하고자 한다. 즉 자유법운동은 '법률에 대한 불복종을 선동하는 출판물의 유포(형법 제 11조)'라는 과제를 지닌 음모가 아니라는 사실이다. 하지만 내가 자유법운동을 신봉하면서도 동시에 완결성 도그마(앞의 200면)를 계속 인정하는 것이 어떻게 양립할 수 있는지는 약간의 설명이 필요할 것 같다. 내가 보기에 자유법운동은 법의 인식 원천을 다루고, 이에 반해 완결성 도그마는 법의 효력 원천(법원)을 다룬다. 다시 말해 자유법운동에서는 법의 내용을 어떻게 획득할 것인지가 핵심이라면, 완결성 도그마에서는 이러한 내용이 어떻게 구속력을 획득하는지가 핵심이다. 따라서 판결이 창조적 활동으로 여기면서도 판결을 통해 창조적으로 생성된 법규범의 효력을 예컨대 법창조 권한을 부여한 일반조항(예컨대 스위스 민법전 제1조)과 같은 법률로 소급시키는 것이 얼마든지 가능하다.

구성요건을 통해 법과 관련을 맺는 비법학적 개념들도 문헌학적 해석이 다수의 해석 가능성을 인정하지 않을 수 없도록 강제하는 때는 목적론적으로 규정되어야 한다. 이때는 입법자가 어떤 식으로 구성요건을 생각했어야만 특정한 법적 결과(법률효과)를 여기에 연결하는 것이 타당한지를 물어야 한다. 구성요건의 문제는 언제나 법적 결과의 측면에서 시작되고, 그 때문에 입법자의 관점에 따라 법적 결과에 관한 결정을 내릴 때는 구성요건표지의 존재가 결정적인 기준이 된다는, 얼핏 보기에는 역설적인 결론이 도출된다. 물론 구성요건표지에 대한 해석이 의심스러운 경우에는 다시 법적 결과의 적절성 또는 부적절성에 비추어 해석해야 한다. 목적론적 개념구성을 잘 보여주는 예는 매우 많아서 선택하기 어려울 정도이다. 예컨대 범죄의 장소와 시간은 언어적으로 다의성을 갖는다. 행위의 장소와 시간일 수도 있고, 결과의 장소와 시간일 수도 있기 때문이다. 이 경우 공간과 시간에 관한 비법학적 사고가 아니라 오로지 법률규정의 목적에 가장 잘 부합하는 해석이 무엇인지를 탐구해야만 해결책이 제시될 수 있다. 물론 범죄의 장소와 시간과 관련해 중요한 의미가 있는 다양한 법률적 맥락에 따라 다양한 해결 방법이 등장한다. 예컨대 재판지와 법률의 변경과 관련해서는 행위이론이, 국제형법과 공소시효와 관련해서는 결과이론이 더 중요한 의미가 있다. 이러한 결정은 심지어 비법학적 고찰에서 보면 극히 불합리하게 여겨질 수도 있지만, 법학적으로는 얼마든지 가능한 것일 수 있다. 예를 들어 파리에서 10월 1일에 발송해 10월 3일에 베를린에서 수신한 편지가 저지른 모욕죄는 10월 1일에 저질러진 행위이고, 비록 10월 1일에는 베를린에서 법적으로 중요한 의미가 있는 사건이 전혀 발생하지 않았음에도 불구하고 10월 1일에 베를린에서도 저질러진 행위가 된다. 이 밖에도 전기가 '물건'이고, 따라서 절도죄의 객체가 될 수 있는지는 절도죄 조항에서 의미하는 물건의 개념에 대한 성찰을 통해 확인되어야 하지, 물리학적 의미의 물건 개념이 무엇인지를 전문가에게 문의해 확인할 문제가 아니다. 즉 절도죄 조항에서 의미하는 물건은 타인의 보유로부터 박탈하면 절도죄가 규정한 형벌이 부과되는 모든 대상으로 파악해야 한다. 물론 일반적 언어사용에 비추어 '물건'이라고 지칭할 수 있어야 한다. 이 점에서 전기절도는 별다른 어려움 없이 절도죄로 처벌하는 것이 가능했을 것이다. 이 예가 이미 보여주듯이 법은 다른 학문에서 유래한 개념을 사용하는 것처럼 여겨지는 경우일지라도 그러한 개념을 '아무런 검토도 없이', 즉 전환을 거치지 않은 채 법의 구성요건으로 수용하지 않는다. 그 때문에 다른 학문이 다른 관점에서 구성한 개념이 법학적-목적론적 개념구성의 요구에 완전히 부합하는 우연이 발생한다면 그것은 마치 예정조화에 비견할 만한 기적 중의 기적이 아닐 수 없고, 따라서 이러한 기적을 처음부터 기대할 수는 없다. 이 점에서 법학이 심리학에서 유래한 것을 그대로 사용하는 것처럼 보이는 심리학적 개념을 심리학자에게 조언을 구해 밝히려는 시도는 언제나 실패하지 않을 수 없다. 예컨대 고의라는 법학적 개념을 의지나 표상과 같은 심리학적 개념과 일치시키기 위해 너무나도 쓸데없는 노력을 기울였고, 마침내 법학적-목적론적 관점에서 하나의 통일적 형상으로 표현된 내용이 반드시 심리학적 관점에서도 똑같은 내용의 형상일 필요가 없다는 사실을 깨닫게 되었다. 즉 법학적 고의개념에서는 심리학적으로는 완전히 다른 정신적 행동 방식인 의도, 직접적 고의, 미필적 고의가 개념적 통일성으로 결집할 수 있는 이유는 오로지 이 행동 방식들로부터 모두 똑같이 행위자의 반사회적 속성, 즉 행위자의 무자비한 이기주의를 추론할 수 있게 해주기 때문이다. 독일형법의 개정을 위해 책임무능력에 대한 개념정의를 표현하려고 시작했을 때는 비정상성 개념을 정신병리학으로부터 아무런 변경도 가하지 않고 형법에 수용하는 것은 불가능하다는 사실을 곧장 깨닫게 되었고, 책임능력의 개념을 규정할 때 순수한 '생물학적 방법'은 배제되며 단지 '생물학과 심리학을 혼합한 방법'만이 가능하다는 사실을 깨달았다. 책임능력의 성격을 형벌능력으로 규정한 것은 기본적으로 책임무능력과 관련해 모든 개별 구성요건표지에 앞서 먼저 획득한 명제를 상기시키려는 순수한 방법론적 목적을 위한 것이었다. 즉 책임능력과 책임무능력의 경계 설정이 의심스러울 때는 법적 결과로부터 경계를 도출하기 위한 것이었고, 따라서 책임능력이라는 개념을 확인하려면 행위시의 행위자의 정신상태를 확인해야 하고, 이 정신상태에 비추어 특별예방이라는 목적을 위해서든 아니면 단지 위하라는 일반예방적 목적을 위해서든 목적에 부합하는 형벌이 부과된다. 심지어 개의 개념과 같이 비법학적으로는 아무런 의문이 있을 수 없는 개념도 법학을 통한 목적론적 재구성에서 벗어날 수 없다. 즉 개와 늑대의 교배종은 견세법에서 의미하는 개에 해당할 수 있고, 이때 동물학자가 이 교배종을 견종에 속한다고 고찰하는지는 고려하지 않는다. 그러므로 외관상 비법학적이고 전문 분야에 속하는 개념을 적용할 것인지와 관련해 전문가의 판단이 최종적 판단일 수는 없다. 오로지 법률가만이 이러한 개념이 법의 영역에 발을 들여놓을 때 목적론적 변형과 재구성의 대상이 되어야 하는지를 판단할 수 있기 때문이다.[12]

지금까지의 서술은 법학적 해석이 결과적으로 법률의 경험적 의미를 뛰어넘긴 하지만, 이 경험적 의미로부터 출발한다는 사실을 보여주었다. 특히 키르히만Julis Hermann von Kirchmann이 『법학의 학문으로서의 무가치성』이라는 그의 유명한 강연에서 너무나도 강력하게 제기한, 법학의 학문성에 대한 익숙한 반론들도 바로 이 사실에 기초한다.[13] "입법자가 법률을 세 마디만 수정하면 도서관의 모든 책은 휴지가 되고 만다." 해가 바뀔 때마다 그리고 나라에 따라 대상이 달라질 수 있는 것이 어떻게 학문일 수 있단 말인가? 그런데도 법학을 학문이라고 부르고자 한다면 새로운 입법이 이루어질 때마다 그리고 국경초소를 지날 때마다 새로운 학문이 시작된다고 말해야만 하는 것일까? 법학은 언제나 특정한 법에 관한 학문이지, 법 일반에 관한 학문이 아니다. 앞의 제2장에서 다룬 법 일반에 관한 학문은 법학에 속하는 것이 아니라 법학에 대한 인식이론에 속한다. 이는 개개의 인과관계는

12 목적론적 개념구성에 관련된 또 다른 예들은 *Stammler*, Theorie der Rechtswissenschaft, S. 288 이하; *Lask*, Rechtsphilosophie, S. 306 이하; *Jellinek*, System der subjektiven öffentlichen Rechte, 2. Aufl., S. 21 이하 참고. 비법학적 개념에 대한 목적론적 변형과 재구성의 관점에서 연구할 가치가 있는 풍부한 자료를 제공하는 문헌으로는 *Walter Jellinek*, Gesetz, Gesetzesanwendung und Zweckmäßigkeitserwägung, 1913, S. 41 이하 참고.

13 키르히만에 관해서는 *Sternberg*, J. H. v. Kirchmann, 1908; *Landsberg*, Geschichte der Deutschen Rechtswissenschaft III, 2, 1910, S. 737 이하 참고. 키르히만에 대한 반론으로는 *Stahl*, Rechtswissenschaft oder Volksbewußtsein?, 1848; (슈테른베르크가 유감스럽게도 과소평가한) *Restlag*, Apologie der Jurisprudenz, 1848 참고. 이 문제에 관한 최근의 견해 표명으로는 예컨대 *Nußbaum*, Über die Aufgabe und Wesen der Jurisprudenz, in: J. Wolfs Zeitschrift für Sozialwissenschaft, Bd. 9, S. 1 이하; *Rumpf*, Volk und Recht, 1910, Kap. 4: Ist die Jurisprudenz eine Wissenschaft?; *Lazarsfeld*, Das Problem der Jurisprudenz, 1908 참고.

자연과학에 속하지만, 인과관계 자체는 자연과학에 대한 인식이론에 속하는 것과 마찬가지다. 따라서 법학의 통일성은 그 방법의 통일성, 즉 법학적 해석, 구성 및 체계라는 통일된 도구에서만 찾을 수 있다. 하지만 이것만으로는 법학이 문헌학이나 통계학과 마찬가지로 통일적인 학문이 되는 것은 아니다. 오히려 법학은 — 장소와 시간의 측면에서 경계가 설정된 법'학'으로서 — 다수의 학문에서 똑같이 적용될 수 있는 방법의 측면에서만 통일성을 갖는다.

이러한 견해는 법학도 수 세기에 걸쳐 연속성을 지니면서 진보했고, 국가들 사이의 교류도 이루어졌다는 명백한 사실에 반한다. 즉 법학이 다양한 입법의 시대와 각 지역의 법과 맺는 관련성은 법률이 점진적인 역사적 변화와 사회적 상황의 국제적 유사성으로 말미암아 내용상으로 크게 다르지 않다는 사실만으로는 설명할 수 없다. 법학이 역사적 연속성과 국제적 유사성을 갖게 된 결정적 이유는 오히려 법률이 법학을 규정하는 것과 마찬가지로 법학도 법률을 규정하며, 따라서 새로운 입법은 기존의 법학에 대한 단절이 아니라 계승과 발전을 뜻하기 때문이다. 즉 법률 자체가 상당 부분 법학의 성과이고, 이 점에서 법학은 그 대상(법률)과 일치한다.[14]

법학과 법률 사이의 이 독특한 관계는 앞에서 수행한 법학적 해석에 대한 분석을 통해서도 확인된다. 모든 형태의 초역사적 해석 방식은 역사적 '의미'에 대한 인식이고, 동시에 이 역사적 의미를 계속 발

14 이에 관해서는 *Sternberg*, Einführung in die Rechtswissenschaft I, 2. Aufl., 1912, S. 123 참고. 앞의 각주에서 언급한 *Restlag*, Apologie der Jurisprudenz, 1848 이외에도 *Lask*, Rechtsphilosophie, S. 305, 299 이하에서도 입법의 법학적 내용에 관련된 '학문 이전의' 측면에 주목한다.

전시키는 가운데 다시 독자적으로 의미를 생산하는 활동이다. 신학적 해석은 타인의 종교적 감정에 대한 이해이고, 동시에 이 감정을 신학적 해석 자체가 느끼는 종교적 감정을 수단으로 계속 발전시키는 것이다. 바로 이 점이 왜 신학자들은 신실한 그리스도인이어야 하는지를 설명해 주는 근원적 측면이다. 철학사는 철학의 성과 자체를 철학의 문화사와는 명백히 구별하고, 따라서 철학적 성과는 역사가가 범접할 수 없는 철학자의 전유물이라는 점은 굳이 설명할 필요가 없다. 그리고 예술작품에 대한 미학적 해석은 단순히 해석적 재생산이 아니라 그 자체 예술적 생산의 지속이고, 따라서 카르두치Carducci라는 위대한 모범이 보여주듯이 — 물론 카르두치에만 한정되는 얘기가 아니다 — 창작자만이 아니라 해석자 역시 예술사의 연단에 자리를 잡는다는 점 역시 명시적으로 확인할 필요가 있다. 특히 음악의 언어사용에서 '해석'이 지닌 예술적 성격은 매우 익숙한 현상이다. 물론 법률을 '끝까지 철저히 사고'하는 법학적 해석을 예술에 대한 해석과 똑같이 생각할 수는 없다. 적어도 법학의 탐구 대상이 되는 입법적 활동을 법학적 활동과 본질적으로 유사한 현상으로 보거나 거꾸로 법학적 활동을 입법적 활동과 본질적으로 유사한 활동으로 보지 않는 이상 법학적 해석을 독자적인 창조적 활동으로 보기는 어렵다. 스위스 민법전 제1조의 서두는 이 점을 너무나도 분명하게 표현하고 있다. "법률은 문언 또는 해석에 비추어 법률이 규정하는 모든 법적 문제에 적용된다. 법률로부터 법적 문제에 적용할 규범을 도출할 수 없는 경우 법관은 일단 관습법에 따라, 관습법이 없을 때는 법관이 입법자라면 제기했을 규칙에 따라 결정한다. 이때 법관은 확립된 학설과 판례를 따른다."

이 점에서 법학과 입법은 모두 공통의 과제에 봉사한다. 즉 양자 모두 법의 목적을 달성하기에 적합한 수단을 확인해야 한다. 이로써 법학과 입법이 법철학과 정치와 구별되는 차이를 어느 정도 매개할 수 있게 되고, 법학을 규범과학으로 파악하는 견해에 대한 이해도 새롭게 만들 수 있다. 그렇지만 법의 목적 및 그에 따른 결론에 지향된 세 가지 행동 방식의 차이점을 간과해서는 안 된다. 즉 법철학과 법정책은 법학과 법률에 구속되지 않고 동시에 법학과 법률을 구속하지 않으며, 입법 역시 법철학과 법정책에 구속되지 않고 이를 구속하지도 않는다. 정당한 법에 대한 권위적 확인과 확정은 입법의 본질이다. 이에 반해 법학은 법률을 구속하지는 않지만, 법률에 구속된다. 즉 법률에 대한 권위적 확인에 구속되고, 따라서 법학이 정당한 법에 관해 결정을 내릴 수 있는 권한은 법률이 이 권한을 부여한다고 결정했거나 최소한 법학의 결정을 제한하지 않은 범위 내에서만 존재한다. 이 점에서 법학은 특이하게도 그 자신이 예전에 만들어놓은 결과물에 구속되는 상황을 겪는다.[15] 따라서 법학의 성격에 대한 기존의 규정에 다시 두 번째 규정을 추가해 보충하게 된다. 즉 법학은 법률을 대상으로 삼는다는 점에서 얼마든지 경험과학으로 볼 수도 있다. 하지만 법학은 그 대상인 법률을 규범적 방향으로 처리하고, 따라서 법학이 학문적 보편성을 갖기 위해서는 상대주의적 관점에 따라 이 규범적 방향

15 법률에 내재하는 법학을 '구속력이 없는' 법률의 내용으로 여기는 것이 일반적이다. 하지만 이 타당한 견해는 실정법의 내용에 대한 법도그마틱적 처리에만 해당할 뿐, 우리가 지금 여기서 논의하는 것처럼 실정법을 통해 정당한 법을 포착하기 위한 법정책에는 해당하지 않는다.

이 법철학과 법정책에 귀속될 수 있어야 한다. 이 측면에서는 법학이 정당한 법을 대상으로 삼는 규범과학이라고 말해도 좋을 것이다. 물론 정당한 법이라는 대상을 파악할 때도 법학은 법률을 통해 구속되고, 따라서 어떠한 전제에도 구속되지 않는 학문은 아니다. 이 점에서 법률가는—반은 학자이고 반은 종교철학자인—신학자와 비슷하다. 즉 양자 모두 경험과학과 규범과학의 중간에 위치한다.

법학을 경험과학과 규범과학과는 다른 제3의 관점에서 파악할 수도 있다. 즉 앞에서는 법률을 법학의 대상으로 고찰한 이후, 다시 법이념을 법학의 대상으로 고찰했지만, 이와는 달리 법적 생활을 법학의 대상으로 고찰할 수도 있다. 앞의 제4장에서 이미 법과 법적 생활이 추상적 규범과 이 규범의 구체적 적용 사례로 대비될 수 없고, 오히려 법적 생활의 모든 구체적 측면이 언제나 구체적인 법규범을 통해 구성된다는 사실을 밝혔다. 즉 임차인은 임대료를 지불해야 한다는 보편명제만이 법규범인 것이 아니라 내가 1월 2일에 집주인인 A 씨에게 임대료 100만원을 지불해야 한다는 극히 구체적인 명제 역시 법규범이다. 그러므로 객관적 법은 추상적이고 이에 상응하는 구체적 내용은 객관적 법이 보장하는 주관적 권리라는 전통적인 사고는 타당하지 않다. 주관적 권리와 객관적 법은 단지 법규범을 다른 방식으로 고찰한 결과일 따름이고, 따라서 어떠한 구체적인 주관적 권리일지라도 다른 고찰 방식에서는 얼마든지 구체적인 법규범으로 여겨지지 않을 수 없기 때문이다. 이 점에서 실정법을 법학의 대상으로 삼게 되면, 이미 그것만으로 객관적 법규범의 극히 구체적인 표현인 법적 생활까지도 법학의 대상으로 삼는 것이 된다.[16]

그렇다면 법학이 과연 어떠한 의미에서 이와 같은 극히 구체적인 법규범에 참여하는지를 묻게 된다. 빈델반트의 강연 『역사와 자연과학(Geschichte und Naturwissenschaft; 1894)』[17] 이후 흔히 두 가지 방식의 학문을 구별한다. 즉 개별사례는 단지 귀납의 소재로만 관심 대상이 되고 오로지 중요한 보편법칙의 패러다임만을 중시하는 대다수 자연과학과 같은 학문과 개별사례 자체가 궁극적인 학문적 의미를 지니는 역사학과 같은 학문으로 구별해, 전자를 '법칙 정립적(nomothetisch)' 학문으로, 후자를 '개별 서술적(idiographisch)' 학문으로 부른다. 이 구별을 토대로 삼으면 법학을 별다른 고민 없이 법칙 정립적 학문으로 파악하고, 개별적인 법적 사례와 이 사례에 특수한 법규범에 대해서는 응용법학, 즉 법실무와 관련해서만 독자적인 의미를 부여하려고 하는 것은 너무나도 당연한 생각이다. 그러나 더 근원적으로 성찰해 보면, 이 당연한 생각을 의심하지 않을 수 없게 만드는 여러 가지 이유가 떠오른다. 일단 일련의 법학적 개념들, 즉 독일제국, 바덴 영주국, 도시 하이델베르크 등을 연방국가, 연방소속 국가, 자치도시라는 보편개념을 위한 귀납과 서술의 재료로 여기는 사람은 없을 것이다. 더 나아가 특정한 직업집단이나 특정한 경제현상과 관련된 법을 완결적으로 서술하는 것을 과제로 삼은 여러 탁월한 연구를 생각해 보라. 이 법학적 연구들은 논의 대상이 되는 생활관계와 관련해 변경 불가능한 기존의 보편적인 법규범을 구체적 사례에 단순히 적용

16 법과 구체적 사실의 밀접한 연관성을 밝히고 있는 탁월한 문헌으로는 *Brodmann*, Vom Stoffe des Rechts und seine Struktur, 1897 참고. 이 밖에도 *Lask*, Rechtsphilosophie, S. 308 이하도 참고.

17 *Windelband*, Präludien, 4. Aufl., 1911, Bd. II, S. 136 이하.

한 것이 아니라 그 자체 독자적인 법학적 성과이고, 따라서 그저 법학적인 수작업의 산물쯤으로 치부되어서는 안 된다. 이 밖에도 구체적인 법적 사례에 대한 법관의 판결까지도 '인식'으로 지칭하는 일반적인 언어사용도 염두에 둘 필요가 있다. 끝으로 보편법칙에 대한 법률가의 관심은 자연을 연구하는 학자가 보편법칙에 대해 갖는 관심과는 완전히 다른 방향을 향한다는 사실을 지적할 필요가 있다. 즉 자연과학자에게는 보편법칙이 관심의 중심인 반면, 법률가에게 법률은 주변적인 관심 대상일 뿐이다. 다시 말해 자연과학자가 자연법칙에 관심을 기울이는 측면은 일차적으로 자연법칙 자체의 타당성 여부일 뿐, 구체적으로 어떠한 범위 내에서 이 법칙이 타당한지는 부차적인 의미만을 갖는다. 이에 반해 법률가가 법률의 효력을 물을 때는 이 효력의 한계가 정확히 어디에 있는지를 함께 묻지 않을 수 없다. 이 점에서 자연과학자에게 중요한 것은 보편개념의 내용이고, 법률가에게 중요한 것은 보편개념의 범위이다. 다시 말해 자연과학자에게 법칙은 보편적 명제인 반면, 법률가에게 법률은 사고경제적(denkökonomisch) 이유에서 다수의 개별명제를 집약한 것이다. 따라서 법률가에게는 언제나 구체적인 법규범의 중요성이 유지되어야 한다.[18] 그러므로 법학이 독일법 또는 독일제국이라는 유일무이한 구체적 총체성을 대상으로 삼는다는 점에서는 학문의 이분법에 따르면 개별 서술적 학문이다. 즉 이 총체성을 개개의 부분으로 분할하는 법학은 개별 서술적 학문이

18 같은 견해로는 *M. E. Meyer*, Die schuldhafte Handlung, 1901, S. 6 이하; *Rumpf*, Die Methode der Rechtswissenschaft, in: Recht und Wirtschaft, Jg. II, 1913, S. 89; *Walter Jellinek*, Gesetz, Gesetzesanwendung und Zweckmäßigkeitserwägung, 1913, S. 160 이하 참고. 반대되는 견해로는 *B. Eltzbacher*, Die Handlungsfähigkeit I, 1903, S. 21 이하 참고.

다. 그리하여 보편적 법규범도 그 자체 구체적 사실로서 개별사례들을 잡기 위해 던지는 그물인 셈이다. 이처럼 법학은 포괄적 총체성의 극히 세세한 부분에 도달해 개별사례들을 지배하는 구체적 법규범을 획득할 때까지 작업을 이어가야 하는 개별 서술적 학문이다. 실제로 법학은 이렇게 작업한다. 즉 이 관점에서 계약서, 판결, 행정결정, 모든 개별적 인간의 법적 운명의 개요를 확정하고 있는 다양한 형태의 공식적 기록 등은 법학적 활동에 관련된 가장 구체적인 윤곽이다. 따라서 법학의 과제는 세세한 부분으로 나뉜 법질서 전체를 개별 서술적 체계를 통해 파악하는 일이다. 만일 누군가 '개별 서술적 체계'라는 표현을 형용의 모순으로 여긴다면, 그는 특수에서 보편으로 상승하는 분류라는 의미의 논리적 체계개념을 염두에 둘 뿐, 앞에서 행한 설명을 통해 확정한 목적론적 체계개념, 즉 전체의 부분을 목적에 비추어 부분들 상호 간의 관계와 부분과 전체의 관계로 포착하는 사고의 방법을 모르는 사람이다.

이렇게 볼 때 법학은 자연과학과는 달리 모든 구체적 개별사례에 관심을 기울인다. 하지만 역시 구체적 개별사례에 관심을 기울이는 역사학과는 달리 개별사례의 구체적 내용의 가장 세세한 부분에는 관심을 기울이지 않는다. 이 점에서는 법학이 자연과학이나 수학과 비슷하다. 더욱이 법률가는 언제나 법률의 보편개념이라는 안경을 통해 개개의 인간과 개개의 사례를 볼 뿐이다. 즉 그저 극히 대강의 윤곽만을 볼 수 있게 해주는 두꺼운 장막을 통해, 다시 말해 정의의 여신 테미스의 눈을 가린 띠를 매고 인간과 사례를 볼 뿐이다. 법이 삶의 현실에 대해 파악할 수 있는 것이 얼마나 빈곤하기 짝이 없는지는 한 위대한 인간의 삶의 역정과 이에 대한 법적 결과물을 비교하는 것만으로도 분명하게 보여줄 수 있다. 이처럼 구체적인 개별성은 법적으로는 원칙적으로 이 개별성이 가진 가장 추상적인 속성을 통해서만 고려의 대상이 될 뿐이다. 더욱이 이 속성을 구체적 개인의 속성으로 고려한다. 따라서 법학은 가장 구체적인 삶을 다루면서도 동시에 이 삶의 가장 추상적인 윤곽만을 다루어야 한다고 요구한다. 게르만법과 비교해 로마법이 지니는 장점은 기본적으로 삶의 풍부한 내용을 잔인할 정도로 단순화하는 추상화의 힘이 갖는 우월성에 기인한다. 법률가는 살아 숨 쉬는 인간에서 오로지 법적 도식만을 파악할 능력을 갖추고 있어야 한다. 바로 이 능력 때문에 톨스토이는 법률가에 대해 저주에 가까운 심판을 선고한다. "법률가라는 작자들은 모두 삶에서 한 인간이 다른 동료 인간과 맺는 직접적인 관계가 꼭 필요하지 않은 상황이 존재한다고 믿는다."

법률, 이념 그리고 삶—법학은 이 세 가지 모두에 관여한다. 법학은 입법자의 명령, 즉 의욕을 대상으로 삼고, 당위의 세계와 가치의 세계 그리고 현실과 존재의 세계 모두에 대해 똑같이 가깝고 똑같이 멀다. 법학이 우리가 동경해 마지않는 이 두 왕국 사이에 위치하고 무조건적인 것에 대한 열정과 풍성한 내용을 담은 현실 사이에서 양자 모두를 개관할 능력이 있어야 하고, 양자 가운데 어느 하나만을 취할 수는 없다는 사실은 법학의 원동력이자 동시에 법학의 비극이다. 청년의 이상주의와 현실에 대한 갈망을 표현할 때는 언제나 법학이 이념과 삶을 향하는 길에 다리를 놓고자 노력하고, 이에 반해 이 길을 당당하게 포기할 때는 법학의 고독과 자기만족을 강조한다. 모든 법률가는 자신의 동료를 이 두 가지 유형 가운데 어느 한쪽에 속한다고 분명하게 판단할 수 있고, 법학의 역사 역시 이 두 가지 가운데 어느 하나를 강조하는 시대에 따라 변화를 겪어왔다. 이 책의 저자인 내가 어느 쪽에 속하고 또한 향후의 법학이 어느 쪽으로 가기를 원하는지를 굳이 분명하게 밝힐 필요는 없을 것이다. 다만 내가 이 책을 통해 향후의 법학이 나가야 할 길에 조금이나마 보탬이 되기를 소망할 따름이다.

옮긴이 후기

라드브루흐의 법철학은 우리나라에서도 '법학적 공유재산'이 된 것 같다. 며칠 전, 주문한 적도 없는데도 우편함에 떡 버티고 있던 어느 새로 나온 법학통론 책의 목차를 넘겨보니 법의 목적이라는 제목 밑에 다시 정의, 합목적성, 법적 안정성이라는 소제목이 등장하고, 챕터의 마지막에는 3요소의 상호 관계까지 언급되어 있다. 법의 '목적' 다음에 또 등장하는 합'목적'성을 어떻게 설명했을지 궁금해 본문을 펼쳐보면 곧장 글쓴이가 라드브루흐 법철학을 이해하지 못했거나 이해하려고 시도한 적이 없음을 확인하게 된다. 기술적 복제가 가능한 시대의 예술 작품(발터 벤야민)의 일종이라고 해야 할까? 법의 목적이나 정의 또는 법적 안정성은 법과 관련된 기초적인 설명에서는 마치 통과의례처럼 반복되지만 정작 어떠한 이론적 맥락에서 라드브루흐가 이 개념들을 사용하고, 어떠한 이론적 구조를 토대로 이 개념들을 연결했는지에 대해서는 무지 또는 무관심이 지배한다. 이 점은 법학통론에만 한정되지 않는다. 우리 헌법재판소의 한 헌법불합치 결정에는 이런 구절이 등장한다.

법률의 개폐는 원칙적으로 국회의 입법형성권에 의해 이루어지는 것이 헌법상의 권력분립 원칙에 합치된다. 따라서 국회 스스로가 보통, 평

> 등 선거제도와 참정권의 본질에 반하는 선거법을 헌법정신과 사회현실을 종합하여 합리적으로 개정하여, 국민의 기본권을 수호하는 국민의 진정한 대변자로서의 기능을 수행할 수 있게 국회의 권위와 지위가 보장되어야 한다. 이것이 의회민주주의 국가에 있어서 법적 정의와 법의 합목적성을 확보하는 가장 합리적이고 객관적인 방법일 뿐만 아니라, 법치주의 국가에 있어서 요구되는 법적 안정성을 보장하는 길이라고 판단된다.

법철학자라면 결정의 타당성과는 별개로 정의/합목적성/법적 안정성이 저렇게도 쉽게 한 자리에 모여 함께 할 수 있다는 사실에 놀라지 않을 수 없을 것이다. 어쩌면 라드브루흐 법철학의 가치는 우리가 공유하고 싶은 가치를 표현하는 최상의 수사학적 수단이 아닐까 의심하지 않을 수 없는 순간이다. 라드브루흐가 1932년에 출간한 『법철학(Rechtsphilosophie)』을 읽어 본 사람이라면, 법의 내용은 법이념으로부터 도출되지만, 대체로 합목적성을 통해 정해진다는 설명을 기억할지도 모른다. 여기서 합목적성이란 — 본격적으로 라드브루흐 법철학의 속내를 들여다본다면 — '개인적 가치', '집단적 가치', '작품 가치' 가운데 어느 하나로 정의의 내용을 채운다는 뜻이다. 그러니까 목적에 부합하는 적절한 수단 선택 또는 오늘날 흔히 비례성원칙을 둘러싸고 생각하는 내용과는 거리가 멀다. 그런데도 "법의 목적은?" 또는 "법이념의 3요소는?"이라는 물음에 물음의 의미 또는 그 타당성을 되묻지 않은 채 정의/합목적성/법적 안정성이라고 대답하는 것을 보면 라드브루흐 법철학이 지닌 공유재산으로서의 성격을 재차 확인하게 되지만, 다른 한편으로는 일종의 공유재산의 비극(tragedy of the commons)을 마주하는 것 같아 씁쓸한 기분을 느끼게 된다.

이쯤에서 이런 물음을 던져볼 수 있다. 라드브루흐는 처음부터 '세 가지 요소로 구성된 법이념'과 '세 가지 경우의 수를 가진 합목적성'을 구상했던 것일까? 이 질문에 답하려면, 1914년 여름에 출간된 『법철학 기초(Grundzüge der Rechtsphilosophie)』를 펼쳐야 한다. 이 책은 라드브루흐가 법철학을 본격적으로 다룬 첫 번째 저서다. 누군가 '세기의 여름'이라고 부른 1913년 8월에 라드브루흐는 하이델베르크에서 이 책의 초고를 완성한다. 외적 상황은 썩 좋지 못했다. 1904년에 교수자격을 취득하고 10년이 흘렀지만, 교수 초빙을 받지 못한 상태에서 전공을 바꾸거나 아니면 교수자격 분야를 바꾸어야 할지 고민하는 시기였다. 끝없는 토론이 이어지는 하이델베르크의 지적 분위기 역시 학문적 저작에 몰두하는 데는 결코 좋은 환경이 아니었다. 개인적으로는 첫 부인과 이혼을 해야만 했던 복잡한 일을 겪었다. 더욱이 라드브루흐 법철학의 영원한 토대가 되었던 신칸트주의적 방법이원주의와 상대주의는 라드브루흐가 하이델베르크에 와서 처음 접한 정신적 사조였다. 주로 쇼펜하우어의 염세주의와 스승 프란츠 폰 리스트의 실증주의를 사상적 기반으로 삼았던 젊은 라드브루흐에게 이 기반을 송두리째 뒤흔드는 신칸트주의의 세례를 받게 만든 인물은 1903년에 하이델베르크로 이사와 하숙집에서 알게 된 하인리히 레비Heinrich Levy였다. 레비는 신칸트주의 철학의 맹주 빈델반트의 제자였다. 그때부터 하이델베르크 신칸트주의 그리고 베버와 옐리네크의 이론적 우산 속에서 습득한 상대주의는 라드브루흐 법철학이 출발한 항구이자 항해를 동반하는 등대의 역할을 했다. 하지만 1903년에서

1913년에 이르는 10년의 세월은 설령 중간 기착지라고 할지라도 한 권의 법철학 저서를 탄생시키기에는 짧은 이론적 시간에 해당한다. 3년 전인 1910년에 출간한『법학 입문』이 얻었던 긍정적 반향은 심리적 안정감을 주긴 했지만, 법철학은 법학 입문과는 차원이 다른 영역에 속한다는 것을 그 자신이 너무나도 잘 알고 있었다. 이러한 복잡한 상황 속에서 라드브루흐는 단 12주 만에 그의 첫 법철학 저작을 완성하고, 제목을 '법철학 기초'로 정한다. 당연히 라드브루흐 자신도 책을 교정하면서 너무 서둘러 집필했다는 생각에 불안을 느꼈고, 책이 출간된 직후에도 조바심을 내면서 다른 사람의 반응을 궁금해 한다. 책이 출간된 직후 카알 야스퍼스에게 보낸 편지에는 그의 조바심이 잘 드러나 있다.

> 자네가 나의『법철학 기초』에 대해 한마디라도 해주기를 간절히 바란다네. 자네의 침묵이 무언無言의 비판일지도 몰라 두려운 마음이야. 자네가 극도로 혐오하는 체계에의 의지가 이 책에서도 강하게 드러나지만, 나 역시 이에 대해 복잡한 감정을 느끼고 있다는 건 자네도 알고 있을 걸세. 그래도 나는 이 책이 적어도 일정한 수준은 되는지 알고 싶다네. 막스 베버의 침묵 때문에도 나는 이미 불안한 상태라네. 루카치, 슈타우딩거 부인, 빈델반트도 말이 없네(빈델반트에게서 애초에 무슨 대답을 기대한 것은 아니었지만 말일세). 자네는 이분들이 내 책을 어떻게 생각하는지 알고 있나?『법철학 기초』가 에밀 라스크의 궤적을 따르고 있는 만큼 라스크가 어떻게 생각하는지도 정말 알고 싶다네.

예감은 적중했다. 얼마 지나지 않아 라드브루흐는 베버가 『법철학 기초』에 대해 "예리한 부분도 있지만, 너무 날림으로 쓰인 부분도 있다"라고 평가했다는 말을 전해 들었다. 몇 마디 말이 아닌 긴 글을 통한 비판도 잇따라 등장했다. 특히 수학자이자 철학자인 레오나르드 넬손은 1917년에 출간한 『법 없는 법학』에서 『법철학 기초』의 모순과 오류를 집요하게 들추었다. 그러나 매우 뚜렷한 특성을 가진 이론이 충분한 근거를 가진 거부감을 자아내는 일은 학문에서는 지극히 당연한 일이고 어쩌면 숙명일지 모른다. 라드브루흐의 자기비판과 제도로서의 학문의 존재근거라 할 수 있는 다른 학자들의 비판과는 관계없이 방법이원주의로 그린 밑그림에 상대주의로 채색한 이론적 구상이 처음으로 세상의 빛을 본 『법철학 기초』는 그 이후 약 30년에 걸쳐 펼쳐진 라드브루흐 법철학의 원형(Prototyp)이 되었다.

라드브루흐는 『법철학 기초』에서 법과 법이념을 방법적으로 구별하고, "법은 법이념을 위해 기반과 무대로 봉사하는 존재 형상이다"라는 공식을 통해 양자를 다시 연결한다. 이 점에서는 『법철학 기초』와 『법철학』은 특별한 차이가 없다. 다만 법의 이념과 목적을 명확하게 구별하지 않은 상태에서 정의가 때로는 이념으로, 때로는 목적이라는 옷을 입고 등장한다는 점에서 1932년의 『법철학』과는 뚜렷한 차이가 있다. 그래서인지 『법철학 기초』의 전체 구조는 법의 목적이라는 몸통에 법의 개념과 법의 효력이라는 두 날개가 붙어 있는 모양새를 취하고 있다. 즉 '목적'이라는 개념이 약간 과부하를 겪으면서 정의와 상대주의라는 무거운 짐을 견뎌내고 있다. 1924년부터 라드브루흐는 정의를 '평등'이라는 형식으로 파악해 법이념으로 정착시키고, 이 형식의 내용을 채우는 작업을 합목적성의 과제로 설정하면서 한편으로는 합목적성의 부담을 덜어주고, 다른 한편으로는 상대주의가 서 있어야 할 자리를 확정한다. 이러한 변화를 체계적으로 정리하고, 계약과 이혼에서 시작해 형벌과 소송을 거쳐 법치국가와 국제법에 이르는 실정법 전체에 관한 법철학적 성찰을 추가해 하나의 저작으로 완성한 것이 우리가 알고 있는 라드브루흐의 『법철학』이다.

이처럼 라드브루흐 법철학은 단순히 반복되지 않고 지속적으로 변화한다. 말년의 라드브루흐는 한 사람이 성숙함에 따라 그 사고방식에 나타나는 변화를 인상적으로 개관하면서 이렇게 말한다.

> 사유하는 정신의 생애는 세 가지 단계로, 즉 예리함(Scharfsinn), 섬세함(Feinsinn), 심오함(Tiefsinn)으로 구분할 수 있을 것이다. 젊은 정신의 예리함은 이념을 현실에 강요하려 하고, 장년기의 정신은 현실 속에서 이념을 찾아내고 현실을 이념적으로 해석하려 하며, 노년기의 심오함은 현실과 이념을 하나로 만든다.

라드브루흐가 직접 밝히지는 않았지만, 30대 중반의 나이에 출간한 『법철학 기초』는 "예리함"이 돋보이는 저작일 것이다. 젊은 시절 라드브루흐에게 "흥미를 불러일으킨 것은, 개별 사안이 아니라 일반적인 것이었고, 구체적인 것이 아니라 추상화였으며, 삶이 아니라 개념이었고, 실증적인 것이 아니라 절대적인 것이었다." 그리고 이 예리함을 동반한 젊은 날의 열정이 이론적 흥분과 자기 확신을 감추기 어렵게 만들었는지 때로는 절제된 서술과 읽는 이에 대한 배려를 그립게 만들기도 한다. 당시의 학자들이 이 책에 대해 '체계성의 결여'라고 비판하는 경우가 많았던 것 역시 이러한 사정 때문이라 추측할 수 있다. 하지만 책의 탄생 배경과 라드브루흐 법철학이 그 이후에 걷게 된 변화의 길을 고려하면, 『법철학 기초』는 한 법철학 체계의 첫 번째 설계도로서 조금도 손색이 없음을 확인할 수 있다. 그리고 이 설계도를 섬세히 탐색할 때만 비로소 정의/합목적성/법적 안정성이라는 세 기둥의 배치와 장식을 정확히 이해할 수 있다. 그 때문에 나는 라드브루흐 전집의 편집자 아르투어 카우프만이 『법철학 기초』와 『법철학』은 완전히 별개의 책이라고 평가한 것에 완전히 동의하지 않는다. 오히려 『법철학 기초』는 ― 앞에서도 말했듯이 ― 라드브루흐 법철학의 cantus firmus로서 모든 연속성과 불연속성의 출발점이라고 생각하고, 바로 이 생각이 이 책을 번역한 직접적 계기였다. 그리고 연속성과 불연속성에 관한 관심 때문에 라드브루흐 법철학의 마지막 버전이라 할 수 있는 『법철학 입문(Vorschule der Rechtsphilosophie; 1948년)』도 번역해 곧 출간할 예정이다.

번역은 『구스타프 라드브루흐 전집(1993년)』 제2권에 실린 판본을 토대로 삼았다. 전집에는 라드브루흐가 초판이 출간된 이후 개정판을 대비해 새로운 문헌을 추가하거나 수정 사항을 메모한 내용을 원문의 각주와는 별도의 각주로 집어넣었다. 이 부분은 번역에서 배제했다. 우리에게는 익숙지 않은 그 당시의 문헌이 주를 이루고, 가독성에도 썩 도움이 되지 않는다고 판단했기 때문이다. 가끔 등장하는 오탈자나 명백한 오류는 수정해 번역했고, 낯선 이름이나 개념에 대한 역주는 인터넷으로 쉽게 찾을 수 있다는 오늘날의 상황을 고려해 난 하나의 예외 말고는 달지 않았다. 라드브루흐 문체는 따로 연구해도 좋을 만큼 독특하고 그의 법철학과 비슷한 변화의 여정을 겪는데, 이 책으로 대표되는 젊은 날의 문체는 단아하고, 읽는 이에 대한 배려가 묻어나는 말년의 문체와는 사뭇 달라 번역하기에는 『법철학』보다 더 어려웠다는 점도 기록해 두고 싶다.

***

나의 영원한 스승 심재우 선생님을 추모하기 위해 2020년에 창간된 「몽록 법철학 총서」는 라드브루흐의 이 책과 함께 이제 10권을 맞이하게 되었다. 지난 5년간 선생님은 언제나 함께하셨으며, 때로는 흐뭇한 미소를 보내시고 때로는 질책의 눈길을 거두지 않으시기도 했다. 나는 1년 동안 공부한 내용을 선생님께 보여드리는 제자의 심정으로 매년 비슷한 시기에 책을 출간하며 총서의 권수를 늘려 왔고, 선생님이 세상을 뜨신 이후에도 선생님과 끊임없이 대화를 이어가는 특별한 복을 누리고 있다. 그저 선생님께 감사할 따름이고, 10권의 출간을 계기로 이제부터는 주제와 저자의 범위를 더 확대하는 방향으로 총서를 이끌어가겠다는 보고 말씀도 드리고 싶다. 그리고 지난 5년의 여정을 따뜻한 마음으로 격려해 주신 사모님 홍혜랑 여사께 고개 숙여 감사의 인사를 드린다. 10권이 출간될 때까지 애써 주신 「박영사」의 조성호 이사님과 이승현 차장님께도 감사드린다. 원고 전체를 읽고 세심하게 교정을 봐준 제자 강영선 박사와 박석훈 변호사에게도 고마움을 전한다. 특히 박 변호사는 라드브루흐 법철학에 관한 박사학위 논문을 준비하면서, 내가 라드브루흐라는 끈을 놓지 않게 만드는 역할을 해주었다.

번역 작업이 이루어지는 공간은 내 연구실이 있는 고려대학교 법학관 신관이다. 이 공간을 채우는 무수한 숨결 가운데 말 그대로 '호흡을 맞추는' 사람들이 있다. 그 가운데 선배이자 동료인 박종희 교수와 김연태 교수가 올해 정년을 맞이해, 한 학기 터울로 이 공간을 떠났다. 내 정신의 기둥이 비틀거리는 듯해 아쉬움이 크지만, 우선은 두 '형'에게 Bene meritus!를 말해야 한다. 건강하고 행복한 나날들 이어 가시길 빌고 또 빈다. 끝으로 이 책의 출간은 고려대학교 「석탑 연구비」의 지원을 받았음을 밝혀둔다.

2025년 긴 여름의 끝자락에
고려대학교 연구실에서
옮긴이
윤 재 왕

지은이

구스타프 라드브루흐(Gustav Radbruch)

1878년 11월 21일 독일 북부의 항구도시 뤼벡에서 출생. 문학을 좋아했지만, 아버지의 소망에 따라 뮌헨 대학 법과대학에 입학한 이후 라이프치히 대학과 베를린에서 법학을 수학하고 1902년에 프란츠 폰 리스트의 지도로 형법학과 관련된 논문으로 박사학위를 받았다. 스승 리스트의 주선으로 1903년에 하이델베르크 대학으로 옮겨 1904년 카알 폰 릴리엔탈의 지도로 교수자격을 취득했다. 당시 하이델베르크의 정신적 지주였던 막스 베버 그리고 철학자 빈델반트, 리커트, 라스크의 영향을 받아 리스트의 자연과학적, 진화론적 사고에서 벗어나 정신과학의 독자성을 표방하는 신칸트주의 법철학을 수용한다. 평생의 지기였던 헤르만 칸토로비치와의 만남 역시 신칸트주의라는 매개를 거쳐 이루어진다. 게오르그 루카치의 권유로 1914년에 『법철학 기초』를 출간한다. 같은 해 쾨니히스베르크 대학의 형법/법철학 교수가 되었고, 1919년부터 1926년까지 키일 대학교 교수로 재직했다. 1913년 사회주의자 아우구스트 베벨의 장례식에 참석한 이후 사회당에 가입해 바이마르 공화국에서 두 번에 걸쳐 법무부장관직을 맡았다. 프리드리히 카알 폰 사비니가 1840년대에 프로이센의 법무부장관이 된 이후 독일 역사상 두 번째로 법학자가 법무부의 수장이 된 경우였다. 1926년에 그의 정신적 고향 하이델베르크 대학으로 초빙되어 법철학과 형사법을 가르쳤다. 1932년에 1914년의 『기초』를 전면개정해 『법철학』이라는 제목으로 바꾸어 출간한다. 이 책은 한스 켈젠의 『순수법학』, 허버트 하트의 『법의 개념』과 함께 20세기를 대표하는 법철학 저작으로 꼽힌다. 1933년 나치가 권력을 장악함과 동시에 교수직을 박탈당했고, 2차대전 종전과 함께 하이델베르크 대학에 복귀해 법과대학을 재건하는 학장을 맡았다. 71세 생일을 갓 넘긴 1949년 11월 23일 영면에 들어 멀리 '철학자의 길'이 보이는 산 위의 공동묘지에 묻혔다.

옮긴이

윤재왕

고려대학교 법과대학 법학과, 문과대학 철학과, 대학원 법학과를 졸업했으며 독일 프랑크푸르트 대학교 법과대학에서 법학박사 학위를 받았다. 현재 고려대학교 법학전문대학원 교수(법철학, 법사회학, 법사상사 담당)로 재직 중이다.

몽록(夢鹿) 법철학 연구총서 10

법철학 기초

초판발행 2025년 9월 28일

지은이 구스타프 라드브루흐
옮긴이 윤재왕
펴낸이 안종만 · 안상준

편 집 이승현
기획/마케팅 조성호
표지디자인 이영경
제 작 고철민 · 김원표

펴낸곳 (주) 박영사
서울특별시 금천구 가산디지털2로 53, 210호
(가산동, 한라시그마밸리)
등록 1959. 3. 11. 제300-1959-1호(倫)
전 화 02)733-6771
f a x 02)736-4818
e-mail pys@pybook.co.kr
homepage www.pybook.co.kr
ISBN 979-11-303-5000-4 93360

정 가 18,000원